浦江史话

PUJIANG SHIHUA

张乃清 著

上海闵行地方文史丛书（第二辑）

中西書局

图书在版编目(CIP)数据

浦江史话/张乃清著.—上海：中西书局,2023
(上海闵行地方文史丛书.第二辑)
ISBN 978-7-5475-2108-3

Ⅰ.①浦… Ⅱ.①张… Ⅲ.①乡镇—地方史—闵行区
Ⅳ.①K295.15

中国国家版本馆CIP数据核字(2023)第073944号

浦江史话
张乃清 著

责任编辑 马 沙
封面设计 梁业礼
责任印制 朱人杰
出版发行 上海世纪出版集团
中西書局(www.zxpress.com.cn)
地 址 上海市闵行区号景路159弄B座(邮政编码：201101)
印 刷 常熟市人民印刷有限公司
开 本 700毫米×1000毫米 1/16
印 张 20
字 数 286 000
版 次 2023年5月第1版 2023年5月第1次印刷
书 号 ISBN 978-7-5475-2108-3/K·429
定 价 98.00元

上海闵行地方文史丛书

编委会

2001 年浦江镇区域地图

黄浦江
一品漫城
浦星公路
为民村
知新村
牛桥泃
林海公路
周浦塘
浦江华侨城1期
浦江华侨城
周浦塘
东风村
立跃路跨线桥
立民村
北淡家堰
桃园新城
黄浦江
浦江坤庭
陈家门
华家宅
姚家宅
跃农村
浦江
世博家园
革新河桥
申嘉湖高速
张家宅
景舒苑
召稼楼镇
钟家宅
钱岸宅
西范行
下盐路
邱家塘
浦江宝邸
向阳河
绿洲千岛花园
申嘉湖高速
浦放路
杜行镇
浦放路
盐铁塘
吴泾公园
浦江森林公园
大郁家宅
航头镇
汪家宅
西王宅
满天星生活广场
长浜
东盐铁塘
西家宅
法制主题园
万达广场
陆家宅
鲁南路
紫竹半岛
航浦路
跃进河
紫叶广场
里秦宅
老闸港
闸港
吴家湾
徐家塘
土家塘
邵家宅
严家宅
丰南河
泰青港
周陆宅
钱家宅
秦家
金汇港
北新村新民9组
叶港
汇南村
南曹
浦星公路
求家塘
高家宅
泰青河
林海公路
北横河
白庙港
金海公路
南店
金汇镇
姚家塘
白庙港
倪家塘
光辉村
大叶公路

区域现状地图

前言

Preface

浦江镇位于上海中心城区南翼，闵行区的东部，与浦东新区相邻，区域面积 78.51 平方千米。

明代，鲁汇、杜行、陈行三镇同属上海县。清雍正四年（1726），鲁汇、杜行镇划归南汇县。1950 年 6 月，又都划归上海县。1992 年 10 月，归属新的闵行区。2000 年 10 月 18 日，鲁汇、杜行、陈行三镇合并，成立浦江镇。2015 年 6 月，浦星路以西，丰收村和亭子村南面现有村界以北区域划出，另建浦锦街道。

浦江镇历史文化资源丰富，地域特色鲜明。自古以来，这里的传统文化生态空间较为独特。因地处黄浦江东岸，水利发达，出行交通便捷，又远离城市喧嚣，僻乡“山高皇帝远”，乐得逍遥安逸。乡人大多生性朴实，注重仁义，崇德向善，好学明理，心灵手巧，能歌会说，不忌泥土味，爱称“大老倌”。村宅地往往有河圈护村，石桥通行，树木成林，生态和谐。一代又一代“浦江人”在此耕读传家，逢熟吃熟，自得其乐。

元明清时期，这里由本地望族名士引领，形成了若干个颇具影响力的乡土文化圈，可称为本区域江南文化制高点。主要有鹤坡里（明代谈氏绮春园与召稼楼）、湾周里（周氏文学世家）、鲁汇施家行（清康熙重臣书香地）、召稼楼（清代奚氏富厚书香传世）等地。这里还是“上海县城隍”秦裕伯的故里。

元明清时期，今浦江镇境内曾出过 9 名进士，成为上海地区重要历史人物和乡土文化发展引领者。社会影响较大的名士有秦裕伯（元末重臣）、谈伦(明弘治年间工部右侍郎)、叶宗行("江浦合流"治水功臣)、杜士全(明万历年间南京工部尚书)、施大经(松江府万历年四大藏书家之一)、施维翰(清康熙年间福建总督)、周稚廉(清初戏曲家)、秦始基(清晚期著名乡贤)等。

浦江镇的历史文化资源大多已得到切实保护和有效利用。召稼楼古镇被列入上海市历史文化风貌保护区之一,召稼楼景区已成为国家4A级旅游景区。全镇境内现有区级文物保护单位8个,文物保护点33个,主要是老屋和古桥,拥有量为闵行区内最多。境内至今幸存19座古石桥和14株古树名木,其中银杏11株,3株树龄达300年以上,3株达200年以上,7株达100年以上。浦江镇拥有国家级非物质文化遗产重点保护项目《沪谚》,以及上海市级、闵行区级重点保护项目7个。随着历史文化资源保护工作的持续推进,这份"清单"必将更加丰富。

这里的历史文化资源既具有江南文化的底蕴,又有海派乡土的特色,具有较高的历史、文化和社会价值。书中所记载的那些历尽沧桑或历久弥新的历史文化遗存,都是乡土文化的瑰宝,蕴含着深深的"乡愁"。

习近平总书记告诉我们:"乡愁就是你离开这个地方会想念的。"这些乡愁生动地述说着过去,深刻影响着当下和未来,滋养丰富着全社会的历史文化土壤。而一些乡村在变为城镇的过程中,虽然社会面貌一新,但能让人留恋的东西却荡然无存,以致乡愁无处安放,造成乡人的情感伤痛。这既不符合以人为核心的新型城镇化的时代要求,也不符合延续历史文化脉络的发展规律。

历史文化遗存是一个地区文化的浓缩和结晶。保护传统文化,挖掘乡土文化,留住美丽乡愁,呵护集体记忆,不仅仅是一种情怀,更是人们延续历史文化脉络、追求更加富足的精神生活的必然要求。历史在发生变化,应当将乡愁从抽象的感情逐渐发展成为一种文化符号,成为一种看得见、摸得着的具体表达。如果仅仅留住某些乡村集体记忆而不进行呵护,使其"活化",永葆"温度",乡土文化就会逐渐失去原有魅力。如果把乡土文化的保护与开发权转交给开发商,往往会肆意毁坏传统,这样的"再生乡土"虽然看上去具有欣赏价值,但真正走进去细看,就会发现那只是空壳,传统乡土文化已经死去。生活不是被设计的,唯有自生自长的本土文化保持活态,乡愁才有无尽的生命力。每一处乡土,都有一个只属于自己的永恒追求,而引路者就是那些生于斯长于斯的传承人。应当激发原住民“留住乡愁,传承文脉”的热情,促进外来人口对新家园的文化认同,植入当代文化艺术,推动乡土文化发展,提升完善基础设施和公共生活水准。因此,必须站在新的历史起点上,准确理解乡愁,充分释放它的精神动力,让情感得到共鸣,让价值得到认同,才能凝聚民心,以更加深沉的文化自信凝聚起民族复兴的精神伟力,共同建设好具有中国特色的社会主义大家园。

坚定文化自信,增强文化自觉,努力为百姓留住乡愁念想,让家园情怀有守望之地,历史文脉有寻根之处,重礼厚德等核心价值观有承载之所,这是中国特色社会主义新时代赋予当代人的重大使命。

目录

Contents

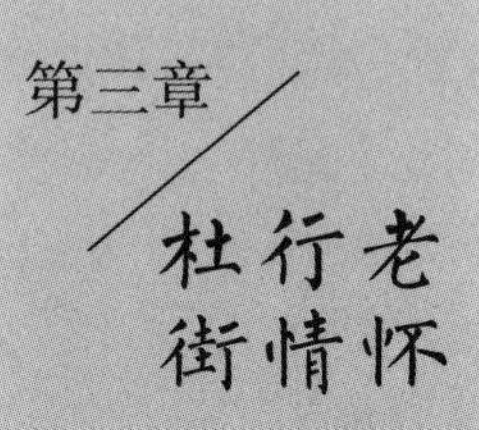
第三章
杜行老
街情怀

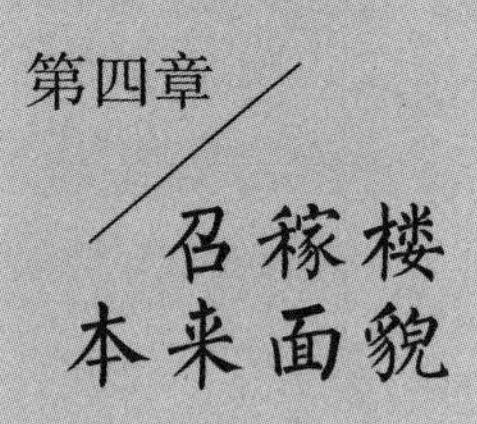
第四章
召稼楼
本来面貌

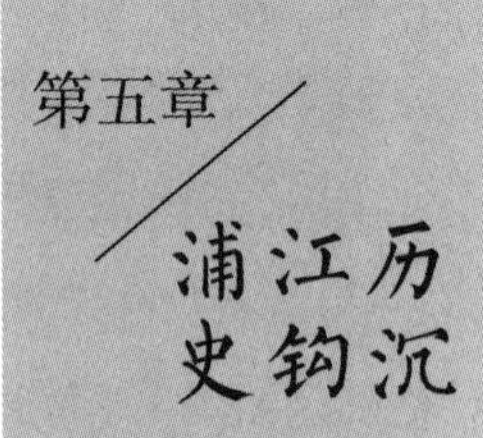
第五章
浦江历
史钩沉

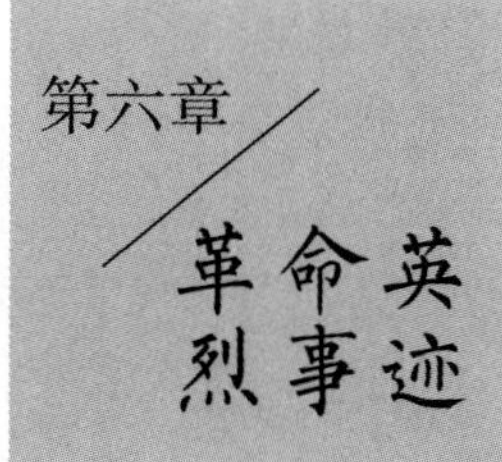
第六章
革命英烈事迹

附录

第一章

城隍故里寻踪

大通桥旧照

1933 年题桥秦公祠举办建祠六十周祭祀活动

外秦宅今貌

秦裕伯在故乡

定居长寿里

元大德四年(1300)前后,秦氏良顗、良颢兄弟俩先后因所获官职而举家迁往上海浦东地区。秦良顗(1276—1333),字微甫,号懿斋,“环玮刚直,端庄整肃,作气好侠”。娶妻诸葛氏,于大德十年(1306)生下儿子秦良佐。泰定年间(1324—1328),秦氏“田产富盛,充上海县长人乡里正”。秦良颢(1278—1355),字信甫,号述斋,当时因出任浙西道榷鹾使而南下,先在离新场镇不远的秦家老宅落脚,后徙居在上海县二十一保长寿寺附近。

秦裕伯(1296—1373,字惟镜、景容,号蓉卿)不足 10 岁随父亲秦良颢定居长寿里,到至正四年(1344)中进士,出任湖广行省照磨而离乡,其间时达 40 年左右。

秦裕伯成年后,在此娶储氏为妻,她是周浦一带的望族之女。当时,周浦储姓家族颇具声望,祖辈是宋代词人储泳(约 1101—1165,字文卿,号华谷),随宋室南迁而隐居在周浦一带,后人为纪念他,还倡议将当地称为“储里”或“华谷里”。然而,这个望族之女并没有给秦裕伯增添多少福音,夫妻俩生下儿子,取名世隆,可惜因病早殁。此后,夫妻俩没有再生养。

此时,秦裕伯的弟弟秦亨伯在忙些什么?《秦氏宗谱》称:“亨伯,字惟通，号兰斋，喜读道家书，服食求仙，遍游天下名山。”想不到，他竟是个逍遥派。

细想一下，也许情有可原。尽管秦裕伯父亲和祖父均有官职，伯父成为“田产富盛”的地主，家境相当不错，但是当时上海县立县才10多年，元廷科举又时停时续，对汉人持歧视政策，他要走“学而优则仕”的道路并不顺畅。

寻梦松江城

元至治元年（1321），黄浦江对岸乌泥泾传来振奋人心的好消息，有个叫赵庭芝（字德瑞）的人考中了进士，元代南人登第自此开始了。

时年25岁的秦裕伯便且耕且读，长年在家中以书为伴，时而到松江府城去转转，寻求出路，等待时机。

然而，元廷排斥南人的政策并未真正改变，秦裕伯无奈地徘徊了一年又一年。

自至元十四年（1277）十月华亭县升格为松江府后，松江城沿市河向西发展，渐形成“十里长街”。至正二年（1342），松江府达鲁花赤哈只（阿里温氏）捐款重新翻建府学庙。秦裕伯赶到松江城里去寻梦，有幸与府学教授察罕不花有所交往。

当时，元政府重视推广教习蒙古文字。而秦裕伯父亲秦良颢是极为难得的汉人出身的蒙古文专家，年纪轻轻就出任国子监学录。秦裕伯“幼侍父宦游京师”，自然熟悉蒙古文字。因此，察罕不花对秦裕伯尤为关切，很可能曾聘其担任蒙古字学助教。

可惜，察罕不花难以切实相助，秦裕伯只能继续寻梦。

至正四年（1344），松江府为推广教习蒙古文字，在普照寺西侧兴建了“蒙古字学”（因位于松江府治西，又称“右庠”），但是师资力量太弱，招生情况不佳，便由寺僧割田赡学，力求改观。为此，秦裕伯应察罕不花、王务道嘱托，撰写了一篇《学田记》（刊崇祯《松江府志》卷二十四），全文如下：

世祖皇帝既平函夏,欲同天下之文。爰命师巴思八撰蒙古字,纪载国语,用五音反切,以译六书之文。于以达王事,通天下之志。凡州郡置博士弟子员,例同儒学。列圣继志,思厥茂功,立庙以祀,如孔子仪。松江府废立不恒,以故学官之设独后。粢盛廪饩,视他郡最为贫乏,至饥其师,不能久处以去。至正四年,普照及证觉寺僧割田若干亩为学官永业。于是庙祀、学廪,赖以粗集。教授察罕不花、王君务道属予为记。

当年冬十一月,察罕不花亲自书《学田记》,勒石于普照寺西。

至正四年(1344),秦裕伯已经48岁,眼看守在松江城里难以走通仕途,便无奈地离乡远涉大名府,依靠父亲旧友关照,以"大名籍汉人"的名义考入国子监,做最后一搏考进士。

归乡享清福

至正四年(1344),秦裕伯终于考中进士,历官湖广行省照磨("照刷磨勘"的简称,正八品,负责对本部门的收支进行审计)、山东高密县尹、福建行省郎中、延平路总管兼管内劝农事、行台侍御史。至正十四年(1354)毅然辞官,时年58岁。

秦裕伯辞官后,先到祖籍地扬州小住,寻祖、探亲、访友。不久,返回故乡长寿里。

《淮海宗谱》称,秦裕伯返回长寿里时,"年既衰而耳目聪明。筋力不倦,高谈剧饮,手不释卷。平生所著意见及典籍格言,历代奏议,日取阅之,爱君爱国之念,耿耿不能忘也"。

至正十五年(1355)四月十八日,78岁的父亲秦良颢在家逝世,"有诫子书,词甚真切"。秦裕伯守孝期间,在长寿寺西建造秦氏墓园,将父亲安葬于二十一保二十八图一零一七号主穴。同时,将祖父秦知柔、伯父秦良颢墓从淡井庙北迁葬过来,合成秦氏祖墓。

从此,秦裕伯与老母亲相依为命又10年。

当时,秦裕伯与流寓乌泥泾镇的著名诗人王逢(1319—1389,字原吉,号梧溪子)交往甚密。他比王逢年长24岁,两人结下了忘年交。至正十七年(1357),秦裕伯为母亲操办80岁寿宴时,王逢专程赶去祝贺,并写下《登君堂奉陪秦景容郎中太夫人唐氏八十寿席》,诗中云:

登君堂,拜君母,坐君右,酌君酒,
君冠切云藻火绥,封腴割鲜会昆友。
霞觞载称载献寿,两行蛾眉小垂手。
鼓吏蹀躞进轩牖,清歌袅袅丝萦藕……

从这首诗中,可见当时秦家的生活状况还是比较富足、安康的。

再三拒征召

至正十六年(1356),起义军首领张士诚(1321—1367)占据苏州后,慕其学名,两次派人上门招贤。秦裕伯却固辞不允。

时有福建老友吴海(字朝宗,号鲁客),寄来《双谷序赠秦景容》,对其刚介的性情多有所称,并吐露隐居不仕的心声。来函称:“海再拜景容征君足下,曩年行李去时,承惠字戒别,寻至河口追饯不及,沿流至下洞,意不得见而还。自后烟尘蔽隔,音问难通,遂有山河之异。闻太夫人捐馆,惊怛殊甚,奔慰莫由。”同时叮嘱:“凡今日有求退者,足下当力佑成之,勿夺其志。新朝苟欲倡名义、厚风俗,则何必一切招之使来呼。”(《闻过斋集》卷一)

为了避招是非,秦裕伯带母亲到松江的横泖去隐居了一段时间。其间,曾到干山(又名天马山)一游,写了《山舟辞》一诗。

至正二十年(1360),朱元璋打败上海县王湖桥的钱鹤皋势力,占据了上海地区。他决意要起用一位出生于上海地区的元廷高官,既可辅助自己,又可讨好当地百姓。最终,他选中了秦裕伯。

至正二十五年(1365)十月十八日,秦裕伯母亲去世,享年88岁,归葬长

寿里秦氏墓园。

朱元璋于吴元年(1367)正月发出《聘裕伯公御书》,派人前来征召秦裕伯出山任职,并十分关切地说,“海滨之民好斗,裕伯居于此地恐有累焉”,即使不愿入朝,也要劝其移居别处。秦裕伯刚将母亲安葬,正在家守孝,便对使者说:“食元禄二十余年而背之,是不忠也;母丧未终忘哀出而拜命,是不孝也。”为此,他特撰《上中书相国却聘书》,并委托弟秦亨伯代他赶赴南京,拜谢丞相李善长,回应朱元璋。

不久,朱元璋基本击破各路农民起义军并扫平了元廷残余势力,在南京称帝。但他却更加担心那些有影响的文人成为对立面,便命令中书省推进征召。洪武元年(1368)四月,朱元璋发出《再聘裕伯御书》,又以历代应召实例劝其入朝。秦裕伯时年已72岁,坚持称病不起,撰《再上丞相却聘书》作回应,还是苦苦推辞,书云:

> 秦裕伯者,昔臣有元,读书食禄,三十余年。今逢天数,礼宜弃捐。自放为民,钓水耕田。明帝远召,仁智兼全,仁而不杀,智而求贤。义弗敢往,服病相连,非惟服病,廉耻系焉。士无廉耻,弃君如荃。女无廉耻,弃夫如钿。廉耻道丧,国何用旃?惶恐上书,丞相之前。转告陛下,宽仁照怜。投鹿于山,放鱼于渊。不出范围,物遂其天。

可是,朱元璋仍不罢休,当月即给秦裕伯发出《三聘裕伯公御书》,严词追逼,紧咬不放。相传,传旨者言语颇具威慑性,质问秦裕伯:“天下定,伏处不出,意欲何为?”甚至宣称:“苟坚守不起,恐有后悔。”

秦裕伯生怕再不从命,会招致杀身之祸,甚至殃及桑梓。他叹曰:“是皆已甚迫,斯可见矣。”于是,只得垂泪告别故里。

秦裕伯入朝后,授翰林侍读学士。次年,朱元璋任命侍读学士秦裕伯和翰林直学士詹同为待制(顾问)。不久,又为治书侍御史(专事办理文件)。洪武三年(1370),秦裕伯与御史中丞兼太史令刘基同为京畿主考官。

洪武三年,袁凯被举荐授监察御史。不久,因受朱元璋憎恶,袁凯生怕遭到诛杀,只得佯装疯癫,才保全性命。袁凯返归故里后,长年背戴方巾,倒骑黑牛,以疯子形象游行九峰间。秦裕伯眼见好友遭如此命运,心中极为恐惧。见朱元璋要他到西北地区出任陇州知州,即以病辞官不就,返回了故里。

洪武六年七月二十日(1373 年 8 月 8 日),秦裕伯在家中悄然去世。为了不祸及后人,他宁可绝传,始终未有纳妾,以求销声匿迹。

被推上神坛

明洪武三年(1370),朱元璋略定中原,大封功臣,分为王、公、侯、伯四等。除赐封开国功臣们不同的爵位之外,还敕封各地城隍神为“显佑伯”。

秦裕伯生前,朱元璋三次征召才入朝。秦裕伯去世后,朱元璋一直心神不安,为了笼络江南名绅,他决意以“生不为我臣,死当卫我土”,亲自敕封秦裕伯为“显佑伯”,称“上海邑城隍正堂”。

长寿寺兴衰记

题桥镇一带，元代称长寿里，上海县建立后属长人乡二十一保二十八图。

相传，宋乾道年间(1165—1173)，有如行、如飞两位游僧，一起自河南开封云游来到上海浦东，在周浦塘与鹤坡塘交会处的南岸结芦为庵。后来，辞官回乡的忠翊郎、东南正将潘德刚，见两位僧人办事认真，就表示愿意捐资筹款，相助寺僧建一座大型寺庙，可与浦西的宁国寺"别苗头"。经过几年的努力，在宝祐年间(1253—1258)，颇有规模的长寿寺终于建成了，潘德刚亲手在庙里种植了5棵银杏树。

长寿寺的兴建立竿见影，聚集人气，香火日盛，给周浦塘流域带来了新的生机。

元至治年间(1321—1323)，江南名士赵孟頫(1254—1322，字子昂，号松雪道人)为长寿寺书额，著名诗人杨载(1271—1323，字仲宏)撰写《长寿寺碑记》。数十年后，隐居在浦西乌泥泾镇的著名诗人王逢(1319—1388，字原吉，号梧溪子、最闲园丁)前来游览，并作《题鹤坡长寿寺》诗云：

招提谁建长寿寺，宝祐年间忠翊郎。
将种久归农版籍，佛灯长似日容光。

六时螺呗潮音壮，满目鸟鸢野色荒。
老我愿为僧一日，尽招新鬼上慈航。

长寿寺曾几经兴衰，几度重修。

元至正年间(1341—1368)，长寿寺重修，杨仲宏有记。

明代早期，长寿寺一度遭受废弃，直至成化年间(1465—1487)，寺僧惠瑛筹划重建。时有返乡养老的工部右侍郎谈伦(字本彝)和光禄卿干信等捐资相助，合力重建法堂三楹，大雄宝殿一座，另有方丈室、回廊等建筑。

嘉靖四十二年(1563)起，在住持秉科及其徒明德的努力下，全面修复长寿寺。整个工程历时17年，重塑金刚大像，兴建山门和钟楼，悬起千斤巨钟。当时，寺基及墓地约3万平方米，宋代所植银杏树已高达20米。时有里人蔡懋昭作记。

长寿寺遗址位置图

万历八年(1580),僧秉科增葺,立蔡懋昭撰写的《增修长寿寺记碑》。

崇祯年间,长寿寺再修,请松江府名士李待问书额。

清康熙二十三年(1684),长寿寺重修后,立潘衫黼撰《重修长寿寺碑》。

康熙三十一年(1692)七月,寺内有四朵并头莲花盛开,寓示长寿寺进入鼎盛时期。次年,寺僧恒贯特请贡生潘牧(字甸君,号牧园)编出《长寿寺珠林世谱》,汇集历代文献,核考本宗世系,为建寺以来三十六代寺僧一一作传,并附录历代有关诗文,为长寿寺描绘出了辉煌的历史画卷。

康熙三十五年(1696),长寿寺又修,周金然有记。

“咸丰兵灾”时,持续 3 年的战火使长寿寺遭到浩劫,损失严重。

光绪年间,乡人筹资再修,但财力不足,因陋就简,规模不及当初十分之一。

据民国《上海县志》记载,1935 年长寿寺内存有明万历三十五年(1607)铸铜钟和清康熙年间《重修长寿寺碑》等。

长寿寺遗址在勤劳村二组(孙家宅、金家宅)。这里曾有 5 棵银杏树,1 棵需 3 人合抱,4 棵需 2 人合抱,在上海解放前夕被人伐去。农田地下有砖

长寿禅寺今貌

砌排水管道,离地面半米左右。今立跃路两侧曾有 4 个育马池,大的有 2 000 平方米,小的有三四百平方米。“农业学大寨”期间,用寺院存下的大量破砖烂瓦填平了育马池。1954 年,有人将这里一只 1 300 斤重的铜钟,出售给闵行废品收购站。1964 年,勤劳大队将 10 多间余屋改建为仓库。

2010 年 4 月起,浦江镇选杜行老街东庙遗址重修长寿寺。隐身民间 77 年的“和田白玉鎏金镶宝观音”“宋代哥窑三足香炉”和两尊“和田青玉玄奘护法玉佛”等长寿寺宝物重新现世,回归寺庙。9 月 16 日(农历八月初一),移地重建工程正式动工,并易名“长寿禅寺”。

长寿里秦公墓祠

明洪武六年(1373)七月二十日,秦裕伯在家病逝。其墓葬在长寿寺西侧(位于今立跃路北,新骏北路东侧)。

万历九年(1581),秦氏族人在长寿寺西侧正式建造了秦公墓园,占地1 500平方米。主穴为秦裕伯夫妻合葬墓,一侧为其子秦世隆墓,左穴为其弟秦亨伯夫妻合葬墓。墓上黄茅如带,不生杂草,乡人称之“黄泥坟”。墓园受到礼遇,赦免税赋。为此,秦荣光《上海县竹枝词》称秦公墓为:“寺河塘北峙高冈,俗唤黄泥坟向阳。万历九年科敕免,有灵不放卧牛羊。”

清同治十一年(1872),朝廷加封秦裕伯为“护海公”,族人即联名呈请上海知县重修秦公墓,并建秦公祠。而刚从上海知县任上退位的陈其元(1812—1882,字子庄),担任过南汇知县,熟悉秦裕伯故里的情况。因此接到秦公后裔的诉求后,即认为秦公“生为义士,殁作明神,而邱垄摧残,侵占不治,是有司之责也”。因此,率先捐出俸钱二百缗作为倡导,诸绅士响应,共筹得钱三千余缗,及时赎回墓地约1.3万平方米,并决定在基侧建造秦公祠堂。

于是,陈行乡绅秦荣光每日前往墓园督工,并筹资在墓前立起石翁仲、石羊、石虎各一对。

当时,秦荣光之子秦锡田年已11岁,亲历此事,后对此做了记载:“壬申

秦公墓园位置图

(1872)夏日,先温毅公(其父秦荣光)督工治墓道,锡田日往观之。启土三尺,见翁仲、羊、虎横列土中,其北忽露石板,启之则中有石匣,长约二尺余,宽约尺余,高约二尺,石质甚细洁。匣有盖,封固甚坚。以热醋石碎如粉,盖虽可启,然匣中之物恐难完善,因加土掩覆之。上中又得残砖,皆镌花纹,锡田曾携归藏之,今皆遗失矣。观石匣封固之严似不容后人开视者,殆中置殉葬之物欤。"

同治十二年(1873)秋,墓侧的秦公祠落成(位于今勤劳村十组)。祠内主奉秦裕伯,侧奉其父、其弟、其子。次年三月,苏松太兵备道沈秉成撰写的《重修长寿里秦公墓祠记》勒石于祠之西壁。

1933 年 10 月 27 日(九月初九),题桥秦公祠举行建祠六十周年祭祀活动。1963 年,墓地被平整成农田。幸存重立的青石墓碑和存放遗骨的青石函(今存闵行区博物馆)。

秦公墓园墓道

秦公祠

里秦外秦宅

浦江镇汇东村，位于闸港北岸，这里至今仍是秦氏家族后人的集聚地，全村百分之七十的住户为同宗秦姓。老村宅至今保留原有规模、格局，有里秦宅（上海县长人乡十九保十二区四十七图，今浦江镇汇东村第四、六、十一组）、外秦宅（十九保十二区四十六图，今汇东村第二、三、七、九组）和柯家塘（第八、十二组）。清雍正四年（1726），从上海县划出长人乡与下沙盐场，新建南汇县。这里就此归属南汇，直至1957年9月重新划回上海县。

清光绪《南汇县志》记载："里秦，在航头西，为秦裕伯别业，其族多聚此。今修建家祠于西偏。外秦在里秦西，从前廛肆较里秦为多，今俱无市。"

元大德四年（1300）前后，秦良颢（1278—1355）出任浙西道榷鹾使而南下，在此落脚。秦裕伯不足十岁随父亲徙居二十一保长寿里。

秦裕伯伯父秦良顗及子孙在此定居。泰定年间（1324—1328），秦良顗出任上海县长人乡里正。元至顺二年（1331），任鹤沙盐运使监税官，年已56岁。由此以"营邸为憩息所"，子孙在此繁衍，遂形成村落，名秦家行，俗称"秦家老宅"。具体位于今航头镇东南汇达村西。秦良颢当官，自有俸禄保

障，加上身处盐业兴旺之地，收入必定不薄。而秦良颢定居在行头秦家行，忙的是带领子孙们垦荒屯田，扩建家园。经过几代人的努力，竟然从几乎一无所有的“避难者”，发展为“田产富盛”、宅院硕丰的大家族。

秦良颢生有独子秦良佐。《淮海宗谱》称：秦良佐（1306—1362），字俊卿，号纯斋。5岁丧母，27岁丧父。但他胸襟豁达，慧识过人，曾“西游长安，过洛阳，吊汉晋之遗风，访周程之踪迹，北抵燕赵，过留高沙，而又南渡湘江，至会稽，经山阴，讲学于建德”。最终还是“遂安以归，耕牧鹤沙之右，晦匿南坡之阳，勤劳节俭，经营干蛊，赀产日饶，施予及于九族”。他关切同族孤老，又建土谷庄、连神祠等，使秦氏家族的聚居地沿老闸港河不断向西扩展。晚年时，他“性极冲淡，雅爱林泉之胜，辟亭馆，莳松竹，蓄古书名画，聚贤士大夫，觞咏于兹，谈弈于兹，朝而泮涣，暮而休息，深有古逸民之风，可谓达观之士”。元至正二十二年（1362）去世，“葬王家港北”，这里史称长人乡十九保五十图。

秦良佐育有一子一女。儿子秦世杰，初字国英，后改伯英，是秦良颢唯一的孙儿。明洪武八年（1375）举贤良，授迪功郎（从九品），调尚书职方员外郎，试兵部主事，转福建汀州府武平县知县，赠文林郎（正七品散官）。

秦世杰原配潘氏不育，纳夏氏、孔氏，孔氏生有4子3女，子名允恭、允中、允昇、允益，秦家就此日趋人丁兴旺。秦允恭（1359—1427），字敬伯，号贞白，自号南耕野人。习医药，撰《南耕谱》，后出任浙江丽水县知县。子孙成家后，分枝散叶，使秦氏后人的住宅群又向西移到了普福禅院附近。

明洪武二十七年（1394）秦世杰去世时，子孙将他“葬闸港北”（指闸港河北）“新溪北原之阳”，并将秦良佐的墓也迁到这里，逐渐形成了本地秦氏家族墓园，墓地约2 000平方米，主栽柏树。清乾隆年间，在墓园南侧又建“护阴”（保护棺木的小房子）。因此，当地人称本地秦氏的始迁祖为秦世杰。

外秦宅，又名“旌表亭”。

这里的普福禅院，始建于宋代。元末明初，这里正处兴旺期。禅院在同治元年（1862）被毁，后经乡人集资重修，20世纪初由广仁禅师再度修缮。因位于蒋达港边上，习称“蒋达庙”。庙有三埭进深，两侧厢房共27间，庙内供神像1 000多个，是浦东地区神像最全、数量最多的庙宇，故有“浦东第一庙”之称。庙界为十九保四十八图，有庙田二十八亩。每年农历三月二十八举行庙会，一直持续到1957年。1958年3月为筹建鲁汇中学，庙被拆除，庙址改作农田。

当年，有秦氏两兄弟在小沟漕两边各自造起一排绞圈房子，两家各自在墙门间里供了佛像，俗称“望瓜阿太”。这里渐扩展为新村宅，人称“外秦宅”。400多年来，人丁日趋兴旺，如今的外秦宅已发展得颇具规模，纵深有500米。

外秦宅北边有一条东西走向的高泾沟，曾是水上交通要道。

柯家塘在普福禅院西北。柯家塘无柯姓，因方言“柯”“跨”同音，意为秦氏家族中一支跨过闸港在南岸定居，故人称“柯家塘”。

柯家塘与闸港河北岸的里秦宅、外秦宅形成一个“品”字形。

陆深（1477—1544）的《豫章漫抄》记载，“秦监生钿家收有裕伯上中书书

柯家塘

草，云其闸港住宅即裕伯故居，初有敕书楼，被毁”。文中所提监生秦钿，应是明嘉靖年间秦公后人。

族人秦始基（字亮臣），清末民初颇具社会影响。

杜行东秦西秦宅

浦江镇的老盐铁塘畔，有东秦宅（今建岗村第十、十二组）和西秦宅（今联合村十一组）两大自然村落，至今为秦氏后人集居地。宅东南有座跨老盐铁塘的太平桥。这里的秦氏与长寿里、鲁汇里秦宅及行头秦家老宅的秦氏为同宗。

东秦宅的绞圈里是宅上最老的住宅，建于清晚期。河南滩是较大的秦姓住宅群，今有秦姓 29 户，是当年由绞圈里秦姓分户扩建形成的。

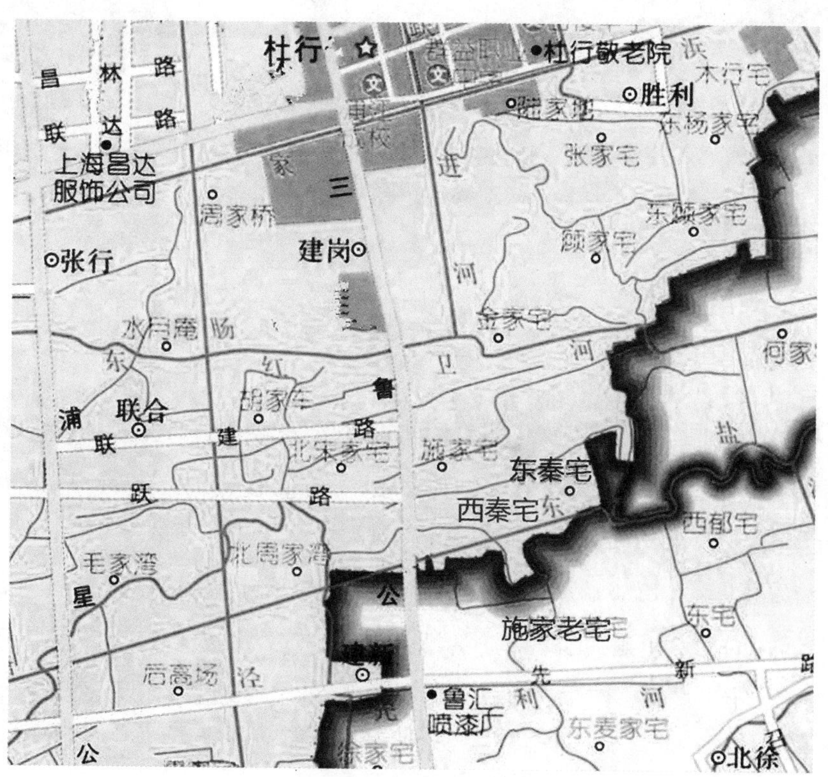

杜行东秦西秦宅位置图

西秦宅,是清末秀才秦利根从东秦宅分户过来始建的。秦利根曾任南汇县城积谷仓的保长,为人善良,生子秦梦庚。秦宅规模很大,在当地颇具影响。

东秦宅太平桥

陈行镇

明万历年间,有秦观(字少游)十四世孙、秦良颢七代孙秦钺入赘到陈家行附近的潘家宅,成为陈行秦氏的始迁祖。秦钺有一子,名清。再传五代后,子孙繁多,人才辈出,家族逐步重新兴旺。

清雍正四年(1726),从上海县析出长人乡与下沙盐场,分建南汇县。划定辖区时,因为这里是"上海县城隍"秦裕伯的故乡,长人乡二十一保特意留下十六图、十七图、二十图、二十五图、二十八图、二十九图、三十图等七个图仍属上海县。

陈行秦氏从秦梦鹤起,读书成风,世代相传,由簪缨世家转变为一个青衿世家。秦氏后人称之“朱漆墙门六扇开，昔从吴世港迁来。青衿却比簪缨盛，百八十年廿秀才”。

秦家祠堂

清乾隆年间，秦观二十世孙在里秦宅西端、老闸港北岸，始建秦家祠堂，称“绥禄堂”。建祠后，确立字辈，自二十一世起行辈为“自今以始，载锡之光，永世克孝，长发其祥”。

里秦秦家祠堂的房屋为“鸳鸯绞圈”，东绞圈为正门。大门内为进厅，旁有侧室，往里是吹鼓亭、东厢房。后埭为正厅，中央神龛供秦氏祖先牌位，两旁侧屋安放寿器。西绞圈有墙门间，侧屋为守祠堂人住处。后埭为附厅。东、西绞圈之间有隔墙，两边为花圃。光绪三十三年（1907），祠堂内创办里秦小学堂。1981 年，翻建校舍时祠堂被拆除。

闸港里秦秦家祠堂和长寿里秦公祠为同宗同族，每年三月初三、九月初九全族成员聚会，两边都不忽视。据东秦宅秦荣祥老人回忆，从 1940 年他六七岁开始，就跟着祖父按时赶去进香祭祖，直到 20 世纪 50 年代初。

同宗的九团秦氏建有“繁祉堂”。

作为陈行秦氏家族长房长孙的秦锡田，对以养真堂、诒谷堂、玉涵堂子弟为主的家族业绩并不满足，反而感到自己家族正在日趋衰落，因此决意要重整旗鼓，希望通过修造秦氏宗祠来祭拜祖先，加强家族的凝聚力。1924 年冬天，秦锡田在陈行镇东首购地备下基址。次年 3 月，由秦锡芝主持，正式动工建造。至 7 月份建成祠屋五楹及两厢房，前绕墙垣，杂莳花木，其中大堂造得十分气派，可同时容纳 800 多人。祠屋定名为“秩祐堂”，特请时任上海市临时参议会秘书长的陈公瑶（字陶遗，号道一）题匾。堂柱悬联有国会参议院议员沈惟贤（字思齐，晚号逋翁、逋居士，华亭人）、中华民国教育部佥事沈彭年（字商耆，青浦人）、以诗文书法三绝而名噪江南的方还（字唯一，晚号螾庵，江苏昆山人）等名家之作。

1925 年 10 月，陈行秦氏家族在秩祐堂隆重举行首次祭礼仪式。从此，每年举行春、秋两次祭祀。为此，秦锡田特作《陈行秦氏宗祠记》，称："和气致祥，乖气致戾，治乱兴亡之几，皆伏于家庭骨肉之际。愿我族人，相亲相爱，相依相辅，毋忝前人，毋隳先业，斯则我祖我父建祠之微旨也。"

1949年后，秦氏宗祠由陈行仁昌花厂（后改名为"陈行轧花厂"）使用。不久，由秦之纲代表上海陈行秦氏公益公产管理会向陈行乡政府呈交《秦氏宗祠产权捐赠书》。1965年改建为陈行公社大礼堂，1974年拆除。

名医秦昌遇

闸港秦氏家族中名医辈出，最出名的要数游走天下的秦昌遇，人称“仙医”。《淮海秦氏宗谱》记载，明万历四年(1576)四月二十七日，秦昌遇生于闸港，为秦观十六代孙，曾祖父秦璨，祖父秦金悤，父亲秦梦鱼。

秦昌遇(1576—1640)，字景明，号广野道人，又号乾乾子。幼年多病，故读书之余，留心医学知识，体验病理。由于古文基础扎实，深奥的医学理论他也能读懂。成年后，他乐意为家人及乡邻看病，诊治儿科疾病出神入化，是当时著名的临床大家。每遇患者病重，他人束手无策，而秦昌遇投剂即能治好，因此享誉八方。尤其他医德出众，为世人称赞。

秦昌遇像

民间至今流传着不少秦昌遇行医的故事，充满传奇色彩。

相传一天清晨，秦昌遇应召去邻乡出诊，船停城外，看见一女子在桥下织布，就对身边的仆僮说:“你悄悄上去,抱这女子的腰,搅闹她一下。”仆僮说:“她的父兄多在,我这样做会挨打的啊!”秦昌遇笑着说:“有我在,怕什么?”于是,仆僮蹑步潜往女子背后,用力将其按抱。那女子大骇,大声惊叫起来。村里人闻讯聚集过来,逮住仆僮要揍他。秦昌遇见状,站在船头,大声呼叫:“这是我指使的。”村民大多认识秦昌遇,连忙将他迎上岸。秦昌遇问那女子:“你还没有出天花吧?”回答:是的。秦昌遇就对众人说:“人即将出天花,痘毒隐伏于肾,比较危险,药物也难根治,现在惊吓之下,使痘毒引升到肝,这样就可着手处置了。”村民们恍然大悟,对秦昌遇的神技更加信服了。

又传,秦昌遇喜欢弈棋,一旦进入局戏,“天子呼来也不上船”。南翔镇上有富家弟兄俩相继去世,妯娌俩共育一子。那年,小孩子出痘症,其母遣人飞舟速去迎医,限以晷刻。可是,偏偏秦昌遇正在下棋,就推托潮水不顺,迟迟不肯动身。待他来到南翔,孩子脉象已成反关。秦昌遇正想拂衣而去,不料其母手执尖刀,一把将他拉住,说道:“我今快棹来迎,此间无长江大湖,何所潮汛?儿子前时身上还出现红色丘疹,现在却又隐了下去,如果这是绝症,都是由你而致,儿子不能生,我亦不欲生,你也不得生也!”秦昌遇满脸惭愧,说不出话来。妇人又复激曰:“大家多知道你医术高超,现在却不能治疗一个小孩,你这半生不是欺世盗名吗?”秦昌遇低头沉思说:“有一办法,姑且试试。”乃令掘一坑,铺条席子,小孩仰卧席上,用细黄土围遮全身,只留面目,煎药水洒之,再以席盖上。妇人将门锁住,与秦昌遇一起守护着。到了半夜,忽闻奇臭不可耐,秦昌遇欣然大喜:“好啦!”看那孩子,痘已复显,全身皮败肉腐,悉成通浆,已无性命之忧。妇人喜出望外,愿奉千金为酬。第二天约来数人与秦昌遇对弈,秦昌遇也高兴得乐不思蜀。附近父老乡亲闻讯,纷纷前来就诊,于是酬金复倍。秦昌遇临走时,坚决不收酬金,可妇人强行把酬金放在船内。回家后,秦昌遇就用这笔钱在家乡清真观之左厢,造了一个痘神院。

秦昌遇与董其昌、陈继儒被同称为“云间三仙”。在董其昌所绘《六逸图》中,他是松江逸士中最年轻者。清乾隆年间,他又被列入《云间邦贤图》。

明崇祯十三年(1640)十月初四,秦昌遇逝世,享年65岁。他生前留下

大量医案，著有《症因脉治》五卷、《脉法颔珠》四卷、《幼科折衷》二卷、《幼科金针》二卷、《痘科折衷》二卷以及《大方折衷》《病机提要》《大方医验大成》《伤寒总论》《女科秘方摘要》等，还撰有《澹香堂诗文集》传世，其影响至今不衰。

乡贤秦始基

秦始基

秦始基(1852—1920),字亮臣,晚号闲汉,鲁汇乡里秦宅(今浦江镇汇东村)人,是秦观及秦裕伯的后裔,家世儒素。19岁补县学博士弟子,以能文名。在父母叮嘱下,前后应乡试12年,却屡试不利。家境变故后,他转而从商,追求实业。

秦始基40岁时,响应“实业救国”新思潮,投资创建永兴窑厂制造砖瓦。后又集资营运精白米粉,由于他讲究信用,不仅营销顺利,而且在本地区确立了名望。

乡人看到,秦始基体质过人,性格刚直豪爽,生平自奉检,待人以诚,遇地方公益事项总是毅然担当。光绪十六年(1890),督浚周浦塘时,天气奇寒,朔风砭骨,尤为艰苦。秦始基日驻河干,实地跋涉,手足俱僵,冰缀鬓髯,直至初春时节终于竣工。光绪二十四年(1898),开浚王家浜,原议南汇全县粮田每亩征钱一百三十文,秦始基主张会同复丈,结果核减逾半,压缩经费一万八千八百余串之巨，尽管工程岸阔槽深，为干河之冠，至竣工时还尚有盈余。乡人同声称赞秦始基办事可靠。

因此，本地每遇治水工程，乡人都公推秦始基出山主持。无论是周浦塘、盐铁塘、闸港等干河，或是支塘工程，他都勇于担当，尽力经营，不辞劳瘁。

当政者得知秦始基明习水利，每遇工役就想请他出山主持。他勇于担当，无论周浦塘、盐塘、闸港、都台浦干河，或川心河、庙泾、大凫泾、车路港、马路港、肇沥港等支塘，都尽力经营，不辞劳瘁。督浚周浦塘时尤为艰苦，那年天气奇寒，朔风砭骨。他日驻河干，实地跋涉，手足俱僵，冰缀鬑髯，直至初春时节终于竣工。

当时，南汇县的地方公产已经很久未做清理，善堂、书院管业尤多，而司其事者不加严管，反而从中渔利。于是，秦始基联合好友设立总善公所。他努力检齐档案，逐项勘丈，逐款清理，并要求行政长官永禁变卖，依据旧案收回侵地，给还租户垦本，革除董佃中饱。此举引起不肖之士仇恨，勾结省吏之胥幕，颠倒黑白，阴掣其肘，最后则贿言官弹劾，求两江总督查办。秦始基坚持原议，不屈不挠，终于使弊窦一清，利归农民，而公款收益大增。

当时，观涛书院的院章日久废弛，乡人怨深。秦始基整理出公产经费，为学校增建校舍。乡里创办习艺所、自新所，兴建桥梁时，乡人均推举由他主持，确保料省而工坚。

清光绪二十八年(1902)二月，秦始基倡议将观涛书院改建为观涛小学堂。光绪三十一年(1905)，增设高等班，成为两等小学堂。次年，在秦家祠堂创建里秦小学堂。他还协助创办了长安、凫泾等乡村学堂。

光绪三十一年，秦始基等集资重建复兴桥。

宣统二年(1910)6月，南洋劝业会(中国历史上首次以官方名义主办的国际性博览会)在南京举行。秦始基的永兴窑厂产品应邀参展，荣膺特等奖。

鼎革之际，秦始基本想谢绝尘事，退老林泉，而公私敦促，深感义不容辞，越干越忙。

民国二年(1913),秦始基出任南汇县公署第二科(教育)科长。民国四年(1915),任教育款产处总董。民国七年(1918),任南汇县劝学所所长。

秦始基办事公正,乡曲争论必力为排解,评判曲直必当事理,因此深受乡人信任。有人以财物酬谢,他总是坚决拒收,说:“吾之直汝,汝理直也,非市汝惠也。直者德我,曲者将怨我。我不任受怨,又奚任受德哉。”有的人故意留下金银而走,他必追上去严词相告:“若遗金于我室,若何健忘也。”并当众将其金银掷在道上,因此令人敬畏。他公开宣告:“吾经理公事,银钱出入详载簿册,随时可以揭示。吾自省平生未曾受暮夜之金及一切非法戈取之财。吾岂不念子孙哉,盖欲以清白贻子孙耳。”

按惯例,疏浚河道工程属于役政,一向以受益多少确定各图保的任务,分顶浚与协浚。民国初,在秦始基的企划下,经南汇县议事会决议,治水工程改顶浚为共浚,并指定闸港、王家浜、沈庄塘、盐铁塘、周浦塘等八大干河由全县合力共浚,将征工改为征费,逐年按亩带征浚河经费,分年轮浚。民国三年,疏浚周浦塘时,正式实行共浚制度。

民国九年(1920)十二月十五日,秦始基在家病故,年68岁。乡人在观涛小学堂隆重举行追悼会,私谥“端毅先生”。

民国十二年(1923)出版《南汇秦亮臣先生悼词录》,秦锡田撰《宗老亮臣先生哀悼录后序》。民国二十六年(1937),秦锡田又撰《南汇端毅秦先生清德碑》,称赞:“先生清操拔俗,清名久而益彰。”“以毅力视事,以虚心接物,而性耽风雅。”“性刚正,严于律己而宽于待人,啬于己奉而丰于公益,猛于除恶而勤于嘉善,乐于容众,乡曲争论必力为排解,评判曲直必当事理。”“先生清如伯夷,而任如伊尹,和如柳惠。爱憎以善恶为衡,故清而不刻;取舍以义理为辨,故清而不激。亮节高风,千秋不朽。”并以颂词云:“无欲斯刚,不贪为宝。事求实在,弊杜中饱。宁朴毋华,宁拙毋巧。俗改浇漓,灾弥旱潦。民生熙熙,川流浩浩。利可百年,恩同再造。星斗罗胸,冰霜在抱。社会完人,乡邦师表。”

题桥由来

元至正年间，秦裕伯弃官返回故里后，眼见周浦塘南岸有长寿寺和鹤坡道院，北岸人家众多，已成市集，而两岸交往仅有一座小木桥，多有不便，就带头出资，号召筹建跨塘新桥。不久，一座石桥就建成了，众人议论取何桥名，秦裕伯挥笔题了“大通桥”三个字。乡人惊喜，又十分感激，纷纷将这座桥称作“奇桥”，到处颂扬“裕伯题桥”。后来，干脆将“大通桥”呼为“题桥”，结果约定俗成，流传至今。

不久，寺僧行超、柏庭在长寿寺东南募建了鹤坡塘桥，俗称“打铁桥”（后秦荣光撰联云：“募金我慕高僧义，打铁人传旧俗名”）。后来，周浦塘上又建了跨塘木桥（俗称“桥头西桥”），使长寿寺四周路桥相连，进出十分方便。

交通便捷后，这里人气渐盛，商贩店家相继而至，在跨周浦塘的大木桥堍占据了地盘。集市因寺庙而兴旺，乡民因集市而聚居，到明成化年间重修长寿寺时，从大通桥到大木桥之间，商店、民居连成一片。人们凡到西首去，就称：“到裕伯题桥去。”而往东首去，又说是“到大木桥头去”。为了简便，有人说是“题桥”，而有人称作“桥头”。就此随口称呼，叫了 500 年，还是没有定规，唯有在日后的正式场合称为“题桥镇”。

鹤坡道院

南宋时，忠翊郎、东南正将潘德刚兴建长寿寺后，又在题桥南街东南角捐建的鹤坡道院，供奉“三清祖师”尊神。元代隐士王逢（字原吉，又称梧溪子）撰有《登鹤坡道院廖阳阁》诗云：

咸淳地辟耸廖阳，丹碧曈昽照下方。
海岳夜朝笙鹤驾，星辰日待衮龙章。
太清三境何高爽，九有黄埃若混茫。
蝼蚁小臣身草泽，寸心徒系五云旁。

后来，鹤坡道院也供奉“上海县城隍”秦裕伯，俗称“鹤坡庙”。每年农历十月初一至初三，乡人举办题桥庙会。按当地风俗，初一下午用八抬大轿将“城隍老爷”抬到陈行老街去探亲，次日下午将其抬回题桥，在行房内坐堂，初三下午护送进庙归座。

寺庙群落

明代，题桥地区兴建了云起庵、太平庵、韦驮殿等，连同原有的长寿寺和鹤坡道院，形成了颇具规模的寺庙群落。

云起庵，俗称“小庙”。

太平庵，原为秦氏家庙，存放秦氏先人的石碑。据记载，明末清初，庙里的陈和尚用香灰替人治病，极为灵验，一时传称太平庵。后来，官府以“符水惑人”而将僧人逐出，陈和尚去了苏州北寺，太平庵就此“亦遂衰”。

题桥“花园场”

明万历年间，题桥集市迅猛发展，成为集镇，成为当地主要的布、米、盐

集散地。镇上以布庄和米店称雄,“德大布号”从此时一直开到清光绪年间,历时300多年。

“花园场”(今建中村七组)在题桥镇的北面,元代就迁居这里的吴世港已子孙繁兴,家业隆盛,而且书香传代,自明万历初至清乾隆年间的180年中,就出了20个秀才,因此被人们称作“朱漆墙门六扇门”“青衿却比簪缨盛”。吴氏子孙对大通桥情有独钟,吴钫于嘉靖二十九年(1550)将桥改建,其子吴侯又于万历三年(1575)重修,到万历二十八年(1600)吴侯的儿子吴成忠出任吴县县丞后再次重修。吴氏子孙吴震恒和吴弘曜建了东、西两宅,宅后分筑忠治园和九曲园,有亭台楼阁和荷花池等,人称“吴家花园场”“花园桥”,后又在镇南建宅称“吴家墙”(今建中村一组、三组)。明代末年,有诸生吴家生(字未孩,号无忝)“敦品绩学,望重士林”,与松江陈子龙、李待问等誓为抗清殉节。

这里特产桥头白生梨瓜,皮白而薄,有明显青条纹,肉嫩味甜,与三林塘崩瓜(又称“浜瓜”)齐名。始于题桥东的仓桥一带,可惜今已失传。

2000年后,因漕河泾高科技园区建设,大批土地划入规划区。2008年,完成撤队,周浦塘南岸街区已全部动迁。

裕民桥

光绪十六年(1890),上海知县裴大中到秦公祠公祭,见木桥年久失修,发动捐资,将桥址东移,与南街对直重建。

民国初,曾任江西省万安县县丞的秦锡祺(字寿农,号庸庵)返乡后,接替胡祖德担任陈行乡董。民国三年(1914),他看到题桥镇市中的跨塘大木桥已年久失修势将倾圮,便请秦锡田起草颁发《募建题桥市跨塘桥启》,发动地方各界募建,并诚请胡祖德出面主持改建工程。经各方努力,在周浦塘上建成又一座颇具气势跨塘环洞大石桥,取名“裕民桥”。同时,确定以三亩五分田租为每年维修费,还立碑于题桥镇南街(今建中村四组)。

周浦塘上裕民桥

课勤院

清末，本地区有不少无业游民游荡街头，时常惹事，扰乱地方社会秩序，被乡人列为“流氓”。秦荣光为此头痛，准备建课勤院，以维护地方治安，却因经费无着落而无奈。其子秦锡田认为这些人员并非恶人，只是因生活贫困所致，主张应把治理地方治安问题放在教育中解决，不妨多方筹资，创办一所特殊的学校，将他们集中起来学习各种手工艺技术，“教以一艺，俾谋生计”，解决温饱问题；同时，灌输思想教化之，使之能够掌握生计手段而安于本分。

秦锡田的主张得到了胡祖德、朱绳祖、朱绳武、陈朗清、胡能让等同人的支持，大家共同进行筹划。胡元裳的父亲胡能谱为感激秦锡田教育其子之

功，慷慨出资相助。

光绪三十二年（1906）年底，“题桥课勤院”在题桥镇南街西侧陈朗清的家屋内正式开学。这是一个收容流民并促其改恶从善的地方教育机构，教学内容以“学会勤劳”为重，学员以学习衣工、竹工技艺为主，设有制鞋帽、编篾席、搓绳等项目。秦锡田亲自制定章程，对管理、分配等方面都做了具体规定，如进院学徒生产的收益，七成充公费，三成积累在出院时领取，课勤院成了陈行地区历史上第一个镇办企业。

上海县新任知县王念祖（字少谷）亲临题桥课勤院视察，并赠送“勤求自治”匾额，以资鼓励。于是，课勤院名声四扬，承办 5 年之久，前后吸纳陈行以及附近乡的无业游民先后达 480 多人。这里所产竹器曾被送到江苏物产展览会陈列，并获得银质奖牌。

第二章 鲁汇村宅故事

闸港“浦东第一桥”

施家老宅石驳岸遗存

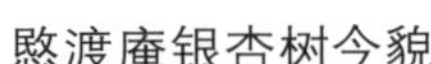

愍渡庵银杏树今貌

鲁家汇与闸港口

鲁家汇由来

鲁家汇老镇,位于今闵行区东南隅。元代末上海建县时,这里属长人乡十九保。清雍正四年(1726),划归南汇县。

这里,明代晚期已形成市镇。镇西有崇福禅院,俗称“草庵”,始建于宋天圣元年(1023)。明天启四年(1624),这里立袁福征书《义田免役碑》,说明早已不是荒野之地。

明崇祯九年(1636),鲁道昆丙子顺天榜考中举人后,在十九保四十五图建造新宅定居。鲁氏子孙就地开店经商,借得崇福禅院的人气,又占地理优势,市面赛过南面的叶家行集市和北面的肖家店集市,后来三处集市汇合在此。清代初期,形成半里长的东西街,居民有数十家。又因闸港河、肇沥港、小闸港三河在此汇合,故取名“鲁家汇”。

后来,集镇跨闸港河两岸而建,而商店多数在北侧,有东、中、西街。除镇西有崇福禅院之外,东街有清泉庵,东后街有城隍庙,三角街有关帝庙,乡人祈求一方平安。清同治元年(1862),遭太平军战乱,崇福禅院被毁。同治六年(1867),社会恢复平安,乡人合力在东街上建立观涛书院,地区面貌大变。

清宣统元年(1909),鲁家汇地区属南汇县第八区,含十九保二十九、三十、四十二、四十三、四十四、四十五、四十六图,时有1 799户人家,人口7 308人(男3 741人,女3 567人)。

1950年6月,鲁家汇老镇及周边地区划回上海县。当时,镇上有97家商店,从业人员214人。其中南北什货店15家,烟杂店、豆腐店各8家,药店、茶馆各7家,棉布百货和日用杂品店各6家,米店4家,点心店3家,饭店2家。另有轧花厂4家,碾米厂3家,饴糖坊2家,榨油坊1家。

闸港河由黄浦江入口东流,经过鲁家汇时,曲折形成鹤颈湾,每逢秋季潮汛,潮头汹涌,场面壮观,鲁家汇自然成为观潮胜地。因此,每逢农历八月十八"潮头生日",举办观潮节,四乡民众与各地商客蜂拥而至,"负贩(担货贩卖)者亦成市",成为浦东地区重大的地方盛事。

闸港口

明永乐年间,实施吴淞江与黄浦江"江浦合流"工程,原来一路向东入海的江水经过范家浜改道北上。隆庆三年(1569)夏,应天府(今南京)巡抚海瑞前来治水,在古东江(后称闸港河,今大治河)口修筑水闸,迫使黄浦水北折去。由此,这里人称"闸港口"。

这里自古属在十六保十一图,隔江与浦西"寺嘴角"(邹家寺)相对,江边有摆渡口,对岸为邹家渡。

闸港口往北到外白渡桥有30千米,往西到闵行老街有十多千米。每当船到闸港口,要根据潮汐变化再行船。通常每月农历初一、月半,午时潮水最大。潮水涨落交错,以六小时为一循环,每天相差半小时。倘若正好落潮,可趁势而行;倘若碰到涨潮,只能靠岸停泊。

因常有来往船只在此地候潮,船民纷纷上岸购物、休闲,商市益盛,逐成水陆码头,人称闸港镇(今属浦江镇永新村)。

清宣统元年(1909),这里属南汇县第九区,含十九保一、二图,十六保八图(白庙港)、十图(潘家行)、十一图,有1 569户人家,人口6 778人(男

3 559 人,女 3 219 人),略少于鲁家汇老镇。

闸港前街沿河有一座亭子,相传是当年官府为迎接乾隆皇帝巡视海塘而建的“接驾亭”。依亭建有茶馆,南汇知县认为这里的河水甘甜,历任县官的饮用水都派专船到此提取。

每逢农历九月初九重阳节的前后三天,为闸港口庙会,八方来聚、人气颇旺。

愍渡庵

明洪武十九年(1386),有高僧在江边建愍渡庵,又称愍渡禅院。

愍渡庵中有一棵高大的银杏树(今为 0121 号古树),黄浦江上的航船将其作为地标。然而到了晚上,其功能无效了。光绪《南汇县志》记载,黄浦江闸港段为大转弯,每当风号雨晦天黑,江中要进闸港的航船大多找不到方向。乾隆五十七年(1792),乡人瞿松山等耆老和客商们一再要求县衙在此添设“天灯”(即航标灯)。南汇县知县胡志熊体察民意,批拨一些土地,在闸港口设立了一座“天灯”,并雇人每天点亮,赢得商旅齐声称便。

咸丰年间爆发兵灾,天下大乱,愍渡庵被毁。同治三年(1864),里人夏祖庚募修愍渡庵,但是江边的“天灯”已经无人再去点亮。同治十三年(1874),南汇县知县金福曾(字苕人,浙江嘉兴人)顺应民意,把“天灯”灯杆移到愍渡庵前,恢复其功能,获乡人世代称赞。

同治十一年,愍渡庵比丘悟通募刊刻本《佛说阿弥陀经》。

光绪十一年(1885),夏祖庚捐募再修愍渡庵。

光绪二十四年(1898)春月,夏祖庚立《愍渡庵记碑》称:“此庵前进被发匪毁,同治三年余倡募修。嗣后进圮,光绪十一年余又捐募葺之。查庵碑,系前朝乡先生侍御夏公建。古渡津头,行人驻足,不知建何年,夏公亦未详其名。时光绪二十四年春月。”

宣统二年(1910),在此设东明小学。

端午龙舟赛

从闵行老镇渡口至黄浦江转折处的闸港口，江面开阔，是举办龙舟比赛的最佳场所。自清乾隆年间起，逢农历五月初五端午节，在这一段黄浦江上多次举行龙舟竞渡活动。闵行镇届时有端午庙会。闸港镇同样也是热闹非凡。

乾隆四十年（1775）陈金浩《松江衢歌》称："龙潭五月聚龙舟，瓶酒随波没鸭头。不及闵行喧夜渡，烧灯荡桨唱吴讴。"并自注称：闵行镇有春申庙，靠近黄浦江边，龙舟极盛，入夜更喧，挑灯划桨，吴歌回荡。道光年间陈行镇胡式钰（1781—1849）所著《窦存》一书记载："黄浦之阔不三里，而潮势汹涌，近海也。虽善舟者恒患之。闵行镇每端阳并前后数日，为龙舟水嬉，远近观者云集。""旧传其镇龙舟本十三，嗣一沉于浦，弄舟者俱不起，故十二。"

嘉庆年间的某年五月初五，闵行名士李林松（字仲熙，号心庵）与张蔼如（号六瑞）、李炜（字春帆）、顾耐秋（号尚惇）等登上春申阁，观看黄浦江中的龙舟竞渡，当场吟唱联句：

令节逢岁中，月日互加五。（李林松）
吴人叱蛰龙，拏舟戏江浒。（张蔼如）
阳侯树熊旗，天吴伐鼍鼓。（李　炜）
横列班剧骖，直出激强弩。（顾耐秋）
掉尾盘曲蛟，劈面斗虓虎。（李林松）
白桨荡日轮，红灯烛水府。（李　炜）
长年矜身手，仕女饰眉妩。（张蔼如）
骈阗出巷陌，飞尘渍汗雨。（顾耐秋）
胜事传一朝，豪情俨千古。（李林松）
昔人哀湘沅，遣俗创此举。（张蔼如）

事久渐失真，徒尔哄市佑。（李　炜）
不知三闾魂，果否甘角黍。（李林松）
渡江顾恺之，蹑屐张雕武。（李　炜）
二李尤清狂，文举与德祖。（顾耐秋）
相逢一笑灿，挥手谢哙伍。（李林松）
痛饮读《离骚》，恍与古人语。（张蔼如）
小集得四人，联吟答重午。（李　炜）

《窦存》一书还记载，道光十九年（1839）五月初五辰刻，闸港西面的何家渡附近，黄浦江上风猛潮急，有人登船张帆，还没来得及下柁船就翻了，船上41人有38人溺死。消息传来，黄浦巡检司官员即以“梦惊城隍告急，风大浪急，明日观龙舟者多不吉利”申诫居民。于是，该年龙舟赛会随之取消了。此后，赛会声势逐年衰退。

民国元年（1912）春节，闵行镇上警民发生冲突，西庙及存放在内的12艘龙舟均被烧毁。就此，人们对端午竞渡赛会也失去了热情。

轮船码头

闸港口原先有两座轮船码头，面对闸港河、金汇港、黄浦江三水交汇处。

清光绪三十年（1904），闵行镇李显常（字镜海）受父亲李祖锡之命，在乔世德（字念椿）等好友的支持下，集资组建第一家内河轮船公司，取名“敏航轮船局”，购置了有客座200位的内河铁壳蒸汽内燃机小火轮，一艘名“闵馨”，另一艘名“湖江”，首辟闵行至上海南市关桥码头的内河客运航线，每日往返对开四班，俗呼“闵行班”。“闵行班”轮船航线途经闸港，在闸港建造了木质结构的接客码头。因闸港河内已有客轮船码头，故称之为“闸港外码头”（今永丰村九组）。

1914年，敏航轮船局招股增资，改组为新公司，取名“闵南协记内河轮船公司”（简称“闵南轮船局”），并添置了“新闵南号”和“平申号”客轮。

1916年,平湖轮船公司从德国进口一艘双引擎客轮,开辟平湖至上海的航线,也要在闸港外码头停靠,闵南公司不同意,平湖公司只得在码头北面自建码头。时隔5年,两公司讲和,合并为一码头,并扩建了候船室,开设了饭店、客栈等。不久,温州人在码头东面建造了开泰石灰厂。

1930年后,闸港外码头有闵行班、张堰班、平湖班、海盐班、新埭班、同里班等多家客轮停靠,乡人称便。

浦东第一桥

光绪三十年(1904),闸港口有敏航轮船局开通"闵行班"客运码头后,这里与上海老城厢、闵行老街往来方便,商市益盛,百货尽有。闹市在北岸,有店铺30余家,分前(南)街、后(北)街和西首的南北街,前街、后街之间有条南北通道。

明弘治元年(1488)以前,这里已建有跨闸港河的木桥。清乾隆四十五年(1780),夏景韩呈请知县成汝舟拨周浦河工霸木并倡捐重建。咸丰六年(1856)又重修。民国十九年(1930)重修时,桥址西移,北端与西市南北街相接,南堍与南岸的"丁"字路相连。桥长60米,宽4米,高6米,桥面仍铺设木板,桥脚由木改为钢筋水泥,设四排,每排四根桩。曾留学日本的滨浦中学校长潘锡成题写了"浦东第一桥"桥名。

1949年5月,国民党军队为了阻止解放军的追击,在逃跑时用炸药把此桥炸了。近年,在原址只寻见一根水泥桥脚残桩,有人特意在此建了一座亭子。

1949年时,闸港镇上有59家商店,从业人员108人,其中米店、茶馆和豆腐店有6家,棉布百货店5家,烟什店4家,鲜咸肉庄3家,药店和鲜咸鱼店各2家。另外有3家饴糖坊,2家榨油坊,从业人员23人。

1979年开挖大治河后,这里发生了巨变。

叶宗行与叶家行

书生献策

叶宗行，明代鲁汇叶家行（今浦江镇正义村五组）人。有明史资料称其为“叶宋人”，上海方言“人”与“行”音相似，因此叶宋行的行字应读作 xíng。

明代初，叶家行一带为上海县长人乡十九保四十二、四十三图藏字圩，与四十五图的鲁家汇一带相邻。当时，叶家行已是个市镇，市中心的南北港为运盐干河，直通东江（后称“黄浦江”）。

永乐元年（1403），江南地区遍发大水。吴淞江入海处百余里，沙泥充斥，芦苇丛生，几乎成为平陆。朝廷决定派户部侍郎李文郁辅助户部尚书夏元吉（1366—1430，字维喆）奔赴江南治水。

在松江府巡视时，夏元吉征询治水方略，即收到上海县叶宗行和华亭县张昕（1367—1434，字宾旸，号西畴，洪武三十一年举人）等书生的建言函，主张放弃吴淞江入海故道，疏浚范家港，引浦水入海，并禁止沿海居民筑坝阻遏其流。

叶宗行为上海县学庠生（即秀才），通晓天象、农事，精于历算、测绘，读书崇尚气节，关心民生，勇于直言。他家居住在“大黄浦”畔，连年饱受水患之苦，因此经常考察周边地形地貌，遍查典籍，琢磨治水方略。闻知夏原吉奉命前来治水，便以诸生身份上书提出建议，主张疏凿南北向的范家浜，接通大黄浦，汇入吴淞江，实现江浦合流，以增强水势，冲泻入海，消除隐患。

夏原吉接到叶宗行和张昕的治水建议，不由眼前一亮，便当即邀请叶宗行前去面议，还亲迎阶下，声称："诚如先生之言，受益多也。"

夏元吉采纳叶宗行和张昕的建议，向朝廷奏报治水具体方案，特别提及自己"与共事官属及谙晓水利者参考舆论，得其梗概"，并分析当时现状，称："自下界浦抵上海县南跄浦口可百三十里，潮沙壅障，茭芦丛生，已成平陆。欲开浚，工程浩大。且滟沙淤泥，浮泛动荡，难以施工。"为此，计划从疏凿范家浜入手，"又松江大黄浦至南跄浦口，可径达海，宜浚令深阔，上接大黄浦，以达泖湖之水"。还计划设置石闸，以时启闭。每岁水涸之时，修筑围岸，以御暴流。"如此则事功有成，于民为便。"明成祖朱棣批准了夏元吉的方案，并指派苏州、松江、常州、嘉兴四府出动20余万民工，听候调遣。

上述史实，在明代王圻（1530—1615，字元翰，号洪洲，诸翟人）的《稗史汇编》和郎瑛的《七修类稿·事物四·忠靖二事》均有记载，史称：夏公尝治水，苏、松延儒讲求水利。有叶宗行者与焉，见公治水久未成功，潜奏于朝。有旨令公复奏。公大惊，即日邀宗行，亲迎阶下，曰："诚如先生之言，受益多也。"未几，荐叶于朝。宗行得授钱塘知县。公后奏绩之日，曰："是叶促成也。"

参与治水

永乐二年（1404），夏元吉主持开凿范家浜等工程。他命叶宗行、张昕随同治水。

夏元吉"役兵民数万，抚恤之人人尽力，布衣徒步，日夜经划"。在治水工地上，严寒不避冷，盛夏不张盖，奋战了一年多，终于引太湖水入刘家港、白茆港，疏浚吴淞江、大黄浦、赤雁浦，形成新的入海通道。

开凿范家浜时，总计开挖河道长4 000米，河道拓阔达100多米，冲刷扩展到 1 000 多米。

相传，叶宗行协助夏元吉制定了河道管理制度，将当时设置测量水位的石标称作“忧欢石”（水位上涨为忧，水位正常为欢）。

自此，黄浦江替代吴淞江成为太湖泄洪的主要通道，不仅改善了上海西南部众水壅滞淀山湖、泖湖的局面，而且形成“以浦代淞”的水系变化和浦东浦西的地理格局，为日后上海港的建立和上海地区的繁荣创造了条件。为此，秦荣光《上海县竹枝词》云：“浦水原从闸港东，筑塘捍海口遭封。北东流入吴淞口，江浦初凭一线通。”叶廷琯《浦西寓舍杂咏》有一首专咏此事：“一条黄浦划西东，百里人烟指顾中。略似岷江分两戒，波涛直接海天空。”从此，当地人将向北去的浦江称“东黄浦”，而将西来的浦江称“南黄浦”。

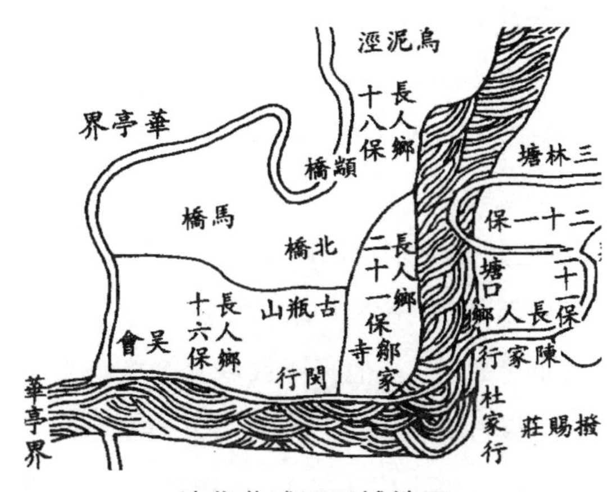

清代黄浦江区域地图

钱塘执法

因叶宗行、张昕治水有功，经夏尚书推荐，叶宗行被提升为杭州府钱塘县知县，张昕被提升为户部员外郎。

当时，钱塘县是浙江首县，徭役繁重，财主豪门往往买通猾吏，将徭役转嫁于贫民，而百姓则倍受徭役之苦，人们怨声载道。叶宗行上任后，便首先修订役法，将应服役之人编在册子上规定按人口分成甲、乙两批，依次分派，使徭役负担平均。徭役均衡后，不出数月，社会便安定了。钱塘百姓无不称赞，人称“钱塘一叶清”。

叶宗行在钱塘县为官正直，断案如神，《明史》中记载了两则传奇故事。

有一天,知县叶宗行坐堂理事,见有条蛇探头探脑地游上堂来,似乎有话要诉,便问道:“你可有冤情?本官为你审理。”蛇点了点头,转身游出县衙。叶宗行步步紧随,来到一家烧饼铺。蛇一头钻到了烧饼炉下,叶宗人忙下令撤去炉子,赫然发现有一具死尸。他当场审案,查清了店主在数日前谋财害命、埋尸灭迹的勾当,即将凶犯捉拿伏法。又有一天,叶宗行坐船外出,忽然船被阻在江中,到船尾一看,见一死尸挂在舵腰,还系了块石头。他立即查探,很快就缉拿了凶犯。

朝廷得知叶宗行的政绩后,将信将疑。时有浙江按察使周新(初名周志新,字日新,广东南海人,逝世后被封为杭州城隍),官风严峻,嫉恶如仇,外号“冷面寒铁公”。他听说钱塘县令廉洁奉公,心中存疑,便微服前去调查。在钱塘县境内,他听到的都是百姓对叶宗行的赞誉,仍不罢休。趁叶宗行离家外出,他悄悄上门去查看,可查了半天,见叶家清贫如洗,只在竹箱内发现一包太湖银鱼干。周新深为其清廉所感动,便拿了一些鱼干走了。次日,周新特意设宴款待叶宗行。见叶宗行不敢领受,周新便说:“桌上摆的只是你家的鱼脯呀。”两位知己便开怀痛饮,一醉方休。当晚,周新下令动用三品仪仗为他送行。叶宗行再三推辞,周新决意要如此排场,说:“你为官这样清廉,理当受这三品的待遇,还客气什么!”他硬是隆重地送叶宗行回了家。叶宗行感念周新的知遇之恩,更加勤政爱民。

永乐十五年(1417),为营建北京城宫殿,朝廷紧急征召天下工匠。叶宗行奉命召集当地能工巧匠,并亲自督送北上。不料在赴京途中,他不幸染病,不治身亡。

周新闻讯悲痛异常,著文祭奠,赞颂曰:“唯钱塘之江水,与君万古而俱清。”钱塘百姓闻丧奔哭者,数月不绝。

当地遗存

叶宗行身故时,年仅 40 多岁。

光绪《南汇县志》记载:叶宗行之子叶璨,字孝友,工诗。

光绪《重修华亭县志》卷十八“列女”传有记载：叶宗行有一女儿嫁给陈询之子陈轩。陈轩在国子监肄业，暴病死于京城，而妻子年方24岁，闻噩耗，“毁容截发，屏去膏沐，抚孤子”。享年76岁。

当年的叶家行市镇，本地人称“叶港镇”，东西街长100多米。南北港为运盐干河，直通大黄浦。清同治《南汇县新志稿》称：叶家行“明钱塘令叶宗行故里，市心南北港即运盐河，南岸属奉贤，今无市”。

叶家行村西头有一条叶河，蜿蜒曲折，人称“百曲港”，为上海、奉贤、南汇三县界河。东西向跨叶河有一座平板石桥，桥宽约3米，桥身3块青石上刻有龙纹图案，两面有护栏，南面刻有桥名“发扬桥”，桥墩用石头砌成，东西两侧各有十步石台阶，高出路面1米多。北侧有水桥为停船之地，由10块青石叠砌，横阔2米，每阶宽30厘米，派头不小。20世纪70年代初，因拖拉机进出不便，“发扬桥”被翻建成水泥平板桥，桥面拓宽至4米。桥上的栏板在拆除时，大多破碎散失，而镌刻有“发扬桥”三个大字的一块石板，由一村民移至自家屋前，埋在阶下。

叶港老街最后的留影

叶家行村东南有“灶山坟”，高10米，东西长40米，南北宽20米，相传是叶家祖传墓地。周围有几棵柏树。20世纪60年代，“灶山坟”在平整土地时挑平。

正义村七组的叶家塘，相传也是叶宗行后裔所建。村后边有一条叶家宅河。跨过“发扬桥”，即是大场浪（今奉贤区金汇镇东风村十组），是叶氏后裔另一个集聚地。

因为这里地处“高压线下”，村宅居民动迁或“上楼”，“叶家行”遗存随之消逝。

叶氏世家

有史料记载，叶宗行是宋代名臣叶梦得（字少蕴，号石林，江苏吴县人）后裔。据清康熙《松江府志》记载：叶梦得之孙叶李，为宋末太学生，入赘居莘庄镇，官至中书省左丞。叶宗行为其后人。

最早记载叶宗行生平和事迹的是明正德《华亭县志》，其卷十五有“人物·名臣”传记：“叶宗行，宋太学生李之后。读书尚气节。永乐中，东吴大水，松江尤甚。盖黄浦下游壅塞，水无所归。宗行上书请弃其故道，浚范家浜，引黄浦水以归于海，示近海民无私作坝，以遏其流。佥议是之，命从夏元吉来治之。水患息，特荐其才，擢钱塘知县。”

据《元史》记载：叶李（1242—1292），字太白，一字舜生，号亦愚，杭州人。少聪慧，性耿直。20 岁入京城国子监读书。宋景定五年（1264），因反对贾似道投降主张，他被流放漳州。宋亡后获赦，归隐富春山中。元至元十四年（1277），元世祖命御史大夫相威求贤于江南而出仕，官至中书省左丞。至元二十九年（1292）逝世，年仅 51 岁。

按此说法，叶宗行的祖籍在杭州。叶李去世 70 多年之后，叶宗行才出生，他们之间是何种血脉关系还有待考证。至于叶李如何“入赘居莘庄镇”，也有待深入考证。

乾隆《华亭县志》记载：叶宗行墓“在莘庄镇春申桥南”。光绪《重修华亭县志》补充称“在三十六保四十二图”。这说明，叶宗行与莘庄地区有血脉关系。

施家老宅人才辈出

鲁汇地区有施家老宅,自古声名远扬。这里的施氏先人世居汴梁(今河南省开封),随宋室南渡,迁徙浙江山阴(绍兴)。南宋绍定五年(1232),施退翁(字以道)中进士。淳祐四年(1244),出任华亭县知县,以风化为己任,兴学校,建讲堂,创斋庐。宋末,施退翁留仕迁居闸港,施叔常随父调任下沙盐场副使,移居浦东,遂为上海县人。元代时,施退翁五世孙施晚江在闸港北建宅定居,人称“施家老宅”。

书香之家

明代,施氏家族最早扬名的是施大经(约1560—1610),字天卿,号石渠,又号玉屏,施退翁十一世孙。万历十三年(1585)中举人,先任丹徒教谕,后升任江西瑞州府通判。在瑞州时,有一个姓涂的寡妇,族人为了贪图其资财,诬蔑她作风不端,企图赶走她,夺取她的财产。涂氏到州里告状,并通过熟悉的吏卒给施大经送了钱。施大经见了很生气,他说:“她遭冤枉,我为其辩白,是我的责任。她为此送钱,不是对我的侮辱吗?”为了儆戒,他下令狠打送礼的吏卒,责令退还礼物。后来,施大经通过查核,确知寡妇是受了冤枉,便为她申了冤。不久,施大经因病引退。病愈后,任惠州通判,后转任崇州府审理，不久辞职回家，读书著述，著有《泽谷农书》和《秋水村庄诗稿》等。建藏书阁“有获阁”，贮书万卷。万历年间与宋懋澄、王圻、俞汝楫合称上海四大藏书家。其子施沛撰有家藏书目四册，藏书印有“施氏有获阁藏书”“子孙永宝之”“出借鬻为不孝”等。

施大经之子施沛（1585—1661），字沛然，号笠泽居士，又号元元子。明天启元年（1621），以贡生出任河南省廉州通判，调署广东省钦州，颇多惠政。升江西省南康同知，转任南京都察院历事。被罢官归里，学佛施医，与名医李中梓交往甚密，尤精辨证，擅治伤寒，服务乡里。亦工诗。著有《草堂禅集》、《金刚经疏》、《心经疏》、《续传灯录》、《笠泽草堂集》、《黄帝脉书》、《脉微》、《祖剂》四卷、《腑脏指掌图》、《经穴指掌图》、《起云堂诊籍》、《说疗》、《医医》、《内外景灵兰集》、《南京都察院志》等。朝廷画家曾鲸所绘《施沛然像》，今由上海博物馆收藏。

施大经之子施溥，字汝中，贡生。授河北省永清卫经历，升乐亭县知县，未赴任得知京城失守，竟自尽。清乾隆四十一年，赐谥号节愍。

施大经胞弟施大谏，字叔显。自幼颖悟，十岁能属文，明万历十六年（1588）中举人。却不再谋求仕途，闭门专注《老庄》，寒暑不辍。宅第为一经堂。

施大谏之子施绍莘（1581—1633），字子野，号峰泖浪仙，生于闸港，华亭县学生员。他有俊才，怀大志，因屡试不第，遂弃举子业，放浪声色。寓居华亭后，建园林自娱，置丝竹，每当春秋佳日，与名士隐流遨游于九峰、三泖、西湖、太湖间。他兴趣广泛，除经术、古今文外，还旁通星纬舆地道释九流之书。善音律，成为晚明著名散曲作家，一生所作以散曲及词著名，有《秋水庵花影集》五卷传世。其词作多哀苦之音，既寄寓着作者命运多蹇的身世悲凉，又是明王朝灭亡前夕人们情绪的反映。

万历年间，还有施一元，字伯允，副贡生，后任北京副兵马司。

明末清初，施氏家族日益兴旺。清雍正《分建南汇县志》记载：“施家行，在拨赐庄东南二里许，施氏居第相望，商贾成市，今居民数十家而已。”不久，分建东、西、南、北四宅（东宅在今浦江镇北徐村二组、南宅在今先进村四组、

西宅在今先进村二组、北宅在今建岗村九组），聚落呈矩形，面积约3万平方米，统称施家行，时属十九保三十图。

康熙重臣施维翰

清康熙二十三年（1684）四月初二，62岁的福建总督施维翰因病在任上逝世。次年，施维翰归葬故乡时，曾与其同举于乡，又比肩共事，交谊达30余年的文华殿大学士宋德谊，应约撰《施维翰墓志铭》。光绪《南汇县志》卷十九《名迹志·冢墓》收录碑文。细读墓志铭，可知通议大夫、福建总督、兵部右侍郎、兼都察院右副都御史施维翰，跟随康熙皇帝20多年，成为重臣。他为官32年，清勤廉直，始终如一，鞠躬尽瘁，世代称颂。

施维翰（1622—1684），字及甫，号研山。明天启二年（1622）七月二十四日生于施家老宅。祖父施大谊，父亲施绍著，嗣父施绍夔，“皆积学砥行，代称隐德”。施维翰娶妻沈氏，纳妾尹氏、唐氏，生有三子，长子施是彝（候选知县），次子施昌奕（少年夭折），幼子施是程。

《施维翰墓志铭》称施维翰“生而颖异，读书数行俱下，倜傥不群，具经济大略”。施维翰入华亭县学宫。顺治五年（1648），乡试中举。顺治九年（1652），30岁时考中进士，殿试为三甲第三十七名。初任江西临江府（今清江县）推官，其“长身玉立，突兀班行中，世祖皇帝目而伟之”。因表现出众，顺治十五年（1658），施维翰升兵部督捕主事（职方司主事）。十月，以山东道御史，参前任浙藩徐为卿，补江藩。顺治十八年（1661），巡视南城。

康熙皇帝登位后，也关注施维翰。施维翰“正色敢言，克举其职。皇上御极，加器重公。公益自发摅，无所鲠避，前后章奏数十上”。康熙元年（1662），康熙皇帝提拔施维翰担任山西道监察御史，仍管山东道。康熙四年（1665），担任山东道监察御史，监察江南道。康熙八年（1669），担任陕西道监察御史，六月，调任京畿道监察御史，仍监察江南道。

施维翰为官明察，洞晓时弊，体恤民生，敢于直言。他恳请太皇太后勿谒山陵以节省劳力，主张国家应当督促农民及时耕种（耕籍田以劝穑）。当时，苏州、松江两府赋税过重，百姓不胜负担。为此，他一再呈请减除苏州、松江两府浮粮，以减轻民众贫困。他还主张“禁漕米耗赠，除塘长旷工名色，缓开征，定编审”。他一再提醒康熙皇帝加强文武吏治，主张“惩监司之贪，严大帅之纵，官吏勿得侵牟商利，盗案不许营弁罗识，持纠督抚之纵兵为盗，及曲庇贪吏者，咸正厥罚。以至简投诚之兵，伸言路之气，专鼓厅一官，以省推诿。免旗下妇女有罪墩门以别嫌疑”，“督抚有荐举非人者，照定例降调，不得以加级抵销，中外为之悚息”。

康熙十一年(1672)，施维翰调任河南道监察御史。九月，上疏弹劾福建总督刘斗(字耀薇)，指控其徇情题建故靖南王耿继茂祠。刘斗被降官。

康熙十二年(1673)，施维翰内升正四品顶戴食俸，担任山西道监察御史，监察江南道。

康熙皇帝十分赏识施维翰的清勤廉直，提拔他担任鸿胪少卿，后转任光禄、大理寺寺丞，又升为太仆寺卿、宗人府府丞。康熙十八年(1679)，再晋都察院左副都御史。期间，他曾巡按陕西、巡视河东盐政，“所至，厘剔奸蠹，整摄纪纲，年资最深，蹇谔最著，海内相望风采，皆以为当代伟人”。

康熙十八年七月二十八日，京师发生大地震，康熙皇帝日夜不安。施维翰与刑部尚书魏象枢(1617—1687，字环极，号庸斋)认为治理有序，政治清明，就可以预防或消弭地震，便一起疏言：“地道，臣也。臣失职，地为之不宁，请罪臣以回天变。”

八月，施维翰奉旨巡抚山东道，“黜贪墨，辑悍兵，劝垦僻，禁耗羡。时连岁灾侵，亲行所属，设法赈济，疏请截留漕米五万石，所全活饥民无算。又以青莱(山东半岛胶莱平原)距临仓远，输挽艰难，请永行改折，以苏运解之苦。又以岁荒谷贵，凡兵马供应米豆草料，请照时价估办，以免官民赔累。至苞苴馈遗，严行谢绝。一切案牍皆亲自裁决，不假他手。菜羹粝饭，厨舍萧然。以故百吏洗心，豪右(豪门大族)屏气，萑苻(盗贼)窜息，狱讼简清”。为了做表率，他在官署中辟地种菜、磨制豆腐自给。他上疏康熙皇帝称：“考察官吏应作为首要大事，高官、地方镇守主将衰老庸暗的应予参劾；州县对上级的供给、胥吏对老百姓的诛求应加禁止。”他还举荐为官清廉的陈文学、周根

部等升任监察御史。

康熙二十一年(1682),施维翰年满60岁,正想退休回乡时,因浙江总督之位急需有人去接任,康熙皇帝硬是将他调到浙江出任总督。施维翰上任当天,即审谳"满军鼓噪案",被前总督墩锁了半年的200余人获得平反。他发现驻防在当地的满军每夜忙于外出缉盗,难免因民族矛盾而生事扰民,便规定满军入夜必收营,缉盗之事改由汉族绿旗兵负责。康熙皇帝得知后,赞赏此举,规定各省仿效。

这一年,施维翰回乡操办父母丧事时,闻听有福建来沪商船与本地乡民之间发生械斗。他便带领数名兵勇,张挂起总督衔的灯笼,骑马连夜赶到黄浦江滨,竖起高竿,上挂一只空木桶,如秋刑杀头示众状。然后,他派人告诫械斗双方:"你们强横不法,本应尽数杀灭,现在从宽处置,把首恶处决掉,余人不问。"双方见状,轰然散走,终于免除了一场大祸。为此,人们盛赞他的应变才能。

衢州地接江西、福建,为濒海重地。为确保地方安宁,施维翰决定移驻衢州。因当地官署设施已毁,他苦心筹划重建,以至积劳成疾。

康熙二十二年(1683)十二月十九日,施维翰病情尚未好转,又被调往福建担任总督。他抱病坚持巡视海疆,又翻过仙霞岭,赶至福建最北端的浦城县视察。病倒在床后,还亲自批阅文书,持续接见下属。结果,他到任不满四个月,即病逝于官署内,年仅62岁。

施维翰逝世后,康熙皇帝"闻报震悼,命部臣议谥议恤,褒忠之典有加"。众议其通敏果敢,老成干练,赐谥号"清惠"。施维翰别宅,在松江城内法云庵西。松江府推重其为乡贤,特在府试院东姚家巷内,于康熙二十二年(1683)设专祠,人称"施清惠祠"。还将其遗著辑成《施清惠奏议稿》刊印传世。

施维翰墓葬在故乡,建有石翁、石马、旗杆石等。

人才辈出

随后,施维翰有同族子孙也考中了进士。

施惟讷,后改姓顾,字予宪,号愚亭,施维翰从孙。康熙三十五年

(1696),中举人,康熙三十九年(1700),殿试获第二甲第三十四名进士。授浙江省兰溪县知县,补山西荣河县知县。时该县遇大灾,未及上报即下令发帑赈济,有人阻之,他坚称:“为民命,虽获遣,奚惜?”后来升为大同府知府。长子施念祖,字聿修。由贡生授湖州府通判。次子施光祖,字焕之。监生。工诗文楷法,好远游。著有《玉环楼剩稿》。

施润,字泽寰,号秋水,施光祖之子。幼孤家贫,继母沈氏力持家事,始得专心向学,诗文才气华赡。乾隆三十三年(1768)中举人,乾隆三十七年(1772)中进士,殿试第三甲第六十七名,授安徽凤阳府教授。5年后,因母亲逝世返归故里。后受聘于上海敬业书院担任主讲。工诗,著有《居敬堂诗稿》十卷、《居敬室集外诗》《读左咀华》《典类清英》。《香雪园诗话》收录施润诗五首,称其诗“工于叙事,曲折合度”。

施维翰的从叔施埏宝,字缓宜。为人慷慨好义,为政晓畅廉洁,康熙十四年(1675)出任河北省任县知县,积极组织人力物力疏导水潦,使大量土地还耕。他莅任4年,终因治下应缴银粮亏欠忧而成疾,死于任所。施埏宝仲兄施埏量,少年时即有文名,却因“奏销案”遭受连累,后援例进入太学,改名用宾,为州佐,后任山东省莱阳县知县。

施维翰的侄儿施不矜,字履谦。自幼聪明,长大后学医,造诣颇深,有神医之奖。门生甚众,名医刘萝金、张以恺皆其传人。著有《脉理精要》二十卷和《经验志奇》三卷。兼精地理,工诗善画,所绘花卉,尤妙传神,近人多宗之。

施维翰的侄儿施长正,字甲峙,号卓亭,清乾隆年间居住在陈行镇。品学兼优,乾隆元年(1736)被公举为孝廉方正。著有《言行录》《三余稿》《书法传心》《易学》等。

施徵燕,字贻孙,自号春江钓叟,居闸港,诸生。著有《青门草》九卷。

走向衰落

步入清代中叶,施氏家族无人走通仕途,家道逐渐中落,但是仍涌现了

一些杰出人才。

施润之子施承梁，字子香，嘉庆年间书法名家。《海上墨林》称："幼年生活优裕，后父母早逝，家道中落。他为人狂放不羁，能文善诗，因岁试作文怪诞而被黜革，后应科试，以读书著述为乐。评注不少古典，奇才也。"善辞赋隶书，曾协助好友李林松（字仲熙，号心庵，闵行镇人，嘉庆年进士）编修嘉庆《上海县志》。李林松为其母亲王孺人祝寿时撰写了一组《闸港棹歌》，感叹施氏家族的兴衰，诗云：

闸港潮迴接沪城，子辰佳谶重乡评，
施家例有孀星耀，欲倩霓裳佐寿觥。
钟离教授讲筵开，蝴蝶闲瑎午梦回，
居敬堂前诗十卷，未谋三经已归来。
苦节遐年久未旌，君姑申训在遗经，
报刘莫怪双孙切，恤纬余丝尚典型。
安贞坤吉岁无涯，三世循陔奏白华，
说到劬劳仍欲涕，不闻揄翟只闻髽。
西华葛帔自凄凉，手哺诸孤问宿粮，
篝火读声过夜半，有谁人访旧书香。
素无负郭奈荒何，斗米量珠泪更多，
不道糠皮偏是药，至今练出发番番。
门衰况是病魔侵，摒挡愁无药裹金，
到得慈岛能反哺，多年辛苦作冤禽。
研田无俭岁收稀，毕竟传经心事违，
二仲才名能两大，好将彩线系春晖。
季良文笔更超群，志馆编摹感暮云，
惜未登堂能拜母，只从彤史挹清芬。
征诗首倡说艰难，才起欢声又鼻酸，
我奉板与刚廿稔，羡君岁岁庆平安。

甘泉酿酒足颐神，晚节黄花泼眼新，
只为满堂春气永，改将秋卉唤堂春。
千佛名经众日窥，天心恐以福孤嫠，
凌晨忽报泥金捷，此即当年索乳儿。

相传，施维翰在家乡建造新宅时，选在施家老宅西端，占地 6 667 多平方米，造了十埭九庭心的绞圈房子，称“居敬堂”。一条宅河直通施横港，北边有一个 20 多亩田的大花园，人称“花园头”。皇上所赐的龙床、尚方宝剑和打皇鞭等，安置在东宅。官船从盐铁塘进入施横港，可直达施家新宅。施横港西岸，垒有 100 多米长的石驳岸。施横港东岸，沓水桥南侧的塘东宅上建有施家祠堂（位于今北徐村六组），一个大厅，两个侧厅，正门内装有木栅栏。1958 年，施家祠堂被改成生产队副业场。1960 年，生产队翻建畜牧场时被拆除。如今，施家老宅、新宅乡民均已动迁。

湾周里周氏文学世家

周氏先祖

湾周里，地处浦江镇东南部，东临小闸港（今泰青港），与奉贤区泰日镇隔河相望。

据《湾周世谱》称，先祖于南宋初自河南开封迁徙浙江，再迁华亭。元末，周正一（字彦高）与周正二（字彦敬）定居华亭蒋巷里，因黄龙浦西北而来，至此盘曲成湾，故取名“湾周”（今南湾周为光继村一组，北湾周为光继村十六组）。周氏兄弟垦荒勤耕，艰苦创业，建立起殷实的家业，家族人丁兴旺。

明洪武年初，朝廷实施“籍没政策”，打压富豪阶层。周正二被告发曾在元末支持过张士诚政权，故遭抄家没籍之祸，责令流放，“遣戍云南楚雄卫为军”。兄长周正一为避难，只身逃往松江藻里。周正二“年老病笃”，“长子周海泣血请代（罪）”，感动了明太祖朱元璋，同意其代父发配远戍云南，次子周保发配到和州（属安徽），后转徙至陕西宁夏卫。周正二与三子周世荣等留在湾周，四子周世昌后迁居上海县城。

美德流芳

据《云间志略》《云间人物志》记载：周正二之子周西隐“敦厚周慎，口不言人过”，拾金不昧，追还失主，帮扶妇孺，“其为德皆此类”，成为周氏世德典范人物。

周西隐之子周椲，字惟敬，号一山，少磊落，有奇节，闲暇时诗酒自娱，为人正直，曾冒死为同郡太守鸣冤，获得御史赏识。《周氏世德记》称：“周之德与周之兴也，夫仁德之施也，义德之裁也，洁德之操也，孝慈得之则也，敬德之宰也，六者备而德全矣。”厚德，善行，节义，省身克己，为周氏家族传家之礼。“为德于官，为德于乡，为德于身”，是周氏族人做人的准则。

五世孙周洪，字廷诰，曾祖父周宗贵，祖父周景忠，父亲周琳。早年出身国子生，后进应天府乡试第一百一十三名。成化十四年(1478)，参加戊戌科会试，得贡士第三十六名，殿试登进士第三甲第九十七名。成化十七年(1481)，赴湖北任湖广承宣布政使司任职。清乾隆《蒲圻县志》记载：成化十八年，周洪任蒲圻县(今属湖北省赤壁市)知县，“督农种粟、艺麦、种桑麻，令妇女业纺绩、治丝枲。土田高燥者，造筒车灌溉，民赖以足衣食。”修学宫，置社学，设田 30 亩为教读资。又置义仓 6 所，储谷 3 万石。正德年初大旱，民犹赖之。官至朝议大夫、南京京畿道监察御史，能“竭忠尽以报国，苞苴(贿赂)私谒一律谢绝”，“以清廉正直启佑后人”。

耕读传家

四世孙周允，号竹居，率 2 个儿子和 7 个孙子“克承先业，同居无异志”，利用前辈过往人脉和当地盐运商机，组织航运，参与贸易，使家业逐步兴复。

到六世孙周鈇(号碧溪)时，家族人丁兴旺，功名财富兼收。周鈇膝下有

3个儿子、1个继子,《家谱》中收录其临终前开具的分家析产清单,足见家财显赫,仅船舶就有120多艘,每个儿子分到土地4 000亩、房屋40间。

周鈇富甲东南乡,却始终富而不淫。明景泰十年(1459)夏季,海水倒灌成灾,周鈇主动向华亭县捐金,并亲办粥厂向灾民施粥,每日煮米五六石,坚持了2个多月。

六世孙周思兼(1519—1565),字叔夜,号莱峰,私谥贞靖先生。其祖周禋,其父周云鹄皆文士。他弱冠为诸生,才情横溢。嘉靖二十六年(1547)考中进士,授山东平度州知州,不畏权贵,深得民众爱戴。擢工部员外郎,后为湖广按察佥事,因母亲去世返乡守孝。嘉靖三十九年(1560),父亲也病逝,周思兼继续在家服丧,隐居长达7年。朝廷重新任命为广西提学副使,然而未及上任因得痺疾病逝,年仅46岁。他工书画,善行草。长于诗文,诗集《周叔夜集》十一卷被辑于《四库全书存目》。还著有《学道纪言》《西斋日録》《紫霞轩论稿》等。其孙周裕度(?—1657),字公远,号晚山。事亲以孝闻。与人交无城府,以道义风雅重于世。工楷、篆,善绘事,郡中自董其昌后独推之,卒年82岁。

周思兼像

明永乐年间"江浦合流"后,黄龙浦改道,湾周里一带日趋冷落,众多人才转向松江府城和上海县城发展。

人才辈出

在转到松江府城发展的周氏家族成员中,周立勋(1597—1639),字勒卣,诗文慷慨激昂,"纵情倡乐,丽思逸致"。明崇祯二年(1629),他参加松江府著名文学团体几社,名列“云间六子”。可惜,他以太学生屡试不第,留滞国子监,后来病死在南京城,年仅 43 岁。

名声最广的是十世孙周茂源(1613—1672),字宿来,号釜山、鹤静。年轻时具有云间词人和几社成员双重身份,崇祯十五年(1642)冬在松江城内组织西郊子弟成立“雅似堂社”。清顺治二年(1645),32 岁考中举人。顺治六年(1649),获殿试第二甲第二十三名进士。出任刑部主事,后转刑部郎中。因“江南奏销案”,于康熙元年(1662)遭黜革回乡,时年 49 岁,遂绝意仕途,优游林下,著述以终。

周纶之子周稚廉(1657—1692),字冰持,号可笑人。据《湾周世谱》“冰持公传”:周稚廉赋性颖敏,读书日以寸计,为文信笔千言,一时才名籍甚。16 岁时曾游浙中,值西湖大举文会,在列多至千余人,题为《钱塘江潮赋》。周稚廉接过笔札即展纸疾书,顷刻而就,举座愕然。第二天大家都想找他,他却扬帆而去,不见踪影了。他恃才傲物,尤藐视富贵人,不轻与接。以例贡生入棘闱,连不得志于主司,怀才不遇,尝除夕自署门联一副:“论家世如阁帖官窑可称旧矣;问文章似谈笺顾绣换得钱无?”于是人皆传为放诞不拘。简于世务,日以著作为事,语言嬉笑皆成文章。所作传奇数十种,今存《珊瑚玦》《元宝媒》《双忠庙》三种,合刻为《容居堂三种》。另著有《容居堂诗抄》七卷、《容居堂词抄》三卷。

迁居到上海县城的湾周里周氏后辈中的周金然(字广居,号广庵),清康熙二十一年(1682)中进士,改庶吉士,授编修,历官左中允。

清乾隆年间,留在湾周的族人周鲁,字东山,为监生,喜好读书,工书法,兼篆刻,晚年得到兰亭十八跋及米襄阳真迹,将之钩摹入石,嵌置壁间,这些刻石大多幸存至今。

湾周族大势强,房屋密集,形成众多弄堂,乡人戏称“牛车盘上跑马——湾走(周)”。这里还流传有“十三个檐门头下十六颗金鹅蛋”的传说和“若要金,到檐门头下去寻”的俚语。当年大户人家均有堂名,如中桥头豪门头三华堂,北豪门保善堂,南场头护春堂,后场头冲和堂,徐氏诚德堂,还有四德堂、世睦堂、崇德堂等。

湾周现状

说不尽的向观桥

向观桥由来

向观桥，位于鲁汇老镇西南，跨闸港河，始建于明代弘治年以前。桥堍建有村宅，人称向观桥宅。由于当地盛传，生活在这里以及相邻的金汇镇金星村徐家塘的乡民中，有不少是明代大科学家徐光启（字子先，明崇祯五年任礼部尚书兼文渊阁大学士）的后裔，向观桥声名远扬。又因为地方建设和建置变化，有关向观桥的历史众说纷纭。

闸港直通黄浦江，每逢八月十八有观潮俗节。清同治年间贡生丁宜福（号慈水，金汇人）写的《申江棹歌》中称："向观桥下雪成堆，白马灵旗卷地来。一笑鞋头双凤湿，大家都说看潮回。"并称"昔里人向姓观涛于此，因此为名。"明弘治十七年（1504）《上海志》"津梁"记载有"向观桥"。光绪《南汇县志》记载：道光十七年（1837）徐振山捐田重建，同治年间又重修。

而地方传说称：明万历四十四年（1616），徐光启的孙子徐昆（1603—1661，又名向观）迁居老闸港河南岸，当时年仅14岁。

相传，徐昆学做补锅匠，在此落户成家。有天早上，徐昆夫妻拖着儿子出门上镇去，走上闸港河竹桥，桥便"叽叽嘎嘎"响个不停，十分危险。小夫

妻俩便拿出积蓄,将竹桥改造成木桥。木桥造起来后,乡人纷纷赶来道谢,因徐昆又名向观,人称“向观桥”。

但这些传说与史实不合。徐昆到来之前,这里早有向观桥。万历四十四年,徐光启54岁,其家谱所记子孙中没有徐昆。

1959年,闸港河裁弯取直时,向观桥被拆除,向观桥宅的前场因此动迁,住宅大多向南迁至西闸航路北侧,人称南向观桥(今正义村十组),河北保留的住宅,人称北向观桥(今汇西村七组),而最初的老宅基人称老向观桥。由于这一变化,使世人造成“到处有向观桥”的错觉。

南徐与北徐

至1997年,徐昆后裔已传十八代。徐氏子孙散布周边村宅,尤以南徐宅(十九保四十二三图,今正义村十二组)和北徐宅(十九保三十图,今北徐村一组)为主。

《向观桥徐氏世系家谱》称:“清雍正年间,徐昆第八世孙文龙同弟文照从向观桥南迁至肖家庙北。旧名唐家宅,现名南徐。”传至徐氏第十世,又扩散新建村宅。清嘉庆二十五年(1820),徐氏第十代孙徐鸣歧、徐鸣凤等在叶家塘西北,二房里西侧(今正义村七组)筹建“徐氏向观桥奉思堂”(人称“徐氏宗祠”),从十一代起立字辈为“嘉乐君子,永言孝思,介尔景福。受天百禄”。先后合族公置祭田三百多亩,立案勒碑。徐氏宗祠首进墙门间东西两侧,嵌有青石碑刻两方,东面一方为《遵勒大宪印帖》,为“建祠文书”,字迹已漫漶,有“明谕光禄大夫太子太保礼部尚书文渊阁大学士赠少保文定加赠太保讳光启”等字样。西面一方为《奉宪刊碑》,同治十三年(1874)刻,记载祠堂管理制度。祠堂有前后二埭二侧厢房共16间,前埭正门上方有“徐氏宗祠”额匾,门上画有秦叔宝、尉迟恭两位门神。两边侧室一边为祠堂管理人员居室,另一边停放寿器。后埭正厅上方挂有“奉思堂”额匾,内有四根立柱,中央神坛供始迁祖徐昆牌位。两侧各有厢房三间,摆放历代徐氏先祖牌位。20世纪30年代,祠堂内设私塾。1942年,建新陆小学。1971 年,为翻建新校舍,祠堂后埭和两侧厢房拆除,留有前埭一角。2003 年 12 月 15 日,闵行区人民政府公布向观桥徐氏宗祠为不可移动文物保护单位。

北徐宅原名徐家宅,位于肇沥港北侧。相传,徐昆后裔从第三代开始发家,到第六代已拥有千亩土地,在鲁家汇集镇上开设榨油坊、棉粮行、竹行、茶食加工场等。第六代子孙徐御坤生有 4 个儿子,各分得田 800 亩。清光绪三十一年(1905),徐氏第八代孙徐蕴山、徐菊仙、徐杏楼等发起捐建徐氏家祠(在今北徐村二组),建房前后二埭,前埭为客厅,后埭有大厅、侧厅,天井两边厢房,共 16 间。祠堂供奉先祖牌位,始祖奉寓公。立有字辈,从建祠经手人以下起为"光祖荣宗、瑞生建业、家声忠厚、世族绵长"。每年清明、冬至,族人祭祠。光绪三十三年(1907),徐式玉、徐式球在祠堂内开设务本小学堂。宣统二年(1910),徐信孚续建南汇县立务本国民小学。1927 年,改称"南汇县立北徐小学"。1971 年,翻建北徐小学校舍时祠堂被拆除。

向观桥徐氏家族向有编修族谱的传统。清光绪二十四年(1898),监生徐嘉树(字乐忠,号云白)重修《向观桥徐氏世谱》。民国十三年(1924),徐氏族人根据抄本重刊出版铅印本。1997 年,徐思卓等徐氏族人在此基础上,做了全面增修,于 12 月续修的《向观桥徐氏世系家谱(1616—1997)》正式出版,谱载照片、题词、谱序、增修名单、凡例、家谱文献、系图、编后记、备载等。

向观桥三官堂

向观桥西北曾有一座三官堂(今汇西村七组),两埭房屋有 14 间。正殿供奉刘备、关羽、张飞神像,旁有戚继光神像,人称"天阿太"。每逢气候大旱,乡人就将其抬出求雨。大户人家遇喜庆日,抬出压邪。1952 年,在此创办向观小学,复式班教学。后将塑像搬走,扩为 3 间教室。20 世纪 70 年代,转为公办小学。1978 年,开挖大治河时被拆除。

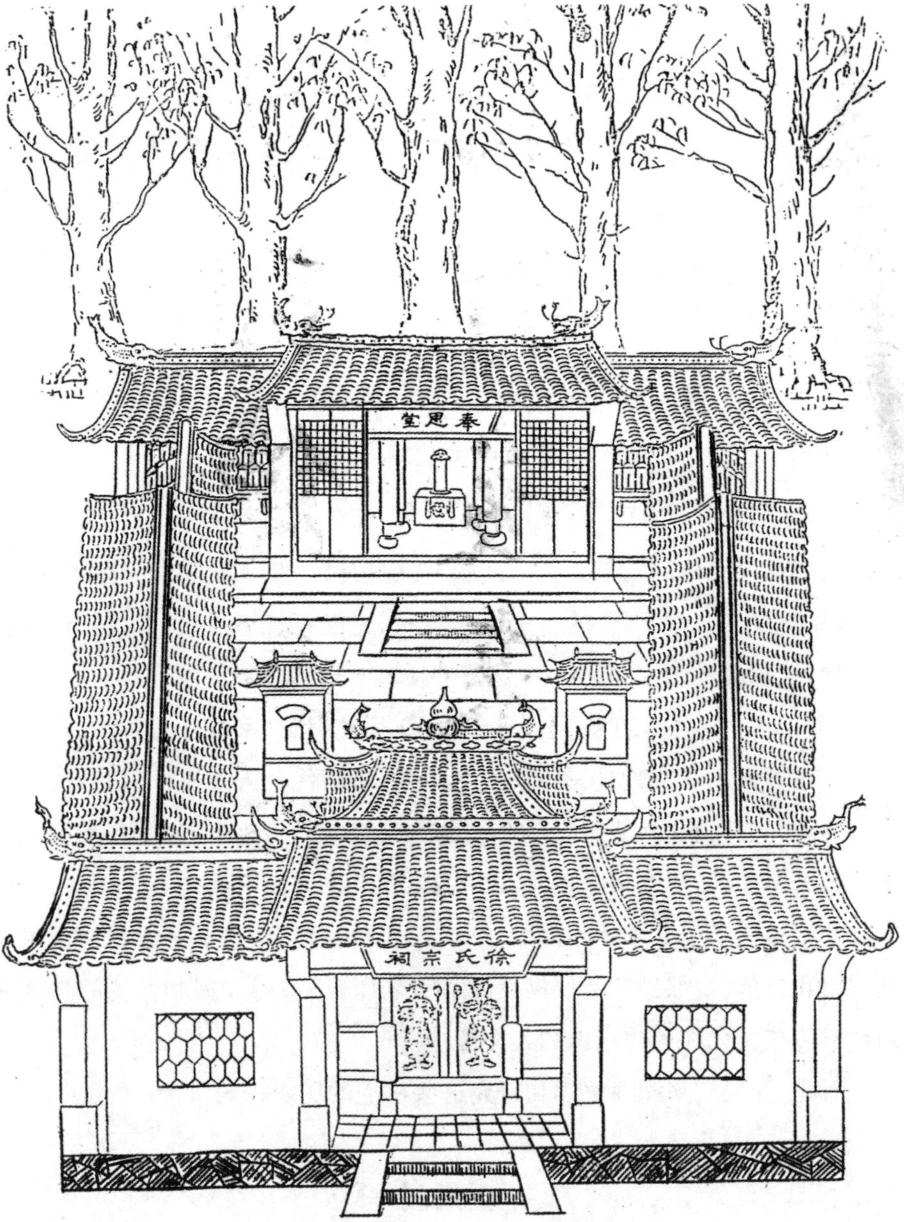

向观桥徐氏宗祠示意图

“永久保留村”的历史密码

浦江镇鲁汇地区的正义村已被划为“保护村”（由市级层面定义的、具有文化保护价值的永久保留的村落），永丰村、光继村、汇中村、汇南村、汇东村已被划为“保留村”（长期及永久保留的村落），将打造成美丽乡村示范村。

“美丽乡村”之美，生态是其形象，人文是其根脉，家园是其情怀。“一方水土养一方人”，人文地理影响着人文历史，而历代乡人用血汗和智慧，按照自己的理想建设家园，从而营造出各自的风貌。数百年来，各村乡人传承着祖辈的风习和理想，繁衍子孙，追求幸福，历经沧桑而未改初心。因此，历史人文的积累成了今人集体的记忆，发展的根脉。如今，这里要保留的不仅仅是农田和村落，要保护的不仅仅是河道和老屋，最值得发掘和弘扬的是优秀的乡土传统文化和世代相承的人文精神。

为此，让我们来深度解读和研究这些村宅的历史密码。

正义村

正义村地处闵行区最南端，以叶河为界与奉贤区金汇镇继光村为邻，曾有 37 个自然村宅，现有 13 个村民小组。这里是明代治水功臣叶宗行的故乡，数百年来乡人与水有缘相亲，境内河沟纵横，水源充沛，村宅均临水靠

河，宅后几乎都有竹林，村口石桥历代维修，水乡田园风光无限。这里的徐姓人家有130多户，至今保存着“徐氏向观桥奉思堂”和《向观桥徐氏世谱》，族人向以明代大科学家徐光启后裔的身份深感自豪。这里有中医世家，有能工巧匠，人杰更显地灵，是一个历史人文丰厚、富有故事的地方。

永丰村

永丰村紧贴黄浦江，曾有43个自然村宅，现有15个村民小组。自从明永乐年间黄浦江改道，促成闸港口建市镇，这里便优先得黄浦江之利，经济社会发展较快，但同时因过于“出类拔萃”，屡遭劫难，饱经沧桑。这里地属要塞，人口日增，五方杂处，姓氏多达64个。这里曾经拥有众多存在了一两百年的银杏树、榉树、皂角树和古石桥，还有不少三埭头的绞圈房子，更有始建于明代号称“浦东第一桥”的闸港河桥。

光继村

光继村地域广、人口众多，占原鲁汇镇的十分之一，曾有36个自然村宅，现有18个村民小组。这里有因人才辈出而声震松江府的“湾周里”，且耕且读的风习已传承数百年，一地曾设两所小学。这里又有以注重生态建设而闻名一方的“树园里”，宅中树木繁多，环境幽静，各家屋后遍植珠竹，竹材上等。村里一东一西两棵皂角树，200年来成为地标之物。乡人知书达理，民风淳朴，村貌整洁，邻里和睦，崇尚勤奋持家，罕有赌博恶习。方家港（今二组）45号前的东兴桥，是闵行区第二批文物保护点。

汇中村

汇中村西濒泰青港（小闸港），北靠闸港河，曾有16个自然村宅，现有8个村民小组。早年，河浜沟道纵横交错，陆路交通不便，长期封闭而自主，人称“塘角里”。史上这里没有产生望族,连大户也少见,乡人大多以种租田、做雇工谋生,农闲时男人撩鱼摸蟹,妇女纺纱织布,靠双手改善生计。数百年来,这里属于纯粹的农耕社会,乡人积累了丰富的农副业生产经验,形成了自己的乡村风貌和生活习俗。沈家塘(今三组)的东宅河桥,是闵行区第二批文物保护点。

汇南村

汇南村地处闵行、浦东、奉贤三区交界地,曾有 27 个自然村宅,现有 15 个村民小组。河沟多小桥自然也多,有趣的是一个个桥的故事浓缩了这里的风土人情。因这里曾以“一姓”独立造桥而扬名,乡人便以“一心”作为桥名、村名、校名。一座自建的“砖桥”朴实无华,却让四乡农人记住了“砖桥头”的诸多村宅。一座简易的“板桥”,也能彰显一个村宅的风情。有关景仰止桥由来的传说,更是令人感叹不已,闻者难忘。有个村宅出出进进必经小桥,乡人便称之为没有乔姓人家的“乔家塘”。这里的“叹气堂”“叫化村”好似名称不雅,却自有一番名正言顺的情由。

汇东村

汇东村地处闵行区东南角,与浦东新区航头镇汇达村、丰桥村相邻,有 5 个规模较大的自然村宅,现有 12 个村民小组。这里远离城市,却并非穷乡僻壤,而是老闸港河畔的世外桃源,人文积淀极为厚重。这里秦姓人家有近 300 户,外秦宅、里秦宅、柯家塘已有四五百年历史,是“上海县城隍”秦裕伯家族后人的集居地,秦家祠堂、普福禅院影响广泛,近代乡贤秦始基声名远扬。这里还有金氏中医世家和众多能工巧匠。光森鸡场西南的农民桥,是闵行区第二批文物保护点。

第三章

杜行老街情怀

杜行老街即景

杜行西街红砖洋房

幸存的古树郁郁葱葱

杜氏迁杜村

杜行杜氏家族的远祖是北宋名臣杜衍(978—1057),字世昌,越州山阴(今浙江绍兴)人。以太子少师致仕,封祁国公。

元代末,杜衍九世孙杜元方(字玉泉)任浙江德清县主簿,晚年率儿子杜希仲(后任水军万户)与胞弟杜英发(字俊卿,任建宁学正,迁教授)徙居杜村。

杜村在哪里?有人说即杜浦,今周浦一带。其实,杜村在青浦县白鹤镇西南,如今仍有"杜村"建制。当年,那里是青浦县治所在地。史料称,杜英发归隐西霞浦,自号"西霞道人"。

相传,杜元方率族人合力在杜村建造"翡翠碧云楼",藏书万卷,享誉四方,拥有"苍崖""碧湾""竹深""荷静""晴好""雨奇"等72处轩斋。

杜希仲生儿子杜隰和杜恒。杜隰,字宗原,好学持正,非圣贤之书不读,非其人不交。明洪武年初,中词科,为太常赞礼郎,晋礼科给事中,著有《双清集》十卷、《纪行诗》,可惜英年早逝,仅33岁。杜恒,字勉夫,善论时事,亦能诗,著有《九峰一叟稿》等。

初建杜家行

明永乐年间(1403—1424),祁国公第十二世孙杜恒与儿子杜禧(号自然)从青浦杜村迁居到浦东王家浜(今姚家浜)沿岸,兴建宅院。据莫如忠《杜隐君墓志铭》(《崇兰馆集》卷十九)记载:杜恒与儿子杜禧、孙子杜清,“世业农”,为耕读之家。杜清生杜恢,杜恢之子杜泰(字汝宁)“独倜傥,有心计”,有志经商,“挟訾客曹鲁间,曹鲁人称长者。用廉贾(指不贪眼前小利而谋长远厚利的商贾)法,倍取赢焉”。依此推算,约在弘治年间(1488—1505),沿王家浜北岸杜氏宅院连片,建有石皮街,商贾辐辏,形成市镇,人称“杜家行”,简称“杜行”。

《杜氏谱》记载:杜禧孙子杜愊,字季诚,号友松,著有《南浦散民杂咏》。“耕织起家,遂为巨富。孝友睦姻,宗党咸知。晚年大兴土木,一日而建七宅,以六与子,以一自居,亦称罕见。”有《村居》诗云:

地僻成高隐,桑麻十亩间。
桃红深隔水,柳绿远藏山。
日色柴门静,琴声草阁闲。
春风披拂处,时听鸟关关。

杜愊有孙子杜禋(字子明,号东溪)、杜袚(字子祈,号南坡)、杜秦(字子瀛,号怀松,乡饮宾)。嘉靖四十一年(1562)进士艾可久(字德徵,号恒所,十七保人,官至通政司使),杜禋称其为外甥,有《喜甥艾德徵登进士》诗。

同族时有杜讚(字思莱,号晚峰,年逾九十,著有《晚峰堂集》)、杜诗(字子言,号友蔡,官中城兵马司指挥,父亲杜霆)等。

在弘治、正德年间,杜泰娶徐氏,生杜松(字子灵,号隐君,别号平梁)。

后来,杜松生杜时登、杜时腾,居住在靠近黄浦江的十六保十图(潘家行)。

杜时登，字庸之，号虚江。嘉靖三十一年（1552）中举人，出任浙江省瑞安县知县。为官清廉，注意兴革。调任浪穹县知县，未赴任即归乡。工诗，著有《百一草》。享年83岁。生子杜献璋和杜献璠。

杜时腾，字仲之，号少川、孺怀。嘉靖三十七年（1558）举人。出任安徽省石埭县教谕，文庙忽发异香，瑞芝产于泮池。后调任黄县知县，查清两件冤案。居官清廉，乡民送别时，他赋诗云："三年休养力，一旦别离情。税事须先足，苗田宜早耕。身家忍保处，衣食俭中生。回首云山隔，飘然两袖轻。"80岁时，仍可作蝇头楷书。无疾而终。

杜氏家族在镇北购地19亩，建墓园，俗称"鲤鱼坟山"，南端入口处有座五门石牌坊。据地方志书记载，处士杜自然墓、浪穹县知县杜时登墓、赠工部尚书杜时腾墓、授奉政大夫杜士基墓、南京工部尚书杜士全墓、授奉政大夫杜龙章墓均在杜行地区。

清嘉庆九年（1804），杜士全五世孙杜昌意（字载兹）等为祖辈清理坟茔，并立《杜氏墓田清理记碑》，纂修《西霞杜氏世谱》，梳理了杜氏先辈概况。

万历盛事

当时，杜氏家族人丁兴旺，由杜时腾长子杜宗翘（字振卿，号敬新）代父主持家政，独自率一群从子侄居家且耕且读，告诉弟兄们："穮蓘（辛勤劳作）世业也。"杜时腾为官清廉，在外生活艰辛，常靠儿子典鬻家中物产接济。杜宗翘娶松江名士唐咨若之女，居十六保十图春星堂，享年74岁。

杜氏子孙好学，有文名或潜德。据何三畏《云间志略》记载，万历十三年（1585）秋，应天府组织乡试，杜氏家族"父子、祖孙、兄弟、叔侄同上南宫"，杜家行一地竟有如此规模的应试队伍，被称为松江府地方盛事。结果，杜时腾之子杜宗彝、杜时登之子杜献璠、杜时腾之孙杜士全（杜宗翘长子）三个杜氏子弟同科考中举人。"一族出三凤"，顿时轰动松江府。

就此，杜氏"族大众繁，科第明经孝秀，后先踵接"。杜氏家族坚持门风清正，子弟大多有所作为。

杜宗彝，字孝若，号淳台，先后任湖北省崇阳县知县、陵州府知州，俱有惠政。长子杜士重（字彦宏，号青虯），仲子杜士望（字子厚），均为县学诸生。

杜时登族弟杜时达，字兼之，号逸山，嘉靖末年（1565），担任绍兴府知事，后迁遂昌县主簿。他始终清廉自守，待离任时竟然囊无一文，乡民涕泣送之。著有《纪游诗草》。其子杜宗范，字公围，号阆风，著有《燕山草》。

另有族弟杜时中，字宜之，号来冈，授七品官，享年 89 岁。

杜时登之子杜献璋，字稚珪，号城南，官光禄署丞。明代黄体仁（字长卿，号谷城）撰有《杜稚珪先生传》。杜献璋娶周氏生杜开美。杜开美，字象南，号袁度，担任文华殿中书舍人，后以母老乞归。工诗，有《秋水》《远游》《叩舷》《貂裘》《润州》《白门》《敝帚》《行药》《蜩甲》《闲居》诸草传世。万历十四年（1586）去世。

杜时登之子杜献璠，字公鲁，娶顾氏。出任漳州府同知，以廉能著称，官至刑部员外郎。

最有出息的是杜宗翘长子杜士全，字完三，一字道执。生有异才，下笔千言立就。万历二十三年（1595）中进士（殿试第三甲第七十五名）。先后任湖北大冶、浙江海盐县知县，后升为刑科给事中。天启六年，改南京工部右侍郎为南京刑部右侍郎。官至南京工部尚书。家宅有春星堂，在十六保十图。著有《春星堂存稿》。享年 83 岁，墓葬白庙港东。

其弟杜士基，字彦恭，号筏城。万历二十二年（1594）举人。任南京礼部司务，后转吏部主事，官至南京兵部郎中。博雅嗜古，善楷书，曾手抄二十一史，精妙绝伦。崇祯六年（1633）去世，享年 83 岁。著有《仍阁诗集》。

明晚期，杜氏人才辈出，享誉四方，部分族人随杜宗翘父子从杜行迁入松江府城，与名士唐汝询（字仲言，华亭人）等建有姻亲关系。

顾允贞

顾允贞，字叔复，号秋宇、竹屏，杜家行施顾家宅（今丰收村三、四组，已划入浦江郊野公园）人。明万历十年（1582），科考中举为乡魁。曾七次名列科考《通榜》，后来终于受命出任河南省南阳府（今河南省南阳市）通判。

在南阳府奉命赈灾时，顾允贞昼夜兼程，巡察灾伤，保全了广大灾民。后代任南阳知府，以"四劝""四禁"告诫诉讼者，取得实效。

后来，顾允贞升任工部员外郎。任职期间，坚持秉公直言，就时事一再建言献策，因未被当政者采纳，愤然辞官归里。

顾允贞返乡后，在杜家行构建草堂隐居，取名"日涉园"，有听松楼、竹屏堂等胜迹。在此造就学生，教以敦本务实。工诗抒发情怀，有《竹屏》诗云：

本是凌云姿，今为樊圃用。
短长随所施，束缚不教纵。
罗罗方罫张，肃肃坚城控。
设防杜邪趋，留径挹二仲。
映花既玲珑，款月亦空洞。

瓜瓞漫沿缘，藤萝互嘲弄。

吾自爱吾屏，屏闲时抱瓮。

崇祯三年(1630)，经阁臣推荐，顾允贞出任礼科给事中，再升工部郎中，而他皆称疾不就，隐居乡间。

顾允贞热心公益，办事公道，乡人三举其为“乡饮大宾”。抱病在家逝世，享年79岁，墓葬在急水港畔。由徐光启为其撰写墓志铭。生前著有《绥禄堂集》《听松轩吟稿》等。

顾允贞的第四个儿子顾章甫，字鲁斐，岁贡生。明末，授县丞，而他见时局动荡多变，绝意进取。史可法推荐他入国子监，亦固辞。清代初，举山林隐逸，不赴从政。后人迁居南汇县黑桥地区。

从弟顾允升，字华宇。崇祯三年，朝廷赐八品冠带，旌其孝。

康逢吉

康逢吉，字田蓝，清末杜家行南行街人。年幼即孤，但其坚持苦学。邻居家四更起身磨豆腐，发现他家“灯火青荧而咿唔一声恒达旦”，由衷惊叹。光绪二十一年(1895)，考中松江府学岁贡生，获候选训导身份，颇具文才声誉，求教者众多，而非分之财丝毫不苟。为人持躬正直，恭谨谦和，乡人皆爱而敬之。

光绪二十年(1894)，陈行镇的候选训导、岁贡生秦荣光听说南汇有周碧山先生创立的保节会，专门筹资救济那些贫困的妇女，使专营拐卖人口的“蚁媒”者无机可乘，对维护地方秩序颇有成效。他急忙赶去拜访，索取章程，回来后便仿照筹建。

康逢吉一向廉俭教育子弟，见时有“蚁棍”威逼利诱青年寡妇，极为气愤。他听说秦荣光发起创设保节会，即与他联手合作，谋划在陈行、杜家行、鲁家汇、三林塘等4个镇上设立相应机制，由上海、南汇两县会详立案，30岁以内的贫家寡妇凡是自愿守节，就按月提供生活费，若翁姑老迈，儿女众多，则额外加给。为防止无赖恶棍强迫守寡妇女再婚,他们请县府出面在寡妇门前张贴告示,明令禁止抢孀逼醮恶习。

陈行保节会随即宣告建立,秦荣光率先捐出田地 10 亩,将收租作为常年经费,使当地孤苦寡妇有了生活保障。秦荣光称之“如此穷嫠剧可怜,旁无援手节难全。为鸣冤苦除强暴,并置人间续命田”。

因受助者越来越多,保节会难以支撑,而众多大户人家认为秦荣光是自寻烦恼,管的是“闲事”,不愿多捐助,而秦荣光决意要将好事办到底。两年后,他又捐资设法购下一些黄浦江边的涨荡田,以收租充实保节会的经费,使其坚持了一年又一年。

康逢吉在杜家行克服重重阻力,以君子之德,坚持将保节会办出成效,受到乡人赞扬。

浦东是产盐地,乡民一向挑盐入市。官府巡弁却以缉私为名,时常违章扰民。康逢吉一再为民申诉,呈请禁之。

秦荣光之子秦锡田对康逢吉的人品十分敬重,曾赋赞叹:

辛苦孤儿读,残灯五夜红。
劳谦君子德,恭俭古人风。
桃李盈门盛,文章夺命穷。
臣心清似水,介不易三公。

康逢吉之子康正基,字砚孙,县学秀才,读书之暇,竭力耕田。从兄康仁,字全初,县学秀才,个性敦朴,坚持一身土布衣衫;平时寡言论,作文不留稿。其子康正笏,字端绅,县学秀才,有文誉。

从王家浜到姚家浜

姚家浜，原名王家浜，从浦东咸塘流出，进入召稼楼后一路向西，贯穿杜行老镇并继续前行，最后汇入黄浦江。地方志记载：清嘉庆七年（1802），南汇知县张昌运主持疏浚王家浜。

为什么将“王家浜”改称“姚家浜”呢？因本地口语“王”白读为 yáng，讹传为“姚”，有地方文献记载为“姚家浜”，结果乡人索性如此称呼。

1978 年冬，利用姚家浜入黄浦江口，重新开挖向东至召稼楼镇的新姚家浜，经过杜行老镇时变成在镇北，而老姚家浜段被填没。后来修筑的沈杜公路，与新姚家浜平行。

街市盛衰

明永乐年间（1403—1424），王家浜沿岸形成“杜家行”商市，始有石皮街。

清雍正四年（1726），这里由上海县长人乡划归南汇县，为下乡十九保十区八图。雍正八年（1730）《分建南汇县志》记载，当时，杜氏“聚族居此，今尚千丁,第宅最盛”。

当时,杜家行商市沿王家浜而建,以东西一条街为主,长 1 000 米有余,居民一二百户,民房大多为石驳岸建筑。

康熙末年,老街东栅口建东城隍庙。乾隆三十一年(1766),西市梢建造西城隍庙。杜家行随之持续拓展。因遭遇战乱兵燹,也曾几度衰落。

光绪《南汇县志》首次以“杜家行镇”列入正式建置。宣统元年(1909)时,这里已有 2 028 户人家,人口 8 209 人,数量超过陈家行镇。

当时,东西街长达里许,南北街仅为东西街的四分之一。以杨思桥为闹市中心,往南迄栅口,称景星街,即南街;往西迄土地堂桥,称庆云街,俗称中街,旧时汇聚商店百余家,南北货、粮行、米店、茶馆、油酱、烟什、棉布、百货、肉庄等,最为热闹。由东向西,有孙家弄、九曲弄、三官堂弄、景云弄(杨思桥南)、庆星弄(杨思桥北)、南市栅门等。另有财神阁街、恒兴街、昌记街等。

也许,当初先有住宅而后成街市,以致中街的街路宽仅 5 尺(不足 2 米),而且一路多折,似曲尺而进,人称“曲尺街”。百余家商店相连,市面盛而不闹,有曲径通幽之景,别有洞天之感。因此,商市名声响亮,“乡脚”远,

●布告修理杜行鎮街道

南匯縣政府布告第二一八號

爲布告事。案據第十區區長杜應彪呈稱。據杜行鎮鎮長顧友賓呈稱。竊杜行鎮原有街道。因年久失修。損壞已極。况街道本不寬闊。加以商民之沿街設攤。市房之任意侵佔。交通既感不便。商業勢難發展。屬鎮爲謀本鎮商業之發展交通之便利計。不得不籌劃修築街道。以壯市容。所以除規定修築經費。由商民及房主平均負担外。並定街道之闊度。除兩旁階砌外。最狹處不得少於五尺。最闊處在八尺以上。業經鎮民會議。一致通過。於最短期間。着手進行修築全鎮街道。並通知侵佔街道之各房主。限期將階砌一律自行收進。俾街道至所定之闊度。以便修築。此後查有任意設攤。及侵佔街道。妨礙交通者。嚴行取締。屬鎮負地方自治之責。對于市政建設。義無旁貸。第恐無知之徒。不明公益。藉端阻撓。爲特呈請轉呈備案。並佈告等情。轉請核准前來。據此。除指令照准外。合行佈告。仰該鎮居民一體遵照。毋違。切切。此令。

縣長陶　牧

中華民國十九年六月　日

政府布告

浦西人也会摇船前来采购交易。

1930年6月,南汇县政府发出布告,支持杜行老街商民合力全面修筑街路,要求除沿途阶砌外,最窄处不得少于5尺,最宽处达8尺(2.7米)以上。这次整修工程,使老街面目一新。

1950年6月,杜行乡划归上海县,建立杜行区人民政府。1958年,属八一人民公社。1959年8月,成立杜行人民公社。1984年就社设乡,为杜行乡。1993年撤乡建镇,为杜行镇。2000年10月18日起,属闵行区浦江镇。

如今,杜行老街还留存着800米长街和近5万平方米的传统风貌街坊,有待有效保护和科学开发。

老街古桥

杜行老街西街有众兴桥、土地堂桥、张家木桥,东街有杨思桥,连接南北街。

西街口的众兴桥,为环龙拱形石桥,俗称“西石桥”,始建于清康熙六十一年(1722),当时由百姓集资建成,故取名“众兴桥”。原有一块石碑,后来房管所造房时被砌在墙内。1978年,开挖新姚家浜时桥被拆除。

土地堂桥,为平板石桥,而乡人俗称“红木桥”,说明最初是木桥,呈红色。

东街的杨思桥,相传清康熙年间杨姓所建。桥面由4块长七八米的长石条拼成,桥宽3米,两边石头栏杆,桥身刻有“杨思桥”三个大字。20世纪70年代重修后,两边栏杆改成水泥,曾改名“红卫桥”。如今两侧古石桥基留存,桥北为石阶,桥南是石板铺就的斜坡。4个桥栏上保留着70年代所刻的“跟共产党走,听毛主席话,学习解放军,实现革命化”。桥东南堍尚有一座石阶水桥。

有灵性的石鼓

杜行老街西市梢105号龚家的房子造得高大,门口两边有一对石鼓把

龚家门口石鼓

持，进门后需跨 7 个台阶才能入室。

相传，女主人陆苏珍 18 岁嫁入龚家，人精灵，会持家。一天，陆苏珍擀了两筛子面条，准备晒干后陆续享用，可是转眼间竟然少了一筛子，再一看，发现两头石鼓嘴里全是面条。陆苏珍又气又好笑，再一想，这对有灵性的石鼓迟早会闯大祸，于是买了包药，把石鼓弄“死”了。虽说石鼓就此失去灵性，但至今站在家门口。

西街老屋

杜行老街西市稍，称作“西街”，今为杜行村第一村民小组。当年，大财主张伯生在此建造了“五埭四庭心”，并围有高墙。龚德聚租了他家五间房子，办起糖坊。现在大部分房子仍保留原样。

西街 45 号有一幢二层的红砖洋房，入口门楼和窗拱券具有鲜明的时代烙印与西洋装饰特色，人称“红房子”，建于清末民初，曾为杜行乡公所用房。1958 年，红房子成为水上派出所用房。1964 年，为中国农业银行上海县支行杜行营业所和杜行信用社。正南面门楣上方，“中国农业银行”几个大字至今清晰可见。红房子现已移主为私人居住。在对面老姚家浜边上，独间房子是救火会，1958 年拆除。

西街 12 号本是一座前后四进的宅院，如今仅存第四进正房与两厢构成的三合院，二层楼三开间，小巧紧凑，底层披檐与檐柱构成围绕天井的环廊，檐下花板精工雕琢，人物表情刻画细腻，正厅长窗的满天星格子门完好无损，是杜行老街现存最为精美的民居。

西街 31、33、35、37 号李家住宅，建于清代。为三开间二层楼的临街店宅，观音兜山墙的圆弧曲线从连续屋面中升起，正中墙门间上方的木雕花板上花鸟人物栩栩如生。2017 年 5 月，由闵行区政府公布为第二批闵行区文物保护点。

西街 63 号是一处前后三进、规模宏大的宅院，沿街面七开间、五山马头墙，后两进有局部改建，厢房采用观音兜山墙和哺鸡脊首。

杜行同善堂

杜行同善堂，位于九曲弄，清嘉庆年间，杨景春捐田创建。道光年间，杜克堂募田 130 亩为基金，实施惜字、施药、施棺以及打捞黄浦江浮尸等公益活动。后由华川莼、夏希贤继修，由张汝渊、徐景安、卫元祥等接办。同治七年（1868），在同善堂创设杜行义塾，为贫困子弟提供求知机会。民国初，由雷汲韩独当义学一切费用。还创办救火会，为老街提供消防救助。

私立滨浦中学

清乾隆三十一年（1766），施静岩募捐在老街西市梢建造西城隍庙，人称“西庙”，有几十亩庙田。清代，曾驻兵设防于此。抗日战争期间，西庙被侵

华日军烧毁。

1947年,杜行镇商会会长李树墨(号聚茂)和商界人士仇舜伯募集资金,租房创办私立滨浦中学。1948年秋,李树墨、金一飞等又集资在西庙废墟上建造7间二层楼作为校舍。

滨浦中学校长潘锡仁(1919—1997,又名潘毅,鲁汇永丰村人),聘请名师,培养了一大批建设新中国急需的人才。1956年,更名为“上海县立杜行初级中学”。1958年秋,增设高中部,更名为“上海县杜行中学”。1965年高考录取率达90%,在上海县名列前茅。

小火轮船

姚家浜向北通到吴家港的一段河道,黄浦江上船只进出杜家行大多由此行船。开浚姚家浜后,这段河道被填平,形成迎船铺弄。

1949年之前,小火轮船每天从召楼镇开出,早晨六点左右经过杜家行,停靠杜行村四组迎船铺弄码头,出黄浦江直通上海大达码头,傍晚回来再停靠迎船铺弄码头,把上海来的客人或货物带回来,最后停靠在召稼楼过夜。至20世纪60年代末,小火轮船停航。

邮政电信

清光绪时兴办邮政,有专人从周浦送信来杜行。1921年,周浦邮电局派邮差送信件,后在杜家行、召稼楼设邮政代办所,业务委托店铺代办,邮件由周浦、杜行往返的脚划船捎带。杜行邮政代办所最初设在杜行中市街杜谦益米庄内。抗日战争开始后,改设在万裕兴酱园。1945年,又迁到杜行南街万源兴酱酒店内。1947年,杜行商会自办一台容量20门的电话总机,设在万源兴酱油店楼上,第二年,总机搬到西街乡公所楼上,话务员2人。

1950年3月,杜行区划归上海县,邮件由北桥邮局发来,再由邮递员周永泉到吴泾码头代办所接来，转送杜行、召楼、鲁汇、闸港各支所。后来，杜行区各乡的邮件由区政府通信员姚国生捎送到各小乡。

1953 年 10 月，上海县邮电局在杜行中街 14 号设立杜行邮电营业处，步入正规化发展。

杜行庙会

当年，杜行镇上有东城隍庙和西城隍庙。每年农历十月十四至十六日，杜行镇举办三天庙会，十五日为正日。农历十月十五为下元节，是中国传统节日，也是道教节日。道教认为产生天地万物的三个基本元素是天、地、水，即“三元”，三者称“官”，即时空流动过程中的节段。正月十五元宵节，称“上元节”。七月十五，称“中元节”，又称“鬼节”“盂兰盆会”。十月十五下元节，是水官解厄旸谷帝君解厄之辰，又是“水官大帝”禹的生日。因此，下元节也叫“消灾日”。

据老年人回忆，20 世纪 50 年代的杜行庙会十分热闹，行街表演队伍常有几千人参与，届时彩龙在锣鼓声中一路舞来，红旗招展，后面跟上踏高跷，还有腰鼓队、摇荡河船等。各地小商贩汇聚街市，间有马戏团、皮影戏、西洋镜表演和套老爷头、卖梨膏糖、卖芝麻糖之类。乡人喜爱各样小吃，尤其是“老江西”的小馄饨、“苏北张客人”的汤团，本地的阿根豆腐花、阿邱的糖糕、诸文龙的梅花蛋糕等。在杨思桥两边，乔顺根饭店、汤阿囡饭店吃客云集。“小阿囡”的黄浦江“蟹糊皮”成为时鲜名菜。有一年庙会，头天天气暖，而第二天西风大作，气温急降，情急之中人们竟把商家的卫生衫裤买了个精光。

雷汲韩与雷家花园

杜行老镇北首(今杜行村五组)原有一所雷家花园,园主雷汲韩是著名实业家。

雷汲韩(1866—1939),字震阳,杜行镇人。出身贫寒,20岁到上海城区习商。他勤慎圆通,为沙逊洋行赏识,擢升为经理。善于房地产买卖,积资累万,在曹家渡存善里购置大量房产。成为富商后,对家乡公益事业多有贡献。曾出资将老镇往黄浦江渡口的泥路改建为2.5米宽的煤渣路,并在杜行同善堂创办义学。1937年秋,棉花大熟却正值抗日战争爆发,交通阻断,本地棉农苦于无处售棉,他说动浦东富商一起出资收购,帮乡民渡过了难关。后因不敌日商垄断而破产,悲愤成疾,1939年病逝,享年73岁。

雷家花园本名雷居园,占地2 000平方米左右,东大门入口处,水泥桥长6米,宽约3米,过桥经过一道双扇西式大铁门和两间门房,周围被人工开挖的河道包围,河中停有一艘小游艇。河道南边沙带上种有十几棵高大的五针松。花园东南角有凉亭,西南角有暖亭,亭子有假山相托,两边有石笋和广玉兰。花园正中,有3间花厅,大厅为西洋式,门窗采用进口的彩色玻璃,两边有厢房。花厅后是一排住宅用房,高大宽敞。相传,园中有一块镇宅的宝石，放在一口大盆内。若发现宝石泛有潮气，可知明日必定下雨。花园西北角置地 3 000 余平方米，造起 10 间柩房，供无钱落葬的穷人安置棺材。花园后面沿河两排平房称“三十间头”，是雷家的洋纱厂，时有工人 100 多人。1938 年，花园被日军焚毁，园中宝石也被运走了。

1986 年开挖姚家浜、筑沈杜路时，雷家花园两座亭子和沙带上的五针松全部被拆除，部分树木和假山由上海人民公园运走，几棵高大的榉树由杜行大队搬走盖了办公室。

水月宅、水月庵与水月庵桥

浦江镇联合村九组，原名水月庵宅，历史上属十九保二十一图。

水月庵为杜氏家庵，相传明洪武年间由杜回川始建。水月，指佛门清净之地。清同治年间，设施完善，香火极盛。水月庵隔间另有杜氏家庙，也颇具规模。

水月宅，以杜姓为主，也称“杜宅”。位于水月庵之东 100 米处。

相传，水月宅始建于清嘉庆年间。杜氏先祖兰相公家居白场，田产颇多。有一年，杜家收获棉花数千担，待卖之际正巧遇上一场大台风，因江浙棉花贩子的装棉船遭毁，杜家乘机卖了个高价。于是，杜家乘兴建造新宅，所建正宅有三进九天井，房屋 45 间，另有预屋一埭 16 间，规模出众，风光无限。

清宣统年间，杜猷告（字顺之）接办的幼幼小学堂迁入水月庵，改名“水月小学”。抗日战争胜利后，一度曾称“闸港第六保国民学校”。1973 年，庵、庙均被拆除，材料用于建造联合小学新校舍。

2006 年，因兴建申嘉湖高速公路，水月宅全部拆迁。

水月庵桥，俗称“环龙桥”，位于水月庵东侧，为东西跨向石拱桥，横跨老姚家浜，既是水月宅和水月庵的通道，又是杜行老镇出东街至召稼楼、鲁汇老镇等的必经之路。

水月庵桥始建于元泰定二年（1325），初为木桥，后改建石桥，曾名“验贞

石桥”。明清时期曾几经修缮。

1936年,水月庵桥重修。抗日战争时期,石桥遭损严重,几乎坍塌。1947年,杜氏子孙决意与相邻的建岗村民共同筹资重建。时有杜应麟(字象逵,曾任周浦医院院长)组织工程委员会,自任主任,亲自募捐、购料。1949年春,竣工时尚缺大米百余石,他卖田解难。

重建后的水月庵桥长20.8米,宽2.83米,拱径7.9米。这次重建,特意将桥洞加宽以便船只互让,桥堍放长改为平坡,因此桥身镌有两副楹联,其南侧为“赖远近之协助集事□□□□,健康同而重修斥资亿万□□”,北侧为“便船航互让洞门加润仍复环,利车辆交通桥堍放长改为平”。桥上,凡相隔2米设有1个石球。桥顶大方石下顶心刻有2条盘龙以及捐资者的名字等。

2006年12月30日,水月庵桥被闵行区政府公布为文物保护单位。2007年下半年,闵浦大桥东堍线路和地铁8号线浦江机务段在规划建设时,均有意避开古桥位置。

同时,由闵行区政府投资,再次重建,经古建筑工匠3个多月的精雕细刻,水月庵桥整修如故,重现当年风采。

水月庵桥

南街赵家宅院

老街的南栅口南街5号(今跃进村四组61—64号)有赵家宅院,建于晚清时期。宅院坐北面南,绞圈式仿四合院布局,二进二厢一天井,建筑面积约390平方米。青瓦硬山屋面,高大的观音兜山墙。前后二进正面阔开五间,进深六界。后进正间为厅堂,木构架上有雕花装饰。天井四周有回廊,地坪中央青砖人字仄铺,用缸片、瓷片拼出"瓶升三戟"图案,寓意"平升三级"。南面大门两侧围墙的花格漏窗,用瓦花拼装得多姿多态,围墙屋架上有月梁装饰。

南街赵家宅院

1949年后,赵家宅院仍为私产,分属四户人家。虽历经风雨,但保存完整。2003年12月3日,闵行区政府公布其为文物保护单位。2008年,建造

闵浦大桥时,赵家宅院虽紧靠大桥引桥段,但仍得以保存,其外立面被加以修缮。

石林禅院

石林禅院,俗称“石林庵”,位于杜行老街南面。元泰定年间(1324—1328),北人贵由赤筹建。清同治年间,杜云楼重修。民国时期,雷汲韩再修。四面围有高墙,南面大门双开,正中大殿安放三尊大佛,两侧配殿采用马赛克地砖和进口彩色窗玻璃,供奉弥陀像和观音像;东侧门单开,外有净手间和小溪;西侧门单开,外为南北官路;北墙无门,墙外有三株数百年银杏。院内大小殿堂及居舍不下十余处。20 世代 50 年代,改作跃进大队办公室。1969 年,为跃进小学校舍。三株树龄已有 200 多年的银杏树幸存至今,古树保护编号为 0275、0276、0277 号。

石林禅院遗址

东城隍庙

杜行老街东栅口有东城隍庙，清康熙年间徽商杨姓人捐赠初建，俗称“东庙”。康熙五十八年(1719)，王士明等置庙田十亩。乾隆三十一年(1766)，张怀人等筹募重建后殿。道光十八年(1838)和光绪二十一年(1895)两度重修。就此，香火旺盛，大庙南门紧贴东街，入门两边是一排班房，有一座打唱台，走过青石地坪天井为大殿，高十几米，神像高数米。

光绪三十三年(1907)正月，东城隍庙内开办竞斌小学堂。1945年，更名为“滨浦中心小学”。1950年，更名为“杜行中心小学”。

1937年抗日战争爆发后，东城隍庙香火逐步暗淡。1950年，庙内只有文保、阿根两个道士守门。大殿西面有3间客堂，1间朝南，2间朝东，场前有棵高大的银杏树，树高26.83米，树身2.83米，三四个大人才能合抱住，树龄有300多年。现被上海市园林局列为古花木保护。

鹤和道院

鹤和道院，位于东城隍庙西侧，清雍正年间建造，有雷神殿、丁壬宫等建筑，相传由住持林雪岩(字汉庸，俗称“九老师太”)构募。清道光十八年(1838)，里人杜克堂重修。

20世纪50年代，改作杜行大队办公室，后来被拆除。

天主教堂

清咸丰年间，天主教传入乡境，渐出现小型传教场所，本地天主教徒日益增多。

1931年，上海著名企业家、慈善家陆伯鸿(1875—1937，原名陆熙顺)在杜家行西街王家浜边购田十余亩，建造了一座天主教堂。1935年，又在堂东建屋创办私立正修小学。

教堂以哥特式垂井型钟楼为对称轴，左边是正修小学教室，右边是神职人员起居房，均为砖木结构。1957 年，这里的宗教活动中断，教堂被征作杜行中学学校用房，正修小学并入杜行中心小学。附近有古树 1 株，树冠巨大，令人惊叹。

2017 年 5 月，天主堂旧址被闵行区政府公布为第二批闵行区文物保护点。

天主教堂旧址

第四章 召稼楼本来面貌

崇本堂今貌

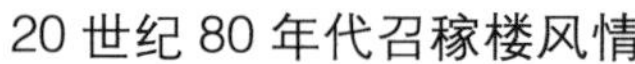

20 世纪 80 年代召稼楼风情

20 世纪 80 年代召稼楼风情

鹤坡里谈氏家族

浦江镇群益村、联胜村一带古称“鹤坡里”，南宋时期成为垦荒开发的大本营。元末明初，这里成为农耕热土，是谈伦及其家族的发祥地，也是召稼楼奚氏氏族最初的落脚地。

南宋时，这里就有鹤坡道院，俗称“鹤坡庙”。忠翊郎、东南正将潘德辞官回乡后，曾捐资修建鹤坡道院，供奉“三清”。元代诗人王逢曾到此一游，撰《登鹤坡道院廖阳阁》诗。

谈氏祖辈

谈伦（1429—1504），字本彝，号野翁。据《工部右侍郎谈伦墓志铭》记载，南宋时，谈氏先祖自河南开封祥符（今河南省开封县旧称）迁徙至江苏省吴兴（今属湖州市），再迁上海浦东鹤坡里一带。另据谈伦墓《鹤坡阡表》碑记载内容推论，随高宗南渡的谈怡应是鹤坡里谈氏家族的祖先。清乾隆《南汇县新志》“流寓”人物中有记：谈怡，字得中，世居青城万灵乡。高宗南渡，为上海参军，官物丝毫无取。殁后，赠松江护军判官，给祭田五十亩，营葬浦东。子孙遂世居十七保。

谈氏家族先辈在此借助沿海盐业开发，逐渐发迹，开枝散叶，人丁兴旺。

据史料记载,谈伦是以灶籍(出生盐户人家)赴科考的。

面对家族兴旺,谈伦曾祖父谈季芳(字谷祥)居安思危,低调处世。据《工部右侍郎谈伦墓志铭》记载,谈季芳"始以族大为俱,痛自抑损,散财积书,人谓之痴。国(明)初,诸巨族皆谪戍,人始服其识"。

明初,朱元璋推行"均贫富"政策,打击富豪巨族。洪武三年,谈季芳长子文一以"盘诘"事败,充军云州(辽宁营口)。不久,次子文二以"不法"事败,充军戍边。"其余文三、文五,因同籍,至今不能免。唯文四因各籍,独得户帖,为太平民哉。"

《鹤坡阡表》记载,谈季芳育有五子,四子谈节(字文四)"入赘南区金氏,属金籍。后金氏生子,业当归宗。其妇私语文四曰:妇人从夫,礼也;然君家兄弟,满溢少谦,新朝廷法令森严,必将祸作。君肯别购一室,妾当自操井臼,奉君以老。若欲归康道桥东大宅,死不愿也。文四是其言,乃买故水监魏志才之居以归"。于是,谈节率子女悄悄地重新回归鹤坡里(牌楼宅,今群益村八组)。

谈伦的父亲谈恭,字景瞻,号晚香,生三子一女,女儿嫁到上海小南门乔家。

阁老谈伦

谈伦年少时为上海县学生员,明景泰四年(1453)中举人,天顺元年(1457)中进士。

当时,吏部尚书王翱(字九皋,号忠肃)一向轻视南方人,眼见谈伦"长身丰颐,莹然玉立",不由发问:"东南何易得此人。"随即任命他为吏部验封主事。不久,又将谈伦提拔为员外郎中。王翱入内廷朝见英宗皇帝时,常带谈伦随同,称自己年老"恐忘'圣训',此郎能代臣志,且其人可信"。谈伦服母丧期满,即补为虞衡司郎中,又擢升应天府府丞。那年安徽凤阳发大水,当地官员力图掩盖,不上报朝廷。谈伦得知后,自署上奏,使凤阳百姓免缴秋后粮税白银数万两。后来,他升应天府府尹,又改任顺天府府尹,官至工部右侍郎。他与吏部尚书尹旻(字同仁)彼此交好。成化二十二年(1486),尹旻被罢官回故里时，谈伦设宴饯行，招致宰相李孜省的不满。于是，谈伦也遭罢官归里，时年 57 岁。

弘治元年(1488)，李孜省伏诛后，不少人因此复出，而谈伦却称病居家不出。从此，他远离官场，自署野翁，常邀知己旧友饮酒赋诗，笃喜栽种，植树成林。当长寿寺僧惠瑛筹划修寺时，谈伦等即捐资相助，重建了法堂三楹和大雄宝殿一座。因其父亲谈恭曾出资修南积善寺，清人秦荣光《上海县竹枝词》赞云：

两代谈家结佛缘，象贤父子梓乡传。
翁修积善儿长寺，世泽长宜数百年。

谈伦娶王氏为妻，生女谈玉(嫁乔谷凡)，无子。又娶继室张氏，生子夭折。40 岁后嗣胞兄谈秩之次子谈田、胞弟之子谈寿为继子。弘治十三年(1500)十二月二十二日，张氏去世，年 62 岁，谈伦含悲吟诵百哀诗，又邀弘治三年状元钱福(1461—1504，字鹤滩)撰《谈本彝继室张氏墓志铭》。

弘治十七年(1504)正月十八日，谈伦无疾而终，享年 75 岁，谥号恭简。次年十二月初四安葬，墓在鹤坡里刘家河曲，俗称“大坟”。吏部右侍郎王鏊(字济之，号守溪)撰《故通议大夫工部右侍郎谈公墓志铭》。

谈伦的堂弟谈诏，字朝宣。成化十六年(1480)，乡试第五名中举人。成化十七年(1481)，殿试二甲第三十一名登进士，官至山东按察使副使。父亲谈甫，嘉靖六年举人。兄弟谈诰，岁贡生，任如皋县训导。儿子谈承伯，任湖广孔目(职掌文书事务)。

明弘治《上海志》称：谈诏“善吟咏，刚明有识，所在多风绩”。可惜，传世的相关史料如今已罕见。

谈田建园娱亲

浦江镇群益村九组的村宅地名为“假山宅”，俗称“谈家花园”。这里，曾

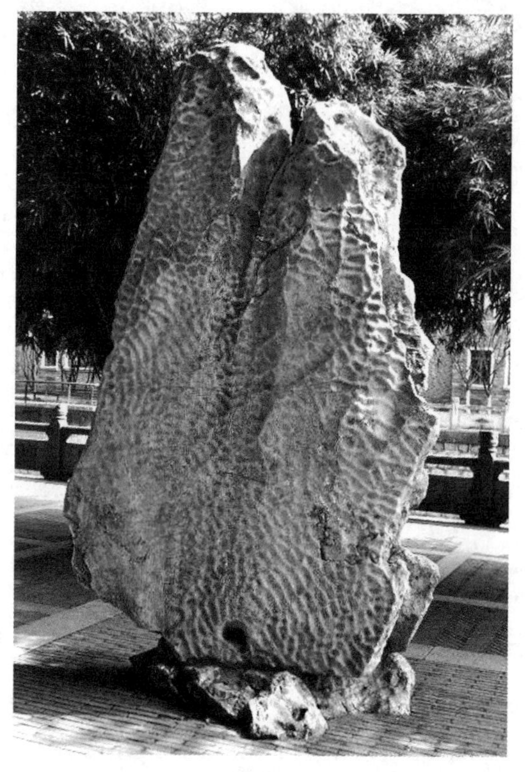
朋寿石

建有一座颇具规模的明代园林，是鹤坡里最“精彩”的地段。

明弘治、正德年间，工部右侍郎谈伦嗣子谈田（1473—1521，字舜卿，号东石）与谈寿（字舜年，号西石）一起，在鹤坡塘东家宅畔，叠石穿池，构亭榭，栽卉木，极林泉之胜，建造绮春园，供谈伦养老，教儿睦族，并邀亲会友，饮酒赋诗自娱。绮春园占地约2.7万平方米，有峰峦岩岫72座，亭台馆榭13所，桥梁谷洞21处，其中有朋寿山、流芳涧、白石滩、丹砂岛、忘鹤灶、湛然巢、出渔鲸、寿昌里、小淇澳、睡于菀等名胜景观。

朋寿山为绮春园主峰，峰立朋寿石，故又称“朋寿山园”。谈田曾作《朋寿山园记》，并有《朋寿山百咏》具体描述绮春园景观。

谈承儒的且适园

谈伦侄孙谈承儒喜爱书画，与名士文徵明（1470—1559，原名壁，以字行）交好。

谈承儒“录于有司，需仕未及”时，在衢州一带的“龙浦”畔辟隙地建园，陂鱼养花，杂植松竹，又因地制宜，修建亭榭，只求适应自然，故取名“且适园”。闲暇时，邀名流雅士前来做客游览。嘉靖十九年（1540）八月，已回苏州定居的文徵明游览且适园之后，甚为赞叹，即在自家玉兰堂为其作了一幅画，并撰《且适园后记》相赠，全文如下：

上海谈君元珍筑室龙浦之上。辟隙地为园，陂鱼养花，杂植松竹，因面势为亭榭，日与名流胜游衍其中。意佚以夷，悠然自适。时君已录于有司，需仕未及，因题其园曰且适，自为之记。其言若曰：人莫不有所适也，彼适以人，而吾适以天。天不吾与而靳我以仕，吾斯自适而安，焉不戚戚以悲，天不终靳而或达我以位，吾斯自适而俟之，不汲汲以希。天有睽合，时有违从，而吾不废吾适也。韪哉谈君！其知道者哉。道之所在，天寔为之。知道之所为出于天，自不得容心其间矣。惟无所容心，是以情融，意舒随在而足，所谓无适而不自得也。昔之人，有适于锻者矣，傲睨物表，举天下之物，莫能夺志。有适于酒者矣，幕天席地，举天下之人莫能当其意。意之所适，终身不反，可谓得其所适矣。然议者谓是，矫物自藏，非皆出于性真也。陶靖节欲仕则仕，不可，则委而去之。性不屑，贵人或中路邀之则就之饮。至于引足受屦，叩门乞食，执物夷易，曾无吝情。其适真适也，充适类也，维圣人所谓可以仕则仕，可以止则止，不大相远矣。夫其始也，行止去来，与时推移而已，而卒之为圣贤之归，道固无乎不在也。谈君不以绝物为高，而以性真自力，其知道哉，其知道哉！

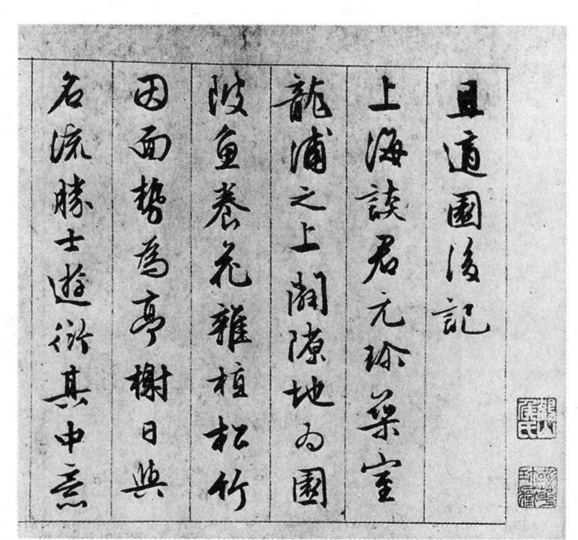
且適園後記
上海談君元珍築室
龍浦之上闢隙地為園
陂魚養花雜植松竹
因面勢為亭榭日與
名流勝士遊衍其中意

文徵明行草

文徵明的行草《且适园后记》流传甚广，人称传世佳作。

谈笺发祥地

明代,我国的纸张生产技艺又有发展,而朝廷在皇宫中网罗了全国著名的纸匠,制作专供皇家独享的彩色蜡笺、研光花纸等名贵纸张,并且秘不外传。明成化二十二年(1486)谈伦回乡时,从皇宫内府带回了宫笺制作的秘法,后来他悄悄传授给嗣子谈田、谈寿及孙子谈梧亭,仅家制自用。万历二十六年(1598)进士姚永济(字通所,上海人)为谈梧亭作像,赞曰:"貌朴而神强,形短而技长。曾树绩于疆场,旋解绶以归乡。传侍郎之笺法,乃遨游于四方。"

谈伦有裔孙谈尚都(字仲和),自幼爱习武,少时落拓江湖,从事孙吴兵略。崇祯七年(1634),以战功官至游击将军。弃官返乡后,从谈梧亭处得知制笺秘法,并不断研制,终于创制出独特的谈笺。谈尚都专营制笺业,"谈仲和笺"闻名沪上。

把花纹印入纸中,更适合书写、印刷或为书法、绘画所需,是传统造纸工艺在技术上的延伸和发展。所谓谈笺,造法不同一般,不用粉造,取江西荆川连纸褙厚砑光,用蜡打各色花鸟,所以坚滑极类宋纸。明代书画家陈继儒夸奖谈笺"妍妙精洁","砑光腻肤,即澄心堂无以过也",在古人所造蜜香、冰翼两笺之上。董其昌晚年时爱用谈笺作画写字,称谈笺"润而绵密,下笔莹而不滑,能如人意之所致"。他甚至手头没有谈笺,便不妄下笔。

清乾隆《娄县志》记载:"谈仲和笺梼染有秘法,今邑中多业此艺,西门外列肆而售,有玉版、银光、螺纹、朱砂、玉青等笺,大而联榜,小而尺牍,色样不一,或屑金花描成山水、人物、鸟兽之形,或染花草,俱极精美。"

因为谈笺制作方法非同一般,而且品种丰富,质量上乘,一下子轰动了整个江南。谈尚都雇了20多个家童,日夜赶制,依旧供不应求。生意兴隆本来是桩好事体,但是生意太好了,也会生出一连串烦恼,甚至招来横祸。也许是谈尚都太成功了,而且坚持独家经营,对外决不透露制作秘法,导致各地的纸业店家、风流的文人墨客,对他处处恶捧、暗暗狠打。有的甚至向官

府密告，说谈尚都偷取皇宫秘法，有意在与朝廷作对。

终于，谈尚都被种种压力压得烦恼极了，他行伍出身，脾气暴躁，耐不住大吼一声："堂堂大丈夫，岂暇与浣花女子同涉人齿牙!"一怒之下，他竟然命令家僮立即停工，而且将工场余料全部焚毁了。就此，一项重大的技艺创新成果，刚刚风光一时就被扼杀了。

后来，纸店中销售的所谓"松江谈笺"，全是仿冒货，而真正的谈笺却失传了。

东乡垦荒曲

当年，松江府地域广阔，地形地貌东西有别，因此以南北走向的古冈身为界，分为西乡和东乡。

因东乡地区“潮沙荡激，挟沙土于畎浍，于是卤瘠之壤，日积以亢，川流不通”，且“地形高亢，支港为潮泥所壅，水田极少”，不宜种植水稻，乡人只得改种豆麦和棉花，而“有司征收概课粳米，有力者转籴以输，贫则破产流徙，责里正代偿”。乡民随之遭受种种盘剥之苦。为此，元代上海县官员多次上书行省，要求根据实际情况，以豆麦而不以米为税粮收赋，后获允准，自元泰定二年(1325)起实施。元人汤弥昌(字师言)的《上海县苗粮改科豆麦记》详细记载了这一历史事件。

因此，东乡盛产豆、麦。种植的麦有大麦、小麦、圆麦，豆有黄豆、黑豆、青豆、赤豆、绿豆、蚕豆等。“黄豆之价，常年较米稍减，大约豆一石可准米八九斗。”豆的用处除制成食油、豆腐之外，还可以喂马、溉田，制成豆饼可肥棉田，所以需求量很大。乡人有谚称：“若要发，一行蚕豆一行麦。”“一熟豆，一熟麦，吃到头发白。”

于是，朝廷规定可以豆麦代替米粮缴纳田赋，后又可以棉花代替米粮纳

赋，有效地激发了东乡农民的生产力，推动了东乡农业发展。

元至元二十九年(1292)，松江府设立上海县，本地属长人乡十九保。今革新村一带涉及十九保十一图(谈家牌楼西)、十二图(召稼楼)、二十三图(谈家牌楼)、二十五图(召稼楼东)、三十五图(下沙西岳庙)、三十七图(召稼楼南南泾沆庙)。

至元代大德年间(1297—1307)，这里已是农耕热土，村落散布。

明代初期，这里吸引了越来越多的移民，土地日趋熟化，出现了一年两熟作物，农业生产开始兴旺，成为漕粮基地。

然而，朝廷税赋日趋加重，徭役频繁，以致乡人难以守田养家。永乐十年(1412)，上海县大批农民弃田外逃，人口锐减。

至明代中后期，因海水趋淡，沿海产盐业衰落，盐民们纷纷拓垦滩地，种植棉花。由于棉花加工技术的改进和提高，棉花取代水稻成为主要作物，出现"棉七稻三"的格局。油菜、大豆、花生、芝麻等油料作物有了发展，三麦(大麦、小麦、元麦)、甘薯、玉米等旱粮作物面积扩大，种类增多。整个东乡的农业生产和乡村建设形成新格局，展现新风貌。

何处为中心

相传，元代武士谈德中因事败而率家族隐居到浦东鹤坡里，为早期垦荒者之一。随着召稼楼古镇的开发，"谈德中始创召稼钟"之说越传越广。因此，有人将召稼楼称作"浦东垦荒中心"。其实，此说史实依据不足，历代地方史志文献中均无此类记载。

据前文及谈伦墓《鹤坡阡表》碑记载内容推论，谈怡字得中，是鹤坡里谈氏家族的祖先。

如果传说中的谈德中实是"谈怡，字得中"，那么他并无在鹤坡里直接垦荒的经历，实是其子孙在浦东得祭田后"世居十七保"，但不是召稼楼所在的十九保十二图。据史料记载，谈怡子孙借助沿海盐业开发，逐渐发迹。谈伦是以灶籍(出生盐户人家)赴科考的。

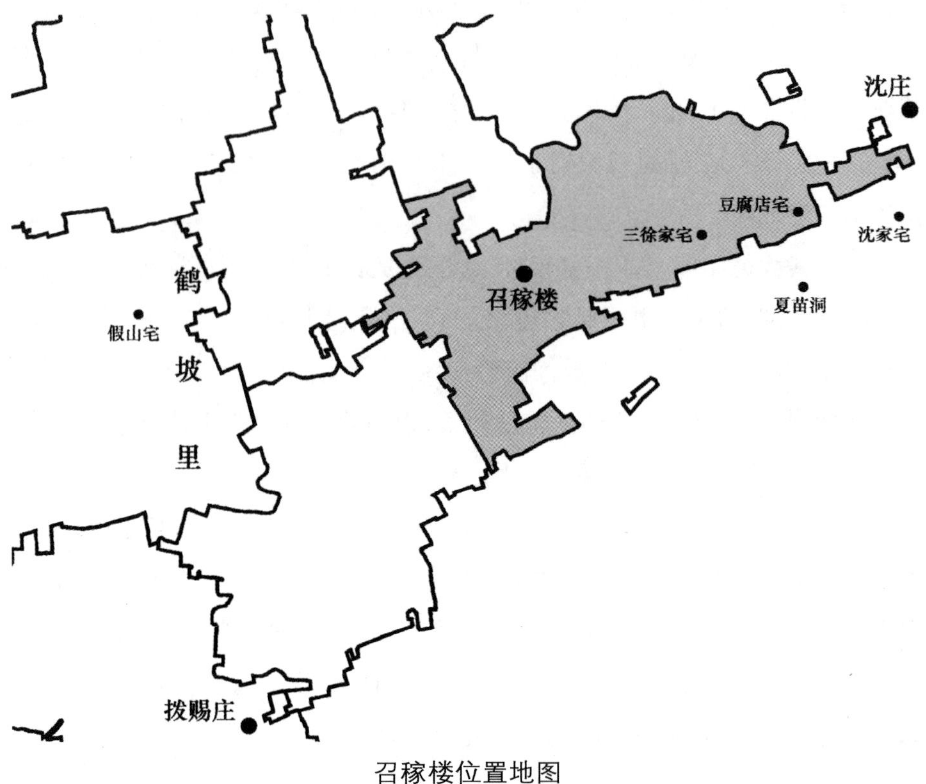

召稼楼位置地图

其实,东乡垦荒并无“中心”。何况,在“召稼楼”问世之前,周边已形成多个颇具规模的农耕“分中心”,西有鹤坡里,北有长寿寺,南有拨赐庄,东有沈氏田庄等地。

召稼楼地名

清乾隆《南汇县新志》最早对召稼楼的记载是:“明谈田建楼以召耕旅,故名。”这是关于召稼楼地名由来最简单而明确的说法。

本地民间还有其他传说,而且越说越奇,令人似坠云雾之中。

传说之一:元代初,武士谈德中因事败而隐居到鹤坡里。他看到丹顶绿足的鹤群在这里栖息,景致虽幽雅,但田地荒芜,甚感可惜,而开荒可免三年朝粮,即招工开荒,渐撑起家业。因此,谈德中为本地谈氏始迁祖。传至六

世孙谈宁一,为便于管理雇工,建造钟楼,以定时敲钟为号。

此说所谓的谈德中事迹史实依据不足,与史籍记载有较大出入。据谈伦墓《鹤坡阡表》碑记载,谈宁一是谈伦的高祖父,其庄园在鹤坡里。为何将钟楼建在十九保十二图?故此说不可信。

传说之二:召稼楼钟楼是因嘉靖年间抗倭而建。当时,乡民为防倭寇夜袭,特建造钟楼以利报警。人们每日三更起身,聚此饮茶、吃羊肉面,发现异常即鸣钟报警。以致当地至今流传有“上镇三更成习俗”之谚和饮早茶的习俗。

此说无历史文献记载可证,也属后人臆想之作。

谈田建楼

关于谈田“建楼以召耕旅”,历代地方志没有详细记载。若对谈田生平做深入考证,或可以找到一些历史信息。

谈田是明代工部右侍郎谈伦的嗣子,20 岁左右即以文学闻名。弘治年间,赴京应试谋职,见权阉刘瑾所为多不法,三日后即返回家乡,而且从此不入科场。他与堂弟谈寿(字舜年,号西石)一起在鹤坡塘畔建造“绮春园”,供谈伦养老,并“教儿睦族”。正德十六年(1521)春不幸病逝,年仅 48 岁。

如果确认“谈田建楼以召耕旅”为召稼楼之源头,那么依据谈田生平,此举应当是在明正德年间,至今已有 500 年。

谈田建造的“楼”是什么模样?古人没有明说,今人大多认为是钟楼,以钟声“召稼”极有画面感,于是有人妙笔生花,写了两句所谓“古诗”:“十里晓烟破,数声召稼钟。”

本地民间传说称:谈伦返乡后,为激励父老不误农时,勤耕细作,多产丰收,特意命谈田在绮春园东首建造了一座钟楼,以便催工促耕,并为钟楼题名“召稼楼”。从此,每日清晨按时鸣钟报时,逢天气有变时即鸣钟告示。于是,召稼楼亦成了本地地名。

然而,这种以“鸣钟报时,催工促耕”的做派,令人想起“庄园大地主”的形象,明代中期金刚庙附近是否建有如此大庄园?当年的农耕生产组织会是如同当代的“生产队敲钟出工”吗?地方志理应有所记载,可惜古人没有“妙笔生花”,未留下具体描述。

谈伦长期担任工部右侍郎,熟悉土木兴建之制,器物利用之式,渠堰疏降之法,陵寝供亿之典。返乡后,他推动谈田建造召稼楼,必有其讲究,但未必是为了“鸣钟报时,催工促耕”。值得关注的是实际效应,即周边地区望族相继迁到召稼楼旁边建宅定居。因此,所谓“召稼钟声”,也许仅是后人的想象。

市镇初貌

无论明正德年间谈田建造的是否是一座钟楼,十九保十二图确因“建楼以召耕旅”而闻名,遂形成名为召稼楼的聚落,并沿着王家浜两侧呈东西向矩形分布,渐成规模。

然而,召稼楼是否因此一举成为“浦东垦荒中心”?

让我们来看一下当时周边地区的社会形态:弘治年间(1488—1505),王家浜北岸杜氏家族的宅院已经连成片,形成了享誉四乡的杜家行市镇。万历初年(1573)秋季,浙江人陈球在周浦塘畔建立陈家木行。至万历四十八年(1620),陈家木行西首建造武庙(俗称“关帝庙”),市面更加热闹,标志着“陈家行”市镇全面形成。

当时,召稼楼市镇的发展规模远不及杜家行镇和陈家行镇,清雍正《分建南汇县志》在记载十九保市镇时,记载了杜家行、拨赐庄、沈庄、施家行等,但并没有将召稼楼列入,可见当时召稼楼的市镇规模还未达到录入县志市镇篇的要求。而且,在“乡保”篇中误记“十二图曰赵家楼”。县志纂修者竟然将“召稼楼”误称“赵家楼”,说明当时召稼楼的知名度有限。

在谈田建楼之前,当地的热点是金刚庙。天顺年间(1457—1464),里人顾莲河置斋田20余亩,扩建了金刚庙,使其成为王家浜畔地标性建筑物。正德年间,谈田建楼后,“召稼楼”自然成为新地标。

然而,在100多年之后的崇祯年间,本地奚氏、冯氏家族联手再次扩建金刚庙,形成五进五院的巨大规模。步入清代,金刚庙之东店铺聚集,街市日益兴旺。而此时,谈田所建造的"召稼楼"竟然被废弃了。也许,本地已不流行"鸣钟报时,催工促耕",乡人注重的是街市商情。

清乾隆五十八年(1793)纂修的《南汇县新志》,首次记载了召稼楼:"邑西北四十八里,明谈田以召耕旅,故名。今楼已废,街夹王家浜,东西约一里。"可见清代中期召稼楼地区已形成"东西约一里"的市镇格局。

嘉庆二十二年(1817),在《松江府志》刻本的地图中,首次标示了召稼楼。这说明召稼楼正逐渐成为江南地区知名市镇。

聚财称雄

为响应谈田"建楼以召耕旅"之举,周边鹤坡里、拨赐庄、沈庄、题桥等地的望族子孙相继迁到召稼楼周边建宅定居。明末清初,这里望族相聚,豪宅连片,聚财称雄,声名鹊起。随之,为其提供生活服务的各式店铺,以及周边乡人所需的农产品加工、生产资料交易、农具制造等店铺、作坊相继诞生,市场日益繁兴。召稼楼一带终于呈现出"地区中心"的模样,地方社会形态发生了巨大变化。

在生于明嘉靖四年(1525)的奚振初之子奚仰怀率家人从鹤坡里老奚家宅迁居至召稼楼后,奚氏家族在此开枝散叶,建起集古堂、厚余堂、务本堂、济美堂等宅院。步入清代,奚氏家族人丁兴旺,相传拥有田地1万余亩,人称"浦左首富"。

清代晚期,召稼楼的镇区规模没有多大发展,似镇非镇,而镇郊又兴建了新庄园,但是因为有富厚的奚氏家族日益兴旺,召稼楼在浦东地区长期称雄一方,以至光绪《南汇县志》记载召稼楼时虽照抄旧志,但特意补充了这样一句话:"奚氏居此,子姓緐衍,第宅绵亘,富厚为一邑冠。"这里有五水围绕,逍遥自得,但树大招风,兵灾时饱受抢掠。因此自同治年间起,镇区各个街市口均建造栅楼设防。

又过了30多年,召稼楼仍然偏重市政建设而未曾拓展镇区规模,民国《南汇县续志》记载:召稼楼镇“跨王家浜为市,商店六七十家,居民约百余户,水道四通,航行称便。奚氏列第相望,书香不断,称望族焉。离镇西数百步,同(治)光(绪)间张姓构屋设肆,有小‘召稼楼’之称”。

望族世居

数百年间,召稼楼有沈、谈、奚、徐、张、顾氏等著姓望族世居,乡贤辈出,对地区发展产生重大影响。明代以谈氏为主,清代以奚氏为重。

明代时,这里的人们崇尚耕读,热衷科举,以至人才辈出,先后涌现了至少两名进士,并走上仕途,实属难得。天顺元年(1457),又有谈伦(字本彝)中进士,官至工部右侍郎。成化十七年(1481),谈诏(字朝宣)又中进士,官至山东按察使副使。清雍正《分建南汇县志》称永乐十九年(1421)考中进士的陆徵(字尚实,号静习)是召稼楼人,但是《故中宪大夫福建汀州府知府陆公圹志》称陆徵父亲陆良德始迁徙上海黄浦桥之南,陆徵墓在十六保十六图,详情待考。

清代,奚氏家族在召稼楼尤为显赫,成为当地主要望族,而谈田所建的“召稼楼”被废弃了。

依据地方史志记载研究召稼楼市镇崛起的历史,可以梳理出以下一些要点:

第一,明正德年间,“谈田建楼以召耕旅”,召稼楼得名。周边地区望族相继迁入,聚财称雄,趁势崛起。至明末清初,形成“东西约一里”的市镇格局。

第二,召稼楼镇区规模发展缓慢,求富而不求大。大户人家第宅绵亘,俨然是乡间宏大的庄园群落。至民国初,镇上仅有“商店六七十家,居民约百余户”。

清代奚氏家族轶闻

召稼楼奚氏由来

关于召稼楼奚氏的由来,曾众说纷纭。

有传说称,召稼楼奚姓有一族祖上姓方,是明朝忠臣方孝孺的后代。方孝孺是浙江定海人,为朱元璋皇长孙朱允炆的老师。因为太子朱标死得早,朱元璋就把皇位传给了朱允炆,也就是建文帝。后来他的叔叔燕王朱棣起兵"靖难",夺取了皇位,要方孝孺写即位诏书,方孝孺坚决不从。燕王下令要杀方家九族,还外加他的学生,要灭十族。去执行的官员却私下放走了方家的小儿子。这儿子坐着小船逃出南京,顺吴淞江进了黄浦江,弯进小河道,在僻静之地立足谋生,躲过劫难。要隐姓埋名,姓啥?沿小溪过来的,就姓溪,但百家姓里没有的,去掉三点水,就是奚了。

还有人称召稼楼奚氏祖辈是《珍珠塔》里的方卿。

有人强调,当初在礼耕堂有个"方厅",屋内家具、柱脚、地砖样样四方形。据此,一番戏说似乎有了点实据。

可靠的说法应以地方历史文献记载和历史遗存物为证。江阴《溥澔奚氏宗谱》称:奚氏"世居青、兖间,宋朝南渡扈跸而来,家于淞江上海"。并称始居地为"上海梨花村",南渡始祖为奚世炎。南宋景定年间,奚世炎又迁入江阴溥潴，曾考中进士。

奚振初为召稼楼奚氏始迁祖。据召稼楼《奚氏宗谱》称，奚振初“生于嘉靖四年(1525)，由夏保庙赘婿到(上海县)康家庵康家”。夏保庙在十七保二十三图，康家庵(今浦江镇万里村九组)与召稼楼同在十九保，相距5 000多米。奚振初的长子奚奉怀、次子奚仰怀分别迁居瓦屑墩和召稼楼，各拥有田地1万余亩。万历年间，奚仰怀在召稼楼娶当地谈氏为妻，生子奚仲泉。

召稼楼奚氏族人也流传着一则传说，称“先辈为躲避战乱，举家数船而来。因在河边洗碗时，一只饭碗滑入河中，无从捞起。带队族长因此决定就地上岸，购地建房定居”。

可见，方孝孺之说和方卿之说，仅仅是民间戏说。

奚氏祖宅

2008年，在联胜村二队旧居里发现古墓墓碑一块，刻有“明奚仰怀墓”数个大字。人们认定这里为奚仰怀创业之地。奚仰怀生于明嘉靖四年(1525)，20岁生子，壮年时在此置地建房，以此推算，奚仰怀迁到召稼楼定居应在万历八年(1580)之前，召稼楼奚氏繁衍至今已有450年，历二十代子孙。

自明末起，召稼楼奚氏各支系均有谱系可查。奚氏族人称，今联胜村二队为奚氏祖宅。奚仰怀在此始建的宅院取名“集古堂”。

此后，奚仰怀的子孙陆续建起了厚余堂、务本堂、济美堂等宅院。厚余，注重积蓄钱财；务本，主张立足农业；济美，企望合家美满，这些堂名反映了奚氏族人的基本观念。

因有奚氏子弟在祖宅西南方里许择地建屋，后人称之为“小奚家宅”(今联胜村九组)，而祖宅之地历代人称“老奚家宅”(今联胜村二组)。

清代时，奚氏后代的新宅不断向周边一带(今革新村、勤俭村)迁建、拓展，连绵1 500—2 000米，使奚氏逐渐成为召稼楼地区第一大户，享誉整个浦东。

因此,光绪《南汇县志》称:召稼楼“奚氏居此,子姓繁衍,第宅绵亘,富厚为一邑冠”“奚氏列第相望,书香不断,称望族焉”。

奚氏宗祠

召稼楼奚氏宗祠,俗称“奚家祠堂”,在镇西小召稼楼(十九保十二图五百二十一号,今革新村十一组),与金刚庙、顾家祠堂相邻。清嘉庆十九年(1814),奚有春、奚星池兄弟建造,至次年告竣。宗祠第一进墙门额悬“奚氏宗祠”,东西各3间,西有街道启门以便出入。第二进为序彝堂,摆放祖先牌位,东西各2间。二进共16间房木梁雕花,构建考究,前进7间为守祠堂人居住及烧香、拜祖之用。墙垣中植梅、桂、玉兰、椿,取永久之意。道光二十二年(1842),奚垂裕倡族重修,至次年春因积劳成疾而终,其子奚钟伟承遗志完工。同治元年,再修因兵灾受损的门窗。祠堂有公田收入,清明祭祖实行轮值制度。同治二年(1863)十月,奚渊镜撰《召楼祠祭田记》。

召稼楼奚氏《字辈顺序》挂在祠堂内,即“世绍家声、敦仁树德、学承祖志、崇本培基”16个字。

二十世纪七八十年代,这里成为召楼粮管所、棉花收购站,后由海州木器行使用。今属闵东粮油公司。

奚家祠堂前面有座石桥横跨王家浜,名为南山桥,俗称“祠堂桥”,30多米长,而且很高,清道光九年(1829)建造。20世纪70年代初拆除后,在西面造了水泥桥。

奚氏家训

奚氏家族经过几代人的奋斗,日益富厚,成为本地望族。历代子孙合力传承祖业,并形成家训:“诗礼继世,耕读传家;仁礼进取,励志养德。”(耕田可以事收种,丰五谷,养家糊口,以立性命。读书可以知诗书,达礼义,修身养性,以立高德。)

奚氏宅院

礼耕堂

礼耕堂，位于召稼楼镇中市平西街(今革新村八组3号)。清乾隆五十八年(1793)，由奚氏九世孙奚镜湖(字之炬)始建，嘉庆元年(1796)宅院建成。奚镜湖生于乾隆四十三年(1778)，曾担任通判(协助知府掌管粮运、家田、水利和诉讼等事项)，嘉庆二十二年(1817)因病去世，年仅39岁。宅院坐北朝南，前后有五进，12道墙门，有房共计138间，其中平房98间，楼房上下各20间。前二进作为商铺用房，沿街门厅是奚家船埠码头，最后一进为堂楼。主体部分在第四进，正厅为礼耕堂，堂匾系乾嘉隶书大家伊秉绶(1754—1815，字祖似，号墨卿，晚号默庵)所题。

礼耕堂正房与西侧厅

上海解放后，礼耕堂一时成了乡人集体娱乐的公共场所。召楼沪剧团时常在此为乡民演出。1964年，上海沪剧名家王盘声、小筱月珍曾光临献演。后来，这里成了电影放映场所。

2003年12月15日，礼耕堂由闵行区文化广播影视管理局确认为区级文物保护点。

贡寿堂

贡寿堂，又称“恭寿堂”，雅称“绿墅”，俗称“绿野里”，位于保南街44、46、48号。东首三进，由沈铊于清嘉庆八年（1803）始建。毁于同治元年（1862）兵灾。光绪九年（1883），由奚渊泉（生于1837年）接手翻建，扩为四进庭院，第一进有13间，房后有高墙；第二进是正厅及厅房，房后也有高墙和墙门；第三进是二层楼房，东西为二层厢房，是奚氏家眷生活起居用房；第四进为平房，是帮佣者生活居所。20世纪初，第一进和第二进改建作为校舍，办起召楼小学，后第三、四进也扩为校舍。今已列为区级文物保护点。

纯佑堂

纯佑堂，位于镇南河西，11开间，前后五进。由奚垂裕（生于1788年，四品文官）始建。其子奚钟伟续建，清道光元年（1821）前后建成。同治元年（1862），第一进房屋毁于兵灾。后为奚渊镜宅。

平寿堂

平寿堂，又名“景瑞堂”，位于召稼楼镇南，原名“梅月居”（或“某月居”），当地人称“梅园”。相传，这里原为清雍正年间知名诗人朱凤洲的家宅。清光绪二年（1876），奚渊源（生于1844年）接手后，全面翻建。

平寿堂

现存梅园占地面积3232平方米，建筑面积2057平方米，整个宅院坐北面南，内有砖木结构青瓦硬山顶平房三进，横排三套院，有平房70间，正屋11间，厅堂均为七架梁，木梁雕花，并有厢房、天井、长廊等，围以白粉高墙，主体框架结构保存良好。上海解放初期，这里做过解放军部队营房。1959年至1963年，这里成了国营召楼农场场部。后来成为召楼酒厂职工宿舍。2003年12月3日，由闵行区人民政府公布为区级文物保护单位。

宁俭堂

宁俭堂，与梅园隔河相对，为奚燕子家宅。相传，奚燕子结婚时（约1900年）建造。宅院外观呈长方形，朝南正房有5间，东、西厢房各2间，庭院正南为高墙与仪门。房间里残存的欧式彩色玻璃、刻有精美卷草纹的月梁。题写于1923年的宁俭堂匾额幸存，现由奚氏后人收藏。

2009年8月6日，由闵行区人民政府公布为区级文物保护单位。

宁俭堂

崇本堂

崇本堂，位于道南街。由奚渊深于1900年始建，其生于清同治五年（1866）。后转业主奚世瑜（字翰波），其为内科医生，1936年至1945年在宅内执业问诊。

有7间开间，前后二进二厢房，前排平房，后排二层楼房，独门小院。建

崇本堂

筑面积约640平方米。

20世纪50年代，这里改作为召楼乡政府办公室、召楼乡文化广播站用房。70年代，杜行公社最早的服装厂在这里创办，后来又办过印刷厂。今已列为闵行区区级文物保护点。

凯寿堂

凯寿堂，位于镇西南，俗称“西南宅”，号称“九十九间屋”。清道光二十九年（1849），由奚垂绶（生于1794年，二品文官）始建。1938年抗日战争时期，顾振、奚松莘在此创办“平民工厂”。

瑞凝堂

瑞凝堂，俗称“东南宅”，位于镇东南，前后有六进，号称“一百零八间屋”，实有房96间。清嘉庆元年（1796），由奚朴（号星驰，生于1759年）始建，盼凝结祥瑞之气。民国二十七年（1938），忠义救国军一大队王伯祥部在这里设司令部。当年 12 月中旬,侵华日军将这里大部房屋付之一炬,仅存 7 间。

中和堂

中和堂,清乾隆五十五年(1790)前后,由奚氏第九代长子奚莘涯始建。与纯佑堂并列于镇南河西,人称“鸳鸯宅”。咸丰十一年(1861),太平军入驻,这里被用作女兵营。相传,本地钟家宅举人钟纪堂参加了太平军。同治元年(1862),清兵为捉拿钟纪堂,烧毁了中和堂。因此这里人称“火烧宅基”。人瑞堂建于其遗址。

奚氏子弟

清咸丰八年(1858),奚氏十二世孙奚渊镜(字湛秋)以捐轮助饷,特赐举人。光绪十四年(1888),十三世孙奚世来(字千里,号雁宾)中举人。

据奚世来光绪十四年(1888)“乡试硃卷”(履历表)记载,至清代晚期,召稼楼奚氏有近 30 名子弟先后为国子监学生,他们大多风雅自赏,不喜张扬,也不远游,不想在科场搏击,除了奚氏九世孙奚镜湖(字之炬)乾隆年间任府衙通判、十三世孙奚世业(字子瑾)光绪年间在京城任兵部员外郎外,无人从政担任高官,而进入上海城区经商发达者不少,更多的人家乐于购田、收租、建宅、生儿,注重享受,奢侈之风日盛。

晚清时,倪绳中撰《南汇县竹枝词》称:“奚姓文人三绝如,吉金山水子欣书。更看燕子诗词妙,无愧囊中锦绣储。”三奚,指的是专画山水的奚宪镛(字吉金)和出生于召稼楼的大才子奚世荣和奚燕子。

近代有凯寿堂的奚绍奭(1905—1971,号铁棠),为沪上书画名家。

隐士奚世荣

奚世荣(1864—1902),字子欣,号云东,自号寿郙、受郙、寿篁,是召稼楼

奚氏第十三代长房长子。曾祖父奚垂铜，祖父奚钟善（字仁伯，号素卿），父亲奚渊璧（字月如，号宝纶），胞弟奚世业（字子瑾，任京城兵部员外郎）、奚世铄（字子鹤，任上海典当业董事）。其娶陈行镇秦诵莪三女儿为妻，为秦荣光的妹夫。

奚世荣幼年时，为避难随父母客居湖北汉口，经常行走在大别山、黄鹄山（今武汉蛇山）间，遂以山水作画，学清初“四王”画风，讲究恬淡平和，个性平易谦和，与人交往心无城府，有不满意者即当面批评。年轻时为附贡生，候选太常寺博士（掌管祭祀之事，正七品），他却很快就退出科场仕途，甘愿做一位隐身在乡间的金石书画家、收藏鉴赏家、诗人。其侄儿秦锡田在《享帚录》中称之：“家世饶富，丰姿秀逸，吐属风雅。”并作诗赞颂他：“学不求科第，覃精古典坟。读碑雠史汉，落纸荡烟云。秀倩词三影，淋漓书八分。更兼一支笔，摹印勒缪文。”

奚家富裕，家中收藏大量金石文字。奚世荣善古篆籀，尤精铁笔，山水画烟峦秀丽，专师元代画家王蒙（字叔明，号黄鹤山樵），不落时蹊。书斋名为退颖盦、铸古盦。

清光绪十九年（1893），奚世荣30岁，已积累大量刻印，刊印《退颖盦印存》一册，辑自刻印而成，秦荣光欣然为之作序喝彩。版框粗细双线，每页钤拓一至二印，无边款。

民国三年（1914），奚世荣50岁，刻印艺术成熟。名士孔祥伯（字志恰，陈行人）为其辑成《铸古盦印存》六册（署“度帆楼辑”），钤印41枚，墨拓边款二方，其中秦锡圭用印有十多枚。

《铸古盦印存》

奚世荣家藏数千种古钱币，进行研究后撰写《铸古录》六卷。又罗网碑牌，撰写《读碑校史录》和《两汉乡亭考》四卷。他与表弟沈毓庆（1868—1902，字肖均，别字寿经，川沙“内史第”子弟）交往甚密，曾一起译读《石门十三品》，光绪十三年（1887）共著《石门碑释》（收入中华书局《丛书集成初编》）。

奚世荣还善诗词，著有《炼石龛诗草》。《海曲诗抄三集》收录其诗作《舟次赤壁》云：“扁舟如叶荡江波，月白风清奈夜何。故里沧桑增感慨，古人鸿雪半消磨。黄冈曙色催寒近，碧岭砧声向晚多。醉里不愁归路远，篷窗独坐叩弦歌。”

光绪二十八年（1902），奚世荣逝世，年54岁。

举人奚世来

奚世来，字千里、千秋，号雁宾，清同治八年（1869）十一月十八日生。为奚氏纯佑堂杰出子弟。生父奚渊海（字成叔，号方壶），继父奚渊铄（号懿斋），母亲盛氏。奚世来以孝母著称，去世后祀孝悌祠。

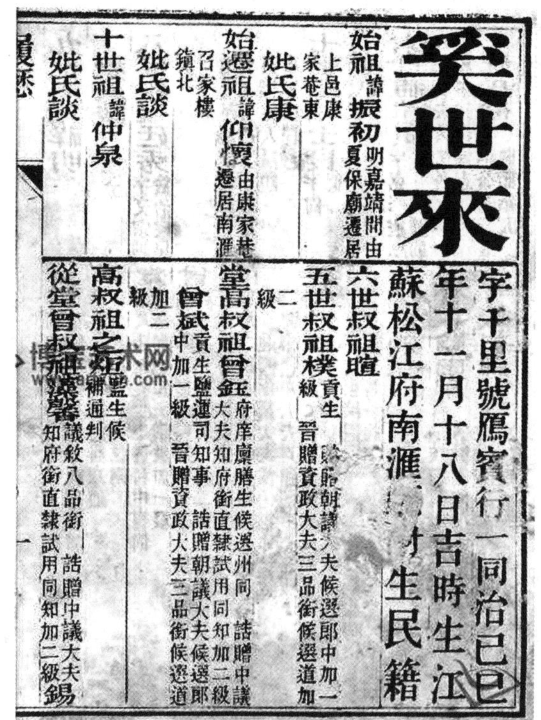
奚世來

字千里號鴈賓行一同治己巳年十一月十八日吉時生江蘇松江府南滙

始祖諱振初 明嘉靖間由上邑康家巷東夏保廟遷居

妣氏康

始遷祖諱仰懷 由康家巷遷居南滙召家樓鎮北

妣氏談

十世祖諱仲泉

妣氏談

六世叔祖暄

五世叔祖樸

堂高叔祖曾鈺

曾斌

高叔祖之炬

從堂曾叔祖

乡试硃卷

光绪十四年（1888），奚世来年仅19岁，以南汇县民籍参加戊子恩科乡试，以第八名成为举人，轰动四方。但日后他却未走仕途，甘愿隐居乡间，终身守在故土。他能文工书，小楷学道教《灵飞经》，尤显娟秀绝伦，才艺出众。

其子奚绍芹，为清末秀才。

怪才奚燕子

奚燕子

奚燕子(1876—1940),本名奚在林,又名囊,号生白,召稼楼奚氏十二世孙。自幼才思敏捷,年轻时就闯荡上海滩,能画,工辞章,具有文名。他与浙江余姚戚牧(1877—1938,字和卿,一字饭牛,号牛翁,别署饭牛翁)义结"金兰契"。1914 年 12 月,两人合辑《销魂语》月刊。他又是《国魂报》主要撰稿人,列"国魂九才子"之一。

奚燕子与柳亚子相熟,多次参加南社雅集。其中 1916 年 6 月 14 日、9 月 24 日在上海愚园,1917 年 4 月 15 日在上海徐园,参加者有柳亚子、叶楚伧、朱少屏、邵力子、胡朴安、杨了公、姚鹓雏等名士。他常与杨了公、陈蝶他唱和,有《咏燕》诗二首,名句"三月新巢营绣户,十年旧梦记红楼。玳梁夜宿香泥暖,珠箔春垂絮语稠",传诵一时,诗坛称之为"奚燕子",遂以为别署行。

1916 年,奚燕子受聘为上海新世界游乐场《新世界》报总编辑,并为《社会日报》撰稿。

1917 年,新世界游戏场老板创办群芳选举大会,特聘奚燕子为主任。选举完全仿效民国初的选举制度,由游客购买选票评选,一票售价一元。结果,投票选举名妓冠芳为"花国大总统",菊第为"副总统",莲英为"花国总理"。

1918 年,泰东图书局出版奚燕子、闻野鹤、吴绮缘、平襟亚编著的武林人物笔记小说集《技击汇刊》,极为畅销。书中收录了奚燕子《绿沉沉馆笔记》、闻野鹤《推仔第二楼笔记》、吴绮缘《忆红楼笔记》和平襟亚《襟霞阁笔记》。

1927年,钮永建任江苏省民政长,推荐杨了公为奉贤县县长,而杨了公早年与奚燕子同隶丽帽吟社,又同从杨古酝学诗文,既招他一起赴任。“两个书呆子,什么都不懂得,敷衍一下子公事,就去喝喝酒,做做诗钟,陶醉一番。”两人都觉得做官没趣,仅几个月就毅然辞官告谢。

相传,奚燕子灯谜工巧有趣,为读者所喜爱。《铁报》设灯谜专栏,每天刊谜一条,次日揭晓谜底,而谜条由他包揽,每天下午报社有专人到奚家取谜,奚总是当场现制,交付来人。不料中秋节那天,他突然病倒,不能出谜,这可急坏了何主编,灵机一动,便拿起《唐诗三百首》,信手一翻,见杜甫《春望》,即把“家书抵万金”一句作为谜面,并注明猜一成语,猜中者赠阅本报一年。次日,问奚燕子此谜何解?答:轻财重信。

奚燕子的谜作不见结集,仅能从零星的灯谜史料里窥见其雪泥鸿爪。民国二十年(1931)七月出版的上海《文虎》半月刊第二卷十四期上,有奚氏撰写的一篇《滑稽谜语》,开首说:“文虎,一名打灯谜,为词人墨客消遣之最风雅者。竟有读破万卷书,而不能制一谜猜一谜者。盖制谜猜谜全仗性灵,用苦功夫而读死书者,所以望洋兴叹也。谜固宜求其正气,然有滑稽者亦能使人兴趣。”他创作的灯谜,即有别于传统谜家的“求其正气”,走“能使人兴趣”的滑稽灯谜路线。如文中几例:“妾不争夕”打三国人名二“孙夫人、甘后”,“孙”与“逊”是古今字,可作“退避、退让”解释,谜底别解作“小妾退让夫人,甘为其后”;“相搂”打《西厢记》句“兜的便亲”,谜底出自“寺警”,“亲”由“亲近”转意为“亲吻”,以切合谜面“亲搂”;“传授停孕”打《三字经》句(卷帘格)“养不教”,此谜最能体现奚氏“滑稽灯谜”的风格,依谜格,谜底倒读成“教不养”,变作“教育不生养小孩”之意,令人莞尔。后代谜家也有以“避孕讲座”为面同样猜射的,差可与其媲美,但奚氏早著先鞭了。他还为《文虎》填写一阕《减字木兰花》,下片曰:“妄加猜测,一字千金谁解得?煞费商量,搜遍红螺九曲肠。”毕竟是“南社”诗人,奚氏将人们猜射灯谜之冥思苦想,刻画得非常传神。

几年前，广东澄海隆都侨乡谜社刊印胡寄云（1910—1980）《怀蝶室谜话》手稿。胡被誉为汕头“谜坛八贤”之一，《谜话》曾连载于1936年前后的《汕报》上。其中记载：“数年前，余漫游申江时，于新世界游艺场，见有灯虎之会，主鼓者署名‘奚燕子’。”胡寄云辑录了奚氏的8条灯谜，如：“刽子手何胆怯耶”打唐诗“杀人莫敢前”（出自李颀《古意》），“优伶不知温旧”打唐诗“戏罢曾无理曲时”（出自王维《洛阳女儿行》）等，这些谜作都通俗易懂，已颇具“海派灯谜”的韵味了。

奚燕子家道素丰，早年生活优裕，纵情诗酒，放浪不羁。平生不事居积。步入中年后，家事渐落，他作诗自嘲云：“前身我是李长吉，剩有传家破锦囊。”到了晚年，他为弹词家作开篇、撰脚本，为艺家题书等，恃笔墨以糊口。

1935年冬，奚燕子偶与旧交黄炎培邂逅，时已憔悴困顿，风流渐歇。黄炎培有纪事诗，称“燕子词人雪满头，初闻甲子岁星周。忍从百变沧桑后，复忆五陵裘马游。少日文章惊海内，中年哀乐减风流。输君一岁都无似，漫挟愁怀上酒楼”。并愿燕子“老当益壮”。燕子积习难改，终致家业尽倾，又染鸦片恶癖，晚年潦倒不堪，常无钱解瘾。抗日战争爆发后，他寓居上海租界，大节不逾，常驰心乡国，晚年之诗沉雄悲壮，不复拈花摘叶，又作《孤岛忆梅图》广征题咏以寄意。其贫病交攻，终于1940年4月16日弃世，终年64岁。著有《燕子吟》诗抄、《江湖技击传》等十余种。《奋报》第505期刊有《追悼奚燕子先生》。

办钱庄发大财

清同治三年(1864),召稼楼奚氏家族第十二代长房长子奚渊璧(字月如,号宝纶,生于1829年)携三子二女从武汉返回召稼楼。

因战乱成灾,奚氏祖屋被毁,族人遭受抢掠,大伤元气。而奚渊璧正巧在武汉盐务司任上,有幸避过了这一场灾难。

战乱平息后,上海城区各行业重新恢复生机,金融行业方兴未艾。奚渊璧见过世面,又拥有不少资产,下决心闯荡上海滩,凭自己的智慧和实力,谋求新发展。于是,他在上海城区选定英租界的“石路”(今福建中路),独资经营“震源钱庄”,并担任上海典当业董事。

为了拓展经营,奚渊璧与上海沙船大王、房产大亨严同春商号老板亲属交往甚密。两者志趣相投,还结为亲家。

之后,奚家又在本镇和周浦、新场、下沙、大团等地开设了八家典当铺,采用典当、放贷复合使用资金的手法,积聚财富。奚氏家族因此实力显赫,拥有良田8 000亩,号称“浦左首富”。

始建人瑞堂

奚渊璧一家，原居住在中和堂，祖屋遭战乱被毁。随着家业的迅速扩张，奚渊璧财大气粗，人丁兴旺，便着手在中和堂遗址上始建人瑞堂大宅院。

清同治三年（1864），建宅工程正式动工，至同治十一年（1872）全部建成，前后时达8年。

人瑞堂宅院四面环水，前后有三进二套房，每排有正屋15开间（未含侧厅、羽屋），门厅南北贯通，宅院围有高墙，二进大厅由3间合并，颇具气势。人瑞堂北面是纯佑堂，两家合计有八进住房，而且自成体系，其建筑规模当时在浦东地区实属罕见。

不久，奚渊璧的二儿子奚世业（字子瑾，号仲基，生于1852年）在京城担任兵部员外郎，赏戴蓝翎，钦加知府衔。因此，人瑞堂第一进门厅内摆放着“肃静”“回避”的官牌，成为召稼楼最有威严的地方。

光绪年间，奚氏在此创办家塾，闻名四乡。

再建资训堂

资训堂的旧屋，由奚氏第八代长子奚松（字大林，号有春）于清乾隆五十年（1785）始建，长子奚莘涯（号之焕）续建，后作家用粮库，故称栈房。

奚渊璧建人瑞堂之后，在上海城区独资经营钱庄，实力非凡。光绪二十二年（1896），其三儿子奚世铄（字子鹤，号梅生）年30岁，岳父是上海房地产大亨严同春商号老板，仗着财大气粗，动工翻建旧屋。

严同春商号老板为了给女儿女婿“撑场面”，安排属下的中外建筑设计师和能工巧匠赶到召稼楼，帮助设计和施工。建造时采用上等木石料和国外进口建材，并广泛应用木雕、砖雕、石雕工艺，而且题材古今中外均有。

资训堂遗迹

两年后，颇具洋气的“豪宅”落成，取名“资训堂”，又称“新人瑞”。新建堂屋占地约 3 190 平方米，坐北朝南三进三院，7 开间带两边厢房，有廊道相通。门楼以红砖为主，特别抢眼，顿时轰动四乡。厅中“资训堂”匾额有清代著名书画家、篆刻家赵之谦（1829—1884）手书，屏风上的宋徽宗赵佶《瑞鹤图》是奚松摹本。

遭遇“贴票”风潮

奚渊璧年老退休时，长子无意经商，便将钱庄交给三子奚世铄经营。因资金不足，钱庄通过发行“贴票”，意即“贴钱兑换票据”，以高出市场上一般水平的利息，吸收社会游资，再以更高的利息贷款给商家，从中谋利。当时上海地区钱庄的最高存款利率为 10%，贴票钱庄纷纷打出利率 20%的招牌，足足高出一倍。为抢夺客户，钱庄之间不惜展开激烈竞争。

由于经营贴票的钱庄过多，市场早已潜伏着危机，而财主们发财心切，未曾有所防范。

1897 年 11 月，因资金周转困难，某些钱庄不能按时兑换现金。消息传出后，引起金融恐慌，上海钱业突然间遭遇“贴票”挤兑风潮。一个月之内，几十家钱庄准备金不足，随之倒闭。震源钱庄难逃风潮，开设仅四十多天，开票竟有七八万甚至十万之多，管财先生见势不妙，卷款而逃。奚氏钱庄因此亏损十万两银子，只得宣告破产。

债主纷纷赶到召稼楼讨债，奚氏只能变卖田产和周浦、新场、大团等地典当，偿还欠债。碍于面子，没有将本镇仁裕典当出手，家中的首饰、古玩、字画等也都用于抵债，才平息风波。

风光不再

清末，奚世铄在资训堂内创办“春雨草堂”。光绪三十二年（1906）七月，奚世铄等捐开办费，创办广智小学堂。

1920 年，资训堂南院突遭火灾，二进房屋被毁。主人因财力不济，只得将后厅改作正厅，西厢房改建平房，围墙收进，门楼内建一座六角形接官亭，俗称“戏台”。

抗日战争胜利后，资训堂余屋由国民党保安团盘踞。

上海解放初，解放军部队借这里作为指挥所。1970 年前后，这里为召楼卫生院。1988 年，大部分房屋被拆卖，只残存西券门。2010 年，西券门基本修复，成为古镇重要景观。

人瑞堂屋也成为解放军营房，后作为南洋模范中学分校用房。1959 年，召楼农业中学迁入。1969 年秋，设民办召楼中学，旧屋陆续被拆建。20 世纪 90 年代为召楼小学，后办过印刷厂、服装厂等。今已全部拆除，为新建礼园的一部分。

赵元昌商号

赵元昌商号，当年在召稼楼镇及周边地区赫然闻名，是当地赵氏家族几代人艰苦创业的成果。

连遭厄运，夫人有胆有识

明嘉靖四十三年(1564)，赵氏思斋公从上海“浦右”(浦西十六铺一带)始迁到召稼楼赵家荡(时为上海县二十图大枪塘，今浦江镇联星村)定居，以农耕为业，赵氏家族在此繁衍生息，形成东赵家宅、西赵家宅等自然村，枝繁叶茂，人丁兴旺。清代中叶，赵氏庆远堂家人迁到召稼楼镇上，在平西街北弄里建造七八间平房定居。

光绪二十三年(1897)，赵氏思斋公十二世裔孙赵志权(字清龙，乳名福堂)，年仅 36 岁，留下妻子秦氏和元吉、元祥、贞祥、吉祥 4 个儿子和 1 个女儿，患病去世。不久，16 岁的长子赵元吉在赴乡试途中，不幸遇难。

赵家连遭厄运，却没有就此崩溃。

赵夫人秦氏是陈行镇名士秦惟梅(1786—1867，字作和，号治香)的长孙女，“上海县城隍”秦裕伯后裔。她出身书香门第，知书达理，面对艰难的局面，有胆有识。当时，尽管有娘家支撑，且家中尚有 99 亩田产，但她一边坚持

子女训蒙，一边将刚成年的儿子赵元祥、赵贞祥送出门去学生意，逼其自创家业。

三元开业，以愿赵氏昌盛

父亲去世时，赵元祥（1880—1921，字正佐）只有16岁，就被母亲送到鲁家汇镇上的张利昌店铺里当学徒。他为人朴实，手脚勤快，赢得众人好评。

光绪三十一年（1905），赵元祥刚结婚成家，母亲就叮嘱他，应当大胆地独自去闯世界，为赵家再创家业。

于是，赵元祥四处寻找商机，了解行情，最终在召稼楼镇兴东街中段定下3间门面房，从周浦镇运来了什货，准备独自开业。

母亲人缘好，善沟通，为了给儿子造势壮胆，亲自恳请周浦镇名士胡明甫为店铺取名题匾。因时逢宣统元年（1909）元月，由赵家元祥掌门，“三元昌顺”，以愿赵氏就此昌盛，店号定名为“赵元昌”。

赵元祥遗像

起始，赵元昌店铺主要经营南北什货和各式洋货，称“和合店”。赵元祥在母亲的扶持下，苦心经营，和气生财，不仅撑起了店铺，而且生意兴隆。

民国九年（1920），母亲又召回在周浦镇胡三省米行正受器重的儿子赵贞祥（字正佳），购下召稼楼平西街礼耕堂西侧的两个门面，又开设了一家赵元昌店铺，除经营百货外，兼营米业，俗称“西元昌”。

可惜，赵元祥积劳成疾，于次年9月匆匆离世，年仅41岁。赵元祥的儿子赵学胤（字光明），时年仅16岁，在祖母和叔父赵贞祥的支持下，继承父业，独撑兴东街的店面，人称“赵元昌小老板”。

民国十一年(1922),已跟随兄长学了几年生意的赵吉祥(字正杰),也已29岁了,遵照母亲安排,独自到题桥镇上开设赵元昌分号。

由此,赵元昌商号在召稼楼镇上同时开了三处店铺,互相照应,商界称雄。由于赵吉祥善于经营,后来又安排两个儿子在题桥镇的南街、北街各开设了店铺。

民国十三年(1924),赵氏女当家"秦太孺人"因病去世,终年60岁。

引电亮灯,热心公益事业

赵氏家族合力经营的赵元昌商号,稳步发展。

"赵元昌小老板"赵学胤十分能干,广结人缘,热心公益事业。为了聚集召稼楼镇的人气,促进商贸发展,赵学胤主动出面,筹资将王家浜河道拓宽,还参与开发通达上海城区的脚划船航线。

民国二十年(1931),杨思地区率先由浦东电气公司通电。赵学胤即联合召稼楼商界人士设法与浦东电气公司联系,为召稼楼镇引进通电工程。

几经周折,镇上终于亮起了电灯,虽说只有少数商铺享用,但给乡人带来了新的希望。事成后,兴东街上的赵元昌老店因此率先获得了电气电料五金商品的经营权。

翻造新楼,显赫保南街上

民国二十三年(1934),赵元昌商号在保南街纯佑弄旁(34至58号)拓展新店,由赵贞祥的大儿子赵树熙掌管,俗称"南元昌"。同时,赵家在此建造起前后二进的宅院。

新宅院落成,沿街底层7间门面开设店铺,经营南北杂货,颇具声势。第二进为生活起居用房,天井中央砌有一道南北向的隔墙,将院落分成东西两半。东半部为传统二层建筑,正屋面阔7开间;西半部为中西结合的二层建筑，房屋均做居住之用。虽说宅院为二层砖木结构，青瓦硬山屋面，但是主人为了尽显时髦，有意在建筑外观大做文章，宅院后楼房北面的山墙和连通纯佑弄的边门，大胆地装饰西洋图案，特别引人注目。

不料，1935 年 10 月，保南街上的赵宅刚刚造好，年仅 30 岁的赵学胤因劳累得了疟疾。有位朋友好心送来秘方，助其解难。谁知，急病乱投医，赵学胤因服错药而身亡。赵元昌商号兴东街店铺无奈随之停业。

宅院后院楼房北面山墙

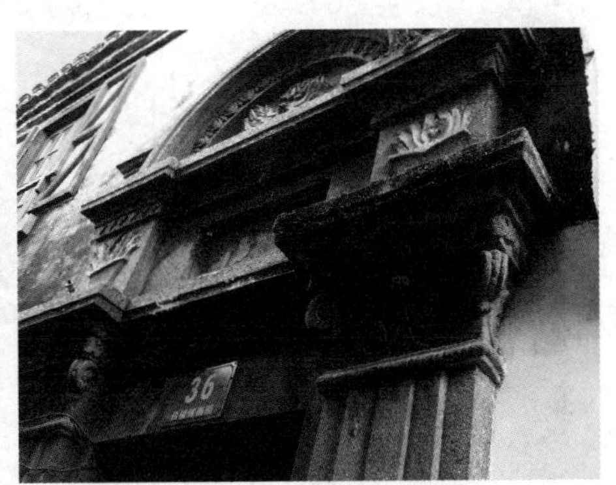

宅院后院门头

时局动荡，赵氏退守老宅

赵家虽经商有方，生意兴隆，但家人多灾多难，历经沧桑，不由心灰意冷。不久，抗日战争爆发，时局日趋动荡。赵元昌商号名下的各处店铺，分别由赵贞祥之子赵树熙、赵根熙、赵文熙和赵吉祥之子赵金顺、赵金棋经营，其他族人重新回到了赵家荡老宅。

赵元昌商号于1956年归公私合营而消亡。宅院建筑至今保存完好。2009年8月6日,由闵行区政府公布为文物保护单位。

赵元昌商号宅院外貌

奚氏家塾

本地乡人自古注重耕读传家,望族人家设有家塾,而公共教育长期缺失。

清同治七年(1868),南汇县知县陈其元批准在召稼楼镇上倡设“社学”义塾,由乡董延师传授。

召稼楼奚氏人瑞堂宅院建成后,扩建家塾,并不限自家子弟就读。光绪十二年(1886),陈行名师秦荣光到此设馆施教,前后有三年。光绪十五年(1889),奚氏家塾聘请秦锡田、秦锡圭在此执教。兄弟俩一边在此执教,一边求教于奚世荣、奚世来,钻研学问,继续一次次地应岁试、乡试。经过几年奋斗,秦氏兄弟俩终于在光绪十九年(1893)癸巳恩科年试中一起考中举人,也使奚氏家塾的声誉更佳。

在这几年里,秦氏兄弟俩的学生众多,除人瑞堂自家子弟和当地奚燕子、奚振云等之外,还有慕名而来的曹汝霖(字润田)、黄炎培(字任之)等。

光绪十九年(1893),奚子鹤等在奚氏资训堂创办“春雨草堂”,聘请朱绳武(字敏侯,题桥镇人)、徐悗才(塘口镇人)任教。堂外升青龙旗,堂内设孔子牌位。

新式学堂

戊戌变法后，各地淘汰私塾，创建新式小学堂。光绪三十二年（1906）七月，奚在新在镇中市奚宅创办“召楼小学堂”，奚世馀等创办“广智两等小学堂”，并捐开办费。

宣统元年（1909），广智两等小学堂与召楼小学堂合并，由奚在兹任堂长，依次扩充，维时劝学所派款式微，遇有不敷，由奚氏措垫之。

民国初，原有小学堂均改为国民小学校。

民国六年（1917），广智小学堂南迁至“绿梅新墅”（又名“沈家花园”），改为“私立广智小学”，由梅园的奚绍堂（字岱云）担任校长。教师徐挽才编写的《广智校歌》流传久远，歌云：

鹤坡旧里，谈氏园林，花木亭台胜。楼名召稼课春耕，宅第当年盛。看梓乡，风俗更新，拓展校旗明。跄跻群英，目秀神清，一片颂言声。

广智学堂遗址

民国十二年（1923）秋，秦锡田等在召稼楼镇北借民房3间，创办“三乡公立第六小学”。1929年8月，改称“上海县立顾泾初级小学”。

民国十五年（1926），广智国民小学校改称南汇县立召楼中心国民学校，增设督学，奚镇方、王杏生等相继为校长。

民国二十三年（1934），召楼中心国民学校增设小学高年级班。

老布手巾与手工织带

手织土布，是本地妇女赖以营生的传统手艺，一年四季不间断。人手多的农户家中有几架布机和纺车，少女七八岁即学纺纱，十一二岁就会织布，手巧的妇女“一个布不到夜，一个锭子不消黑”。

织带

本地妇女为了在田头劳作时遮阳防晒，遮风挡雨，均会自己动手编织一块老布头巾，兜在头顶上，称之为“兜头手巾”。这种手巾上蓝红条粗细相杂的纹样有多种，装饰方式保持鲜明的本地传统特色，与浦西、浦南的“兜头手巾”有明显的区别。有灵气的妇女还会用这种“老布手巾”做成包袋等实用品。

织带工具

这里还流行手工自编“织带”，其工具称“扣”，极为简单，但所织带子图案多样，色彩绚丽。主要款式有腰菱带、横子带、迈字带、枣花带等。可衍生为裤带、袜带、裙带、背带、各种打包带、新娘出嫁打铺盖带、担盘上所系各种织带等。

竹编之乡

这里农家屋后大多辟有竹园，家中备有硬木墩、劈刀、锯子、竹尺、作裙和垫布等编制竹器用的工具，一旦农闲时便动手锯竹劈篾，自制竹器用品，不少人家还上镇去销售。所制竹器花式繁多，有大小四角篮、牛草篮、收花篮、淘麦篮、洗菜篮、淘米篮、饭篮、提篮、草篮等，送礼用的红漆圆篮、方篮、盘格篮、竹筛等，还有畚箕、鱼篓、栈条、箬垫、毛竹扁担等竹制品。

编制竹器的原料除本地自产外，还大量利用外地竹。本地竹主要有篾竹、毛筋竹、黄金竹、慈竹等品种。外地竹一般从上海石灰港、董家渡、西泰路进货，后利用上海联华造纸厂包装稻柴的篾丝，刮光后做篮。外地竹以浙江的安吉竹为最佳，肉头坚厚，径长，出料多。

编制工序为锯断竹、劈篾丝、光篾、搭底、插篮地撑、盘篮壳、装篮襟，每道工序均有技巧。竹篾必须劈得厚薄均匀，分篾要正确，力求物尽其用。

这里历代都有能工巧匠，可惜大多未能留名传世。在今人记忆中，近百年间有这样几位知名竹匠：

南徐家宅（今革新村三组），是“家家都姓徐，户户出竹匠”。上海解放前，南汇区周浦镇渔台村民庄永根入赘南徐家宅，又种田，又编制竹器，手艺出众。宅上的徐永仁 18 岁拜他为师，后来成为知名竹匠。

大沈家宅（今革新村五组）老竹匠徐妙生在村办企业竹业部大显身手，以编制收花篮、牛草篮、箬垫、挑箕为主，花式多，品种齐，广受好评。

陈家沟圈（今革新村十组）的老竹匠杜裕林（人称“老裕头”）手艺好，细至团箕、筛子，粗至竹篮、畚箕、造草屋，乡民慕名纷纷前来邀请他。他先后带了 8 个徒弟，都成为竹匠好手。

1960年，召楼竹器门市部的马兰棠继承师傅范才福的技艺之长，专事用浙江黄竹编制大八结、小八结“四角篮”，篾丝光滑、孔小而均匀、底角四方，沿口圆正，广受好评。1963年，四角篮被列为上海县手工业局传统特色产品。

前人爱栽树

乡人自古就有了环保意识，形成在乡村居地种竹、植桃、栽柳的传统习俗，而且不轻易砍伐，代代相传，因此村宅中树木繁多，环境幽静。顾家宅（今革新村十组）曾有棵皂荚树，树龄数百年。

一旦果树成林，还可收获经济效益。20世纪20年代，沈家宅（今革新村六组）家家种植枇杷树，形成“枇杷园”，享誉四乡。

大户人家还有造园的举措，满足雅兴，显示身价。明代谈田、谈寿在鹤坡里自建绮春园，俗称“谈家花园”。清代朱凤洲在召稼楼南的家宅旁所植梅树成林，人称“梅园”。30年代，张家宅（今革新村七组）秦敬芝建造家宅时辟花圃鱼池，取名“逸劳园”。

只可惜，后人不加珍惜，尤其是在20世纪50年代时为了造屋，大批古树被伐，以致革新村境内现无百年以上古树。又因土地归集体所有，农家自栽树木之风不再持续。

三更上镇去

当年，召稼楼镇上的早市半夜之后即开张，而且极为热闹，为乡间市镇独有的景象。四乡男性农民大多喜欢三更即起床，上镇来喝茶、吃羊肉烧酒，而且代代相传，成为习俗，以至镇上的茶馆店、羊肉店人气日旺，生意兴隆。天未亮，沿街到处有人设摊，有喝茶者顺便带来的自产蔬果，也有网船上送来的河鲜水产，提着竹篮卖油条、卖酒酿饼者穿梭不绝，叫卖声此起彼伏，将早市推向高潮。

相传，这“三更上镇”习俗的形成与当年抗倭斗争有关。当年，曾有小股倭寇从东海入侵，时常趁夜间前来偷袭抢掠，因此乡民们养成了早睡早起的习惯，三更时分就出门忙碌，既可提防倭寇来犯，又可赶个早市买卖。乡农们相聚在茶馆里谈古论今，沟通信息，深感适意，待等天亮后赶回家，下田耕作就更有劲道了。

买牛胜娶妻

每年农历十月初七至初九，召稼楼庙会期间，都会在道南街东首辟出场地举办耕牛交易市场。届时，四乡牛贩子会运来一批水牛，供本地种田人选购，场面十分壮观。

“牛是农家宝，种田少不了。”家中拥有一头良种好牛，是种田人心中的头等大事。购牛者到了现场，会认真观察耕牛体形、牙口，设法检验其体力如何，是否体壮、性温、腿粗、尾短、角宽、颈高、眼大、肚圆。卖牛者不厌其烦，陪其选购。待买卖双方议定价位后，会一起给牛洗净牛腿，梳刷牛毛，让其凸现精气神。眼看生意成交，卖牛者会让牛再吃一捆新鲜的青稻草，买牛者给牛喂两块豆饼。然后，双方一起端来一盆清水，让牛照照“镜子”，摆弄一番萌态，赢得在场人的喝彩。卖牛者顺势在牛角上扎好红绸带，再递上一捆青稻草，正式将牛绳交到客户手中。买牛者送上 9 斤大米作为谢礼，这笔买卖就算成功了。如此郑重其事的买牛交易，胜似一场迎娶“新娘子”的仪式。

东乡豆腐

自元代起，本地区官府收赋时，可以豆麦而不以米为税粮，因此乡人广种豆麦。“黄豆之价，常年较米稍减，大约豆一石可准米八九斗。”黄豆的用处除制成食油、豆腐之外，可以喂马、溉田，制成豆饼可肥棉田，所以乡人称“一熟豆，一熟麦，吃到头发白”。

传统方式生产的非发酵性豆干类食品，本地俗称“豆腐干”，又称“香干”，以黄豆为主要原料，经清洗、浸泡、磨浆、煮浆、点卤、压制成型、烧煮、回锅或不回锅、冷却、包装制成。本地盛产黄豆，农家自制的豆腐及豆干肉质细腻，味美多汁，口感清香，广受好评。

明代时，沈家宅（今革新村一组南宅）开设了多家豆腐作坊，而且生意兴隆，因此那里被统称为“豆腐店宅”。

1950 年时，在召稼楼镇上有六家豆腐作坊。其中，兴东街的秀香斋豆腐店（业主邵金英）和平西街的福香斋豆腐店（业主王沈氏），1910 年开业，至今已成为百年老字号。保南街有顺兴斋豆腐店（1937 年开业）、一品斋豆腐店（1945 年开业），平西街有福兴斋豆腐店（1947 年开业）、倪公记豆腐店（1947 年开业）。公私合营后，在召稼楼东街有召楼豆腐店，面积 26 平方米，营业员 2 人。

油炸拆蹄

从三徐家宅迁到胡家宅（革新村十四组）的厨师徐渭全颇具名气，带了好几个徒弟，都为高手。1949 年以前，召稼楼各宅堂、奚家各族、地方名宿、乡绅，如有婚丧喜事都会请他们帮忙。菜肴中，必有独具风味的油炸拆蹄，俗称“油走蹄子”。它用上等肋条肉在油中炸成，嫩肉皮撕不开，太老要焦，必须掌握住火候。炸成后，皮和肉拆开，精肉撕成块、条状，皮扣在肉条上，再加入冰糖、砂糖、酱油、味精等佐料烧成，使其色泽红亮，香味浓郁，皮松而酥，肉外脆而内韧，上口酥而不烂，鲜味香味俱全，风味独特。

胡家羊肉

20 世纪 80 年代初，胡家宅（革新村十四组）的胡才伯和 3 个儿子、4 个侄子共 8 户人家卖羊肉，收购活羊，本地养羊户少，不够供其需要，他们就到安徽、浙江等地大量采购活羊。他们在召稼楼、谈家港、陈行、杜行、航头、下沙、沈庄、周浦、苏民等地设摊，人称“胡家羊肉”。由于胡家羊肉白净好吃、鲜美爽口、不膻不腻，故生意兴旺，远近闻名。后来，胡才伯长子胡永祥在谈家港开了家胡家羊肉店，广受好评。

捉鱼摸蟹高手

本地村民白天种田，夜里捉鱼摸蟹，高手众多。有的肩扛河船在通落水江里，将麦钓整齐地投放在竹椙里，称作“下麦钓”。鱼儿吞吃到麦粒，竹片弹直即把鱼嘴撑住，第二天天亮前可收取。冬天则下丝网，用铅块把丝网沉到河底，网口浮在水面，用竹竿拍打水面，鱼游动撞上丝网即被网住。也有村民喜欢穿了皮衣下河摸鱼、虾、蟹、蚌，其乐无穷。

陈家宅（今革新村四组）的陈木生（1912—1973），父母早亡，从小开始摸鱼、摸蚌、摸蟹、下麦钓等，怀有捉甲鱼绝技，曾被乡人评选为浦东地区“捉甲鱼第三人”。

胡家宅（今革新村十二组）的成年男子大多会扳蟹。每年九月，在河边上搭起“蟹棚”，备好用细麻线结成的“八尺头网”。一般由 2 人合作，一夜能扳到几斤乃至 20 斤蟹。

守望相助

在这里，乡人尚义，流传着许多佳话。

民国《南汇县续志》卷十三记载：沈镕，字器范，号恬斋，召稼楼人。以孝友著称。从弟沈日华早逝，抚遗孤如己出。家遭回禄（火灾）时，他冒火先将侄儿救出。妻子责问他为何不先救自己的儿子，他说：“弟嗣不可绝。我有三子，毙其一二，无伤也。”弟妇谈氏因贫困向他求助，他不时给予赒恤，俾完其节。其子沈廷僚，字健伯，号云溪，监生。为人慷慨，以敦宗睦族为务。族人商议建造宗祠，他带头捐出巨款。宗祠建成后，又捐祭田。戚族中有无力嫁娶、丧葬者，凡与他商谋，他决不会推却。又好为人排解，以

至远近数十里乡间争端，总能平息。其子沈大奎，中年丧偶，不再娶，寿至70岁以鳏终。

在这里，有报恩桥、百家桥、益民桥、摇铃桥、天带桥等古石桥，这些石桥不仅是有助乡人外出的交通设施，而且大多凝聚着本地纯朴的乡风美德，饱含良俗佳话，历代相传。

第五章

浦江历史钩沉

百花莊八景在十九保四啚曰野塘春漲官隄秋曉古寺
天香懶園老松荒墳銀杏毛灣鬬鴨斜橋步月椿園晚照
百花莊見光緒志古蹟鹽鐵塘見疆域明慶寺見光緒志
寺院桂芳橋在莊西里許見光緒志橋梁官隄南達奉賢
北達上海懶雲園爲華陳源築有羅漢松高數丈荒墳卽
凌家墳有銀杏大數十圍毛家灣在莊東椿樹園在莊北
竝見百花
草堂詩註
華孟玉詩　幾日東風煗野塘春草肥沙魚吹浪出燕
子逐潮飛汲婦花堆鬢園翁水繞扉一帆微雨重港口
野船歸　十里暝煙破數聲啼老鴉煙光个夕[illegible]
枕邊譁荒草白團露疏林紅散霞一肩趁近市喚賣木
棉花　言尋明慶寺殿宇枕斜塘佛面莓苔古僧廚饘
粥荒隔垣未見樹迎秋已飄香至道參無隱高榆又夕
陽　茲松在當日曾託好園林文酒賓朋滿房櫳花木
深鶴巢下沙種濤吼歌江音今日撫風木愴然淚滿襟
　託根緣土厚撐幹與霄齊蒼翠連塍匝榛蕪曲徑迷
蛇銜曉煙出龍挂暮天低我欲挈壺去詩成斫白題
既雨平疇闊東村乳鴨多爭餘鄰舍穀踏破隔田莎春
水數家岸桃花三尺波豔陽周僻壤物理驗如何　日
落有餘與溪橋幽趣生野風吹酒醒海月逐人行獺狡
魚知避鷗啼鳥盡驚誰家秋思起長笛一聲聲八家
附官道夕日媚喬柯野色拖青暝村顛着赭酡牛
盤水車響鳩占鵲巢多鄰子亦知趣當風唱俚歌

《百花庄八景》记载

召稼楼道南桥

拨赐庄风情

“拨赐庄”由来

浦江镇建新村境内，历史上曾经有个“拨赐庄”，史书上有所记载，但叙述不详，而民间传说不少，多有“戏说”。为此，根据《元史》、历代地方志和历史文献，我们简略梳理出拨赐庄的由来和概况，可见“戏说”多有与历史相悖处。我们希望能实事求是，还历史原貌。

据《元史》记载：元至正四年（1344）五月二十日（乙未），朝廷中书右丞相脱脱（1314—1355，字大用，蒙古族蔑儿乞人）辞官。六月五日（甲辰），获顺帝批准。六月十八日（乙巳），顺帝没收充公松江朱国珍、管明等所霸占的田地，赐给脱脱。并为其立松江等处“稻田提领所”，兼领故宋亲王及新籍明庆寺、妙行寺的田产，并定置提领两名大员。松江稻田提领所有田地20余顷，由郑珠（字彦平，浙江人）任大使，秩从九品，掌稻田布种，岁收籽粒，转输醴源仓。

至正九年（1349）农历闰七月，脱脱复出，担任中书左丞相，此时他35岁。脱脱之子成年后，娶顺帝之妹百花公主。顺帝又拨赐一座位于盐铁塘畔的庄园作陪嫁“脂粉田”，人称“拨赐庄”。按推理，脱脱家眷遂居上海，但未见有百花公主入住拨赐庄的历史记载。

至正十五年(1355),脱脱被革职流放云南,蒙冤自尽。

“拨赐庄”概貌

明庆寺、妙行寺地处上海县长人乡盐铁塘畔(今建新村境内)。明庆寺在拨赐庄西市梢,又名“黄道庵”,为当时浦东地区最大的庙宇。

当时,浦东沿海地区以产盐为主,人口有限,大批土地有待移民垦种开发,因此农业并不发达。也许,拨赐庄仅是像稻田提领所那样的管理人员居住地,因此既没有趁势繁荣,也没有逆转败落。

据浦东《沈氏支谱》记载,时有沈维四,字公常,号嗣宗,富有才华,担任过脱脱的行军参谋。其兄沈万三,字仲荣,“资巨百万,田产遍于天下”,人称江南第一富家。沈维四见其豪华奢侈,曾写诗进行规劝,可惜无效。沈维四生怕惹祸上身,隐居于拨赐庄。后来,沈万三被抄家而败落,而沈维四安然无事。他在拨赐庄疏浚河道,以利灌溉,乡人称之为“沈公浜”。其次子沈东溟另建沈庄。

相传,狭长地形的拨赐庄规模不小,村宅划分为东、西、北三区域。入门处利用直横二廊及山石,令人有深不可测之感。东则小园一方,山石嶙峋,别有天地。有小桥导入山后的书斋。后部内屋以假山中隔。

据清代当地诗人华孟玉(字约渔)描述,拨赐庄时有“野塘春涨”“官堤秋晚”“古寺天香”“懒园老松”“荒坟银杏”“毛湾闻鹅”“斜桥步月”“椿园晚照”等八景,一派乡野风貌,但是并无繁华景象。从“野塘”“古寺”“老松”“荒坟”等文字推断,这八景应是清代时拨赐庄遗址的景象。

清同治四年(1865),住持僧德垣募修明庆禅寺。有一绞圈庙房,中间有庭院,庙门口有一对石狮子,庙后有四棵需数人合抱的古银杏树,周围约有20多亩庙田,供尼姑种植使用。1958年,改建为杜行乡畜牧总场。1980年,庙房拆除,留下两株银杏树(上海市0445、0446号古树)。

“拨赐”作为地名流传至今。拨赐庄位于十九保九区八图,今属浦江镇建新村。

黄道庵银杏树

三立朋寿峰

绮春园里朋寿山

朋寿山为绮春园主峰，峰立朋寿石，故又称“朋寿园”，俗称“谈家花园”。谈田曾作《朋寿山园记》，并有《朋寿山百咏》，其中《朋寿山》诗云：

吾翁寿如山，山峰真老友。
交情非世俗，静与澹同久。

朋寿山石高近丈，其宽半之，厚仅尺余，呈不规则长椭圆形，重约 5 000 斤。正面人凿凹碑，上刻“朋寿”两字，阴面满布波状鳞纹，犹似潜龙之身，俗称“鱼鳞石”。此石实为诗碑，刻有钱福（1461—1504，字与谦，号鹤滩，明弘治三年状元）怀念谈伦的诗章暨序，以行草书就，十三行，而且从左读起。诗中提及，钱福之子与谈田之女结亲。

光绪《南汇县志》刊有《朋寿峰碑文》，全文如下：

英皇御宇罗俊英，特建奇牧俱驰声。
教贻丰道寿宪庙，丝纶则李互铨衡。

王公笑比黄河清，我公独尔子立成。
继之者崔延劲尹，一脉相业襄承平。
奔走道德公独宜，两尹京兆冗务知。
举端寻绪如理丝，至今立则垂所司。
司空再陟惬群望，财随手握内帑仰。
顿教国足民不亏，当宣自有均衡想。
天不佑贤无全人，侧目雕鹘立紫寰，
逐党拔本肆取攘，兼令王佐闲海滨。
范蠡谢国身觉轻，故智未忘乌得停。
养鱼种树广栽秫，醉倒华堂祝太平。
教儿睦族归余施，直欲以方无所事。
心事未究敢悲天，付与儿郎有余地。
儿郎鸿渐证九重，丞拾芳躅忧忡忡。
承颜养老人不同，忽而辞老天无功。
天岂无功地有力，不伐栽者不培植。
儿郎袭芘当继芳，天意芳浓人不及。
吾侪俯仰曷祈从，质典问故羞匆匆。
而今叩门朋寿峰，峰冷花发惨无容。
我半公年亦已矣，公今化去还从龙。

少司空谈先生七十余无疾坐化，厥子田哀之甚。予以吾子妇姻过问朝夕，闻哭奠声不自安。既其女取归述，及少年所得诸先辈者，作哀挽一章。同郡钱福书。

秦锡田重立朋寿峰

清光绪三十二年(1906)冬，召稼楼镇北的康道桥(今万里一队南石桥)塌了，乡人计划修复，特邀秦锡田前来查看，相商方案。

当时，秦锡田担任上海劝学所学务审查长，正在题桥镇上创办课勤院，事务十分繁忙。这天，他抽空匆匆赶往召稼楼，一路上想起朋寿园荒废了，觉得应当去看看。

秦锡田心中默念着谈田的诗句，寻找神往已久的古迹。可是，转了一圈也不见朋寿园。他便请求一位老农指路，谁知老农长叹一声，说："园废已久。看！那棵大树之下，即园址也。"他随老农前往细见，只见此树粗大十人可围，树阴能遮数亩田地。老农说："此树为园中旧物也。"又指着树旁一个土丘说："当年，这丘上有石磴，磴下有石室，如今石磴已无存，石室成为蛇窟，因此人迹罕至。"秦锡田就地巡游，见土丘之下有一大石横卧草际，大半被泥没。老农说："此石就是朋寿峰啊！"秦锡田急忙蹲下身，伸手拨开杂草查看，只见此石腻而细致，微有绉纹，间作鱼鳞状，上有字迹。他断定，这必定是状元郎钱福撰写的诗句，心头不由又热又痛。当得知老农会干石工，便询问："此石还能立起来吗？"老农朗声回答："能！虽说此石上丰下锐，因此上重下轻，立石极易倾倒，但我有办法，应当先熔锡成液，倾注为基座，然后将石植在其中，四周用木头支撑牢，使其不偏倚。一个昼夜之后，锡渐凝结石基，自然坚固不摇了。"秦锡田脱口称赞："此法甚善！你赶快动手立石，需要多少费用？"老农说："二十金。"秦锡田当即拍板："好，一言为定，你立石之后寻我结账！"

过了一个月，老农来找秦锡田，说立石已竣工，请去验收。秦锡田正忙，告诉老农："你放心，二十金工钱我马上如数支付。"他当即取钱结账，而老农伸手只拿了十金，说："已经有人代你付了十金。"秦锡田追问是谁相助？老农笑笑，说："此石立起之后，雄伟秀美，气象万千，我保证它百年不倒。"秦锡田也笑出声来："康道桥不塌，我不会到废园去。要是没有你这样的高手，此石立不起来，其中全是有缘分啊。百年之后，此石再倒下，想必会来有缘人再将它立起来的。"说罢，他撰写了一副对联交给老农："访四百年召稼楼，树老园荒，不见前朝隐士；读十三行朋寿石，花晨月夕，仿逢宪庙名臣。"身边有人问秦锡田："你与谈氏有怎样深厚的交谊？"秦锡田随口说："我与谈公相距四百年，哪会有什么交谊。"有人又问："那你为啥舍得花这一大笔工钱？"秦

锡田笑笑:“为了保存古迹。”他告诉大家,在明代上海县里当大官的人不少,可是致政归田后,能受子孙如此奉养、享尽园林娱乐的,只有谈侍郎与潘文定公。县城里的潘氏豫园虽已易主,但那里的楼阁嵯峨,仍为中外人士所瞻仰。如果此地的古园蔓草荒烟,无人游眺,那么二公的德望岂不是显得有了高低轻重?我立此石,就可保全谈侍郎的名望。一番话,说得大家齐声叫好。

30年之后的1937年7月,上海市要举办文献展览会,有人将几个学生的旅行摄影照片交给秦锡田,请他送到会场去陈列。秦锡田一看照片,脱口惊叹:“这是朋寿园啊!”照片上的一丘一树风景如旧,中立一石雄伟秀美。他因事务繁忙,未曾前往实地观景,此刻有缘见到照片,激动不已。他想到,以往到各地游览时,每遇古昔圣贤遗迹,必定停车瞻拜,徘徊踯躅,流连忘返。这就是地以人传,因地思人,必有不期然而然者。谈侍郎不附权贵,不忘旧交,亮节清风,照耀千古,其嗣子谈田又能洁身自好,敝屣轩冕,名父贤子,世济其美,后人到其遗址,观其故迹,就会想象其生平,并油然生发仿效之心,产生思齐之念,这对于社会是多好的效应啊。当晚,秦锡田撰写了一篇《重立谈氏废园朋寿峰记》。

出生于周浦镇、享年109岁的苏局仙曾为朋寿园遗址题联云:“胜景在当年,一座名园,到处是危楼杰阁;历时近百岁,数家村落,犹想见剩水残山。”

朋寿园遗址曾有一株雌性古银杏,高约25米,树身直径有2米,树形婆娑多姿,浓荫匝地,成为宅上人暑天纳凉的处所。秋天,落下银杏果,黄色遍地,家家可拾到数十斤食用。20世纪50年代末,被砍伐而消失。

后来,朋寿峰又倒了,直至1985年被移立上海县文化馆。2001年又迁移至莘庄公园。2003年12月15日,朋寿园钱福诗碑被闵行区文化广播影视管理局公布为文物保护点;2009年9月被闵行区人民政府公布为区级文物保护单位。

朋寿园钱福诗碑今貌

石桥的故事

景仰止桥

在鲁汇集镇南三华里处有一座景仰止桥，跨小闸港（今泰青港）。桥东（今汇南村十五组）和桥西（今光继村四组）分为两个村宅，但都称“景仰止桥”。

当初，景仰止桥的桥墩石柱上刻有“乾隆丁酉年，徐大春易石”等字样，说明清乾隆四十二年（1777）以前这是一座木桥。

提起此桥，乡人便会讲述一段令人伤心的故事。

相传乾隆年间，小闸港东岸鞠家公子成了秀才，刚到弱冠之年，媒人不断，但其均不中意。金汇韦驮庙头金家小姐金惠英，长相出众，心灵手巧。鞠秀才一眼相中，经人做媒，两人就成了亲。

谁料一年之后，鞠秀才突然暴病身亡。家中婆婆早亡，而公公只顾在外头做生意，金惠英独守空房，天天痛哭。

过了七七四十九天，金惠英哭干了眼泪，日日埋头织布，闷声不响织呀，织呀，织了三年零六个月，总算织成一匹布。正巧公公回来，金惠英就拿出来，叫公公拿到三林镇上去卖。公公笑嘻嘻答应了。金惠英顺口问：“爹爹，侬卖布去，打算撑船去，还是骑马去？”公公一看，只有一匹布，便“哼”一声冷笑,讲:“哦哟哟,新娘子家织了一匹布,稀奇勿煞,要撑船骑马做啥?我要是不在外头做生意,单靠侬三年零六个月织成这匹布,屋里老虫也死光哉。”金惠英受公公奚落,气气闷闷扭头回了房。

公公到了三林塘,拿出布交给布庄老板。布庄老板看后眯眯一笑,问道:“鞠老,侬撑船来的,还是骑马来的?”公公当即一呆,媳妇这么讲,老板又这么问,不知如何回答。布庄老板生怕他反悔,忙说:“你不要以为我不识货,此布是可供皇帝做龙袍的精品啊!你放心,我决不亏待你。”说罢,老板叫伙计雇了一只船,把铜钿一箱一箱搬到船上,送鞠老回家。公公方知自己有眼不识金镶玉,决定回去当面向媳妇认错。

船到鞠家水桥头,只听见屋里传来一片哭声。想不到,金惠英无故受奚落,竟上吊自尽了。金家闻此噩耗不肯罢休,闹到鞠家。经双方族长调停,鞠家厚葬金惠英,用卖布所得的铜细将小闸港上的木桥改成了石桥。

乡人称此桥为金娘子桥或新娘子桥,更有人为仰慕这位才女,题名改成景仰止桥。

1938 年农历五月十三日,侵华日军扫荡景仰止桥,这里有 30 余间房屋被夷为平地,村民韩楼宝的老婆被日军枪杀。

1968 年,石桥被船撞歪后,改建为钢筋混凝土拱型桥。1992 年,开挖泰青港时又重建。此桥一变再变,传说传了一代又一代。

众兴桥

众兴桥,俗称“油车桥”,位于鲁家汇王蒋宅(今属先进村八组)。相传,元末明初时,祖籍山西太原的王姓人家迁徙到这里定居。后来,又有浦西蒋家旗杆迁来一支蒋姓人家,为此这里人称“王蒋宅”。村宅西北曾建有王庙庵(1959 年拆除)和万有桥(俗称“王庙庵桥”,今已列入闵行区文物保护点)。

众兴桥始建于清乾隆二十三年(1758),从桥名可知系乡众合力建成。1926 年 2 月,里人王安士等捐资重修。2009 年 8 月 6 日,由闵行区政府公布

为文物保护单位。2010 年 7 月，再次修建竣工。

如今的众兴桥，依然为花岗岩石质，属三跨平梁桥。跨蒲达泾故道，桥长 13.65 米，宽 1.1 米。中跨桥墩为立壁式，两端保存原有楹联，但大多难以辨认。东跨为乾隆年间原物，桥额刻有“乾隆二十三年建造”等字样，两端刻有花纹图案。中间主跨桥梁为民国年间更换的，上面刻有桥名以及捐银者王安士等姓名、1926 年重修日期等题识，两端刻有暗八仙图案。桥面为双拼，中间夹有一条狭窄的石板。

众兴桥现状

同福桥

同福桥，位于联星村三组（唐家宅、马家桥）村外西南方。这里距浦东新区周浦镇不远，清代时以贫困村闻名。

同福桥，当地人称“朱家大桥”，这是戏言。相传，晚清时，村上有个叫朱记生的村民，嗜吸鸦片，到处向陌生人借钱，他说：“我姓朱，叫大桥。如果日

同福桥现状

后不来还钱,侬尽管到我屋里讨。”结果,债主前来一问,这里姓朱的不少,但没有名为大桥者,只有一座石桥。讨债人方知受了骗。

同福桥宽厚结实,为三跨三拼平梁桥。跨独树港,长 15 米,宽 1.42 米,桥面距水面 2.05 米。主跨桥梁阳刻有“公建同福桥”五个字,每个字外有八角框。桥墩两侧均有桥联,一边有“朱家桥”等字样,一边有“上海南沙两岸”等字样。桥梁两端所刻“暗八仙”图案清晰漂亮。南北两侧原有几级台阶,现用水泥浇成斜坡。

2006 年 12 月 30 日,闵行区政府公布为文物保护单位。

华家桥

华家桥,位于建东村一组北约 100 米处,东距浦星公路约 250 米,朝北约 100 米为建东农场。“华家桥”也是当地村宅名。

华家桥,南北向跨老盐铁塘,原先为木桥,有官塘路直通鲁家汇。相

传,1938 年年初,刚进入日伪统治时期,人心不安,而里人范根才、马伯生、姚国生、陈雪炳等却发起筹款,要将已破烂不堪的木桥改建为石桥。陈雪炳是村东面西张宅人,外号“垃圾阿炳”,他与张悦生成了造桥的经办人,四处筹资、购料、派工,忙碌了一年多。人们没想到,至次年暮春时节,他们竟然建成了一座三块头石桥,还请人在中跨桥墩两侧用阳文楷书刻下一副楹联:“东接鹤沙自有空中来鹤唳,西临龟浦忽闻夜半吼龟声。”落款为“岁在己卯莫春之初,[illegible]香馆主朗华氏撰联并书”。言辞充满豪气,令人刮目相看。

华家桥体量较大,形制规整,为三跨三拼平梁桥,加引桥总长 29 米。桥身雕刻精美,颇具代表性。

2006 年 12 月 30 日,闵行区政府公布为文物保护单位。2008 年,政府出资进行全面修缮。

华家桥现状

区级文物保护单位

众兴桥	先进村 8 组境
同福桥	联星村 3 组境
华家桥	浦星公路西约 200 米、先新路北侧绿地
水月庵桥	浦星公路东约 400 米、浦放路北侧

区级文物保护点

万有桥	先进村 8 组
道南桥	召楼保南街中段东侧
恒星桥	恒星村 2 组
蒋家桥	联胜村 2 组与 3 组交界的河道上
益民桥	革新村 5 组
永福桥	友建村与浦东三林交界的老中心河上
太平桥	召楼路盐铁塘桥北堍东侧
延寿桥	正义村 1 组南缘
酬恩桥	镇北村 2 组与浦东新区沈西村梅林的界河上
乐善桥	鲁陈路西约 40 米的联跃西路北侧
寿龙桥	联胜村 5 组
东兴桥	光继村 2 组 45 号前
长寿桥	正义村 12 组 8 号西南约 10 米的三叉河口
东宅河桥	汇中村 3 组 9 号西北侧约 15 米处
农民桥	汇东村光森鸡场西南约 100 米处

先进村万有桥

联胜村蒋家桥

联胜村寿龙桥

光继村东兴桥

北徐村继善桥

正义村延寿桥

正义村长寿桥

镇北村酬恩桥

恒星村恒星桥

北徐村太平桥(易地)

革新村益民桥

徐光启后裔浦江集聚地

今浦江镇境内,有正义村四组七组八组十组十二组、汇西村七组十二组、北徐村一组二组、革新村"三徐家宅"等村宅为徐光启后裔集聚地。徐氏族人始迁于明末清初,开枝散叶,分布各地,承续至今近二十代。如今,浦江镇地区现有土著徐姓人家400多户,其中正义村四组34户、七组4户、八组22户、十组26户、十二组42户、汇西村91户、北徐村50户、革新村二组40户、三组55户。

本地区历代徐氏族人坚持礼耕义种,以农为本,无疑是徐光启"农政"思想的生动实践。

乡人与水结缘相亲,境内河沟纵横,水源充沛,村宅均临水靠河,家家宅园几乎都有一丛竹林,村口石桥历代维修,水乡田园风光无限。这里至今保存着"徐氏向观桥奉思堂",族人向以徐光启后裔的身份深感自豪。

向观桥徐氏家族向有编修族谱的传统。清光绪二十四年(1898),监生徐嘉树重修《向观桥徐氏世谱》。民国十三年(1924),徐氏族人根据抄本重刊出版铅印本。

北徐宅,原名徐家宅,位于肇沥港北侧。相传,徐昆第六代子孙徐御坤生有4子,拓建"东宅"。清光绪三十一年(1905),徐氏第八代孙拓建"北新宅"(今北徐村二组),并发起捐建"徐氏家祠"。光绪三十三年(1907),在祠

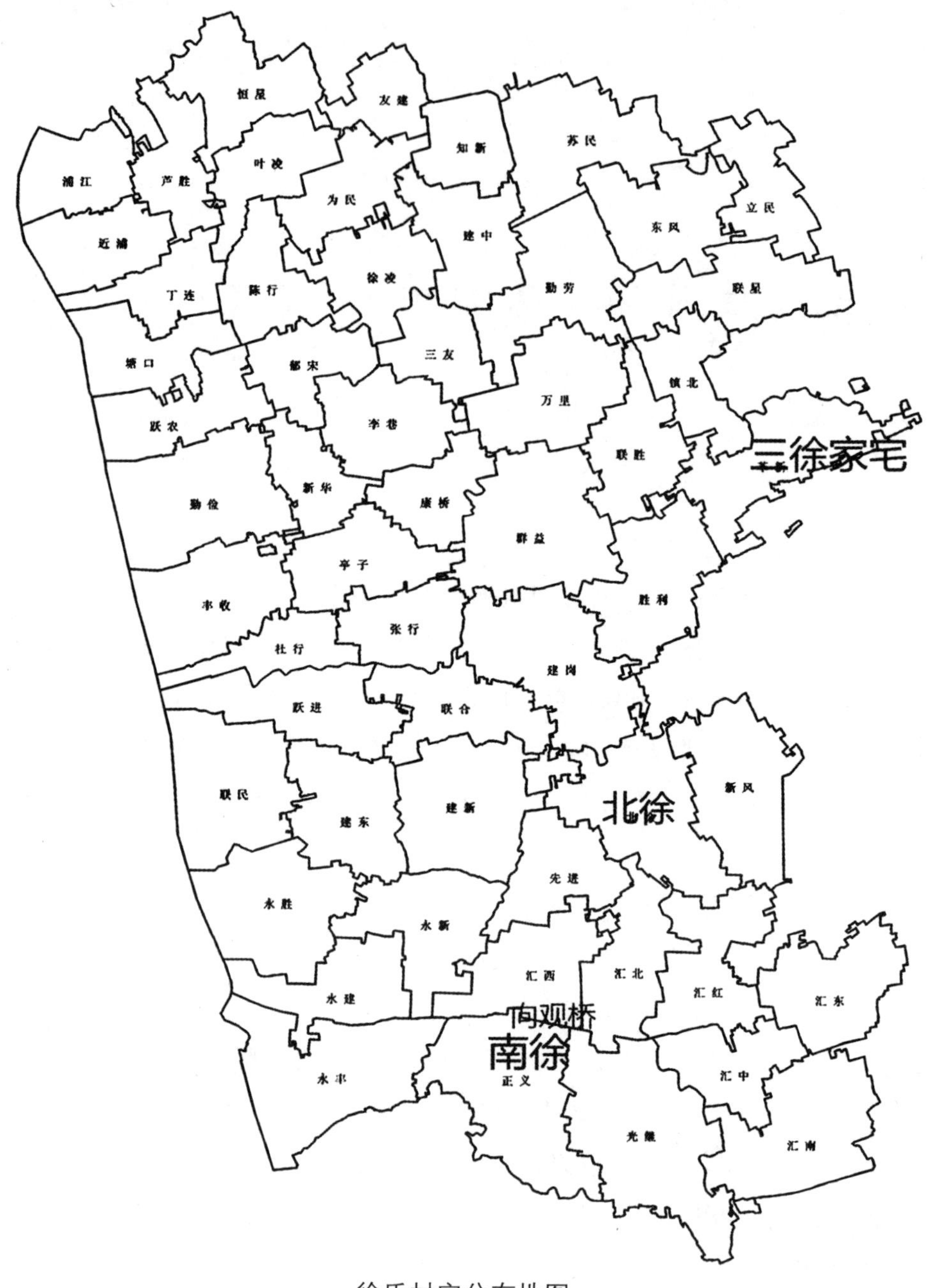

徐氏村宅分布地图

堂内开设务本小学堂。

清代初期，有徐姓人家从上海徐家汇迁入十九保二十四图，先后兴建了

3 个绞圈式大宅院，东、西、南呈三角鼎立，统称为“三徐家宅”。后来，东绞圈和西绞圈称为“北徐家宅”（今革新村二组），南绞圈称为“南徐家宅”（今革新村三组）。

本地棉花种植一向以徐光启的《农政全书》为指导，注重辨土、选种、勤锄、摘头四个环节，棉花的产量和质量都优于他乡。

众手创办观涛书院

闵行区浦江第三小学，原名鲁汇中心小学，而其前身是始建于清同治六年（1867）的观涛书院，足见其建校历史之悠久。

同治五年（1866），南汇县重修因咸丰兵灾而几乎全毁的惠南书院，乡人欣喜相告。

但是，鲁汇地区的学子若要赶到县城去会课，单程就有 24 千米，往来十分不便，而当地乡间闭户潜修的有志少年日益增多。

有一位老人看在眼里急在心里，他即是出生于陈窑浪的徐嘉宾（字墨卿）。他自幼好读，却乡试不顺，援例考入国子监，在南京做了几年官，返乡后建新宅以诗自遣。他与同族擅长书法的徐嘉木（号月巢，居住向观桥，因右臂病废，习左书）、喜爱绘画的徐嘉树（字乐忠，号云白）均为监生，被乡人称为“徐氏三艳”。而这时，他已病危，临终吩咐担任鲁汇镇董事的儿子徐乐纬（字子墨，松江府庠生），捐田百亩、钱四百缗，恳请南汇县署在鲁汇镇上创建书院。

同治六年年初，徐乐纬和李日就（字砥隅，以商业起家，时任鲁汇镇董事）赶到南汇县衙，求见知县陈其元（字子庄），传达徐嘉宾的遗愿。陈知县闻知，立即赞同称“善”，并表示他也要捐款。

于是，徐乐纬和李日就开始寻找办学场所。他们看到，鲁汇镇东街上始

建于清乾隆五十四年(1789)的同善堂(前身是清泉庵),原来常设棺木25只,供无棺下葬者用。可是经历咸丰兵灾之后,同善堂被雨漏风穿,仅存3间余屋,周边烟荒草蔓,倒有5亩多土地,只要筹款翻建,建书院就有了地方。他们说干就干,忙了几个月,将同善堂旧屋翻修一新,内有讲堂1大间,东西次间各1间,东西耳房各3间,合计有9间。

当年十月,书院刚落成,四乡学子欢聚一堂,共同取名为"观涛书院"。可是,若要正式开门,并坚持每月举行二次"会课",书院聘请"山长"要付"修脯"(礼物或酬金),招收生童应发"膏火"(补贴),不解决这笔经费书院就难以持久。徐乐纬遵父命已捐田一百亩,同族徐乐炳等6户捐田65亩,但靠这些田地生租还不能应付书院的日常开销。为此,他们只得再次找知县陈其元求助。而陈其元刚调任上海县知县,但他仍关心观涛书院的困境,先后捐钱七百千文,并挥笔撰《观涛书院记》作"相告相示",真情呼吁社会各界捐款相助:"今者营室将成,文明普照。善哉,孺子解囊,愿割膏腴;美矣,诸生读书,咸知振作。缘具梯梁而卜吉,计兼书院以程功。特是善贵人同,事宜众济。敢辞创首,已争先五斗之糈,所望同人,尚恐后助千仓之粟。韩章共举,量鼓争操。庶几不日可成,讵止十年之计。此际榆输国宝慨捐,即乐善之文人,他时草长科名食报,尽好施之种子。"

经过陈知县的努力,苏松太兵备道应宝时、涂宗瀛各捐银洋二百元,松江府知府杨永杰捐钱一百千文,新任南汇县知县王其淦捐钱一百千文,叶廷眷捐洋银三十元。

同治七年(1868)四月,观涛书院终于正式开课了。此后,仍时有善者捐助,书院得以正常发展,吸引了南汇县西部半个县的学子,鲁家汇镇也随之名重四乡。

同治八年八月,松江府知府杨永杰极为赞赏,特撰《观涛书院记》,全文如下:

观涛书院之设,盖由惠南书院而推广焉者也。南邑旧有惠南书院,在学署偏,月两课,延山长为主讲,历有年矣。而邑诸生之闭户潜修者,乡居在鲁家汇为尤盛，离城窎远，月一再至，势必需舟资而旷时日，故虽有书院之名，而与课者几绝迹也。董事李子日就、徐子乐纬等请于署县陈君，将镇之同善堂而重建焉。陈君曰："善。"因首捐钱若干缗，属李子、徐子为之度。以门庭撰以书庑，缭以墙垣，鸠工庀材，咸事其事，凡数阅月而成，俾诸生得藏修游息于其间，即今所谓观涛书院者是也。曰观涛何也？地逼海壖，潮汐之所至，而亦谓诸生之文之极乎韩潮苏海之观耳。顾其中山长之修脯，生徒之膏火，经费甚巨，苟无以扩充，又何以历久而不废？因复请于当道，各捐廉俸，其富家咸奉私钱以为助，诚盛举也。

清光绪十七年(1891)，经董严祥棨禀奉南汇知县袁树勋、训导严崇德，酌加院属一团沙田租息，议增院课取额及膏火。

光绪二十一年(1895)春，因书院所属荡田遭遇易佃纠纷，闹得被迫停止月课。光绪二十二年(1896)结案后，南汇乡绅公举秦荣光兼任经董，后又公请其担任"观涛山长"。

光绪二十七年(1901)，观涛书院奉令改课论策，官课仿照师课，不分生童。

光绪二十八年(1902)二月，实行新学，秦始基(字亮臣)主持将观涛书院改建为观涛小学堂。

光绪三十年(1904)五月间，秦始基想在观涛小学堂内增设高等班，可是缺少师资力量，便专程赶到陈行镇上，登门求助同宗兄长、三林学堂校长秦荣光。秦荣光抱病赶到鲁汇，了解情况后，一口答应由三林学堂派出骨干教师前来执教。次年正月，观涛小学堂停止月课，改办观涛两等小学堂。秦始基终于如愿以偿。观涛两等小学堂经黄报廷、张仁庠、潘光泽、杜应龙等历任堂长的努力，校舍不断扩充，成为南汇县"三公学"之一。

鲁汇国乐会一鸣惊人

浦东派琵琶宗师倪清泉

清代晚期，鲁家汇镇西街（今浦江镇汇北村二组）出了一位琵琶名家倪清泉（1869—1927），又名寅，祖籍南汇县二团人，为当地知名中医。幼时家贫，在乡绅家当书僮，聪慧机敏，酷爱音乐，琴棋书画无师自通，又爱武术，能使刀枪棍棒，擅长踏高跷。

倪清泉

今为国家级非物质文化遗产项目的浦东派琵琶，在清乾隆、嘉庆年间崛起，始祖为南汇县惠南的鞠士林（1793—1874）。

倪清泉师承鞠士林的得意门生陈子敬（1837—1891）。陈子敬，字宗礼，号希夷，南汇县横沔人，曾被朝廷诏至北京赐予三品冠带,并教授醇亲王弹琵琶,离京回沪时又被赐予“天下第一琵琶”的封号。

清光绪十七年(1891),年仅54岁的陈子敬去世,倪清泉时年22岁。以此推断,倪清泉成名应在1895年前后。

倪清泉擅用大琵琶,俗称“大套琵琶”,“开膛”比其他诸派要大,人称“荡声足”。藏有大、中、小号三把琵琶,各具特色。演奏时,他指套铜甲,开弓饱满,力度强烈,很能表现武曲的雄伟气势。而且他指法娴熟,音色明亮,尤其擅长独奏,成为浦东一绝。因此,慕名投其门下学艺有近30人,遍及浦东地区。从艺者甚众,而他的教学越加一丝不苟。后来,他赴上海城区参加琵琶演奏大赛,荣获首座,在乐坛享有盛誉。他家藏有名曲《霓裳羽衣曲》《胡笳十八拍》等大套琵琶曲谱,为国内稀有珍本,偶尔在高兴时出示其弟子外,珍藏不露。独奏曲目有《夕阳箫鼓》《十面埋伏》《平沙落雁》《美女思春》等10余首。

1927年,倪清泉因病离世。临终前,他留下遗嘱,要求将其小号琵琶随棺陪葬、大号琵琶火焚谢天。而中号琵琶为其徒李财余所得。

鲁汇国乐会应运而生

在新文化运动的影响下,反封建、创新俗的民主思想深入上海城郊,当地有不少开明人主张新法结婚。光绪三十三年(1907),浦东乡绅秦锡田三女嫁给青浦胡氏时,在陈行镇举行了采用新礼的结婚仪式,轰动四乡。

随着采用文明新礼的结婚仪式兴起,鲁汇乡人深感秦锡田说得有理:“古来嫁娶礼彬彬,俗例偏多六色人。要省繁文与繁费,文明新式合遵循。”以往承办老法婚典的“四司六局”职业人合称“六色人”(吹打、炮手、喜娘、脚班、僧、道),想方设法讲究摆场,“花轿到宅,还要一只黄牛钱”,以致繁文又繁费。这些陋习必须打破,传统的堂名班吹打过于铺张,又太闹噪耳,应当改良。

于是,42岁的倪清泉偕同徐大章、洪景堂、李财余等闻讯而动,亮出“鲁汇国乐会”的旗号,以正规班社的排场免费为婚家助兴,为反对封建礼教,树立时代新风俗助威添彩。

消息传开,四乡的丝竹爱好者纷纷要求加入国乐会,倪清泉、徐大章热情好客,来者不拒。前来学艺的有郭竹卿、金新民、王进、姚昌福、徐福根、沈银堂、徐荣光、郁桂昌、乔华南、马百云、马书楼等,以及远道来的沈浩初(黄路人)、胡篁铭(新场人)、张仲良、吴永奎(老港人)、金书生(惠南人)、叶才生(盐仓人)、周莲甫(新场人)、陆关福(六灶人)等,近 30 人,遍及浦东地区。原本在荣大祥布店里排练,人多而地方太小,换到了三德堂药铺还嫌局促。乐队人多当然气势大,但是乐器不够了:“少了傢生怎能做生活?”出场时乐器上要装饰的彩头更是奇缺:“出场无彩头还像啥办喜事?”倪清泉发急了,可是徐大章笑眯眯讲:“师傅,勿急,勿用急。”转眼,有人将一批崭新的乐器和“彩头”送上门来了。一问,方才得知是徐大章悄悄地变卖家产,定购了这批“傢生”。

就此,鲁汇镇上夜夜丝竹悠扬,四乡迎亲人家纷纷赶来邀请他们去客串演奏。他们为迎娶助兴演奏,不取分文,因此称为“清客串”。乐师们个个身着长衫,头戴礼帽,主人家以宾客相待,尊称他们为“先生”。

徐大章重金购得《知心客》

徐大章,鲁汇镇人,家境富裕,为人热情,又精于竹笛演奏,是倪清泉最得力的助手,成为鲁汇国乐会的核心人物。他又帮郁家堂、小徐孙宅、施家老宅建立了清音班。

但是,时间长了,国乐会成员大多感到演奏的曲目太单调了,翻来覆去缺乏新意,因此有些成员提不起劲来。而倪清泉却不嫌曲子老,他一再强调乐队只有多排练才能出水平,因此对每个乐手的音准、音色、指法、弓法,以至坐姿、用气都严格要求,还重金邀请上海城里的丝竹名家冯锦堂前来传授技艺。

一支乐队缺少新曲,必然会影响听客的兴趣。面对这种情况,徐大章又暗暗发急了。一天,徐大章到上海城里去办事,正走在路上,忽听有一阵清新悦耳的乐曲声传来,顿时收住脚步,四处寻找。他发现是一个卖艺人在路边演奏,一打听,奏的是苏州地方曲调《知心客》。徐大章连忙就地坐在边上,请艺人再奏一遍。艺人将他打量了半天,以为他是“戆大”。徐大章也不计较,当即向艺人提出买张曲谱。艺人却说:“我只卖艺,不卖曲谱。”徐大章问:“那卖艺如何卖法?”卖艺人答:“演奏一遍,大洋一元。”徐大章也畅快,摸出一把洋元:“好,请多奏几遍!”艺人见这听客如此慷慨,便认真演奏。徐大章听得如醉如痴,挥笔把曲谱记在纸上。奏了几遍,还没记全,又摸出一把洋元,等到他记全曲谱,那艺人竟然已经演奏了五十一遍。徐大章也不含糊,当场支付清五十一元大洋。

国乐会就此有了新曲《知心客》,人们皆大欢喜,当然也认为徐大章如此重金购买曲谱而“太痴了”。但是徐大章始终认为:“此乃平生一大乐事,痛快!”

倪门弟子有出息

1927 年,倪清泉去世,享年 58 岁。

在倪清泉的弟子中,最有成就的要数沈浩初(1889—1953,南汇县黄路乡人)。他身为祖传中医师,一生以医为业,但为了不使浦东派琵琶技艺失传,倾心汇编先人绝技,著有《养正轩琵琶谱》三卷(南汇商益印务局 1929 年 7 月刊行,1938 年修订再版),收录有文曲《夕阳箫鼓》《武林逸韵》《月儿高》《陈隋》,武曲《将军令》《十面埋伏》《霸王卸甲》《海青拿鹤》《水军操练》以及大曲《普庵咒》《阳春白雪》《灯月交辉》《水龙吟》《闹场》等曲目。此谱后被再传弟子林石诚带到中央音乐学院编入教材。

倪清泉的弟子遍及浦东地区,最有声誉的是“琵琶大王”金新民、“彩碟大王”李财余、“笛祖宗”马书搂等在奉贤组建的“金汇清音班”。金书生在南汇县城被称作丝竹“四大金刚”之一。

清音班遍地开花

不久,倪清泉、徐大章帮大郁家宅、小徐孙宅、施家老宅、火钱家堂建立了清音班。

鲁汇国乐会名声远扬,周边各乡纷纷仿效建立义务演奏丝竹音乐的清音班。陈行徐家门的张友彬和梅园宅的孙云根等率先组班。后来,陈行题桥、苏家桥、李巷、中河镇,杜行拨赐庄、亭子、建岗等地也相继组成清音班,为做喜事人家去演奏。

当时,本地清音班常见编制为 8 人(人称“一桌头”),最多为 16 人(人称“两桌头”)。所用乐器简便易得,有曲笛、洞箫、高音笙、申胡、二胡、中胡、琵琶、扬琴、三弦、彩碟、梆板等。乐器演奏形式灵活多变,小、轻、细、雅,具备秀雅、委婉、明快、圆润、舒缓、抒情、优美的特征,更有平和中正陶冶德行的特性,所以深为文人雅士钟情。人们在劳作之余,聚集几位乐友“调丝弄竹”,自娱自乐。乡人家中操办嫁娶喜事时,也会请“一班丝竹”助兴同欢。每逢举办庙会、行街活动,乐手们争相献艺,营造节庆气氛。有的茶馆为招揽生意,特意备好丝竹乐器,供器乐爱好者前来娱乐。这些习俗渐成为一种社会时尚,有人声称“有水井之处就有丝竹之声”。俗称“清音”“国乐”的丝竹音乐,后来被定名为“江南丝竹”。

鲁汇《兰亭遗迹》石刻考

相传,鲁汇镇有户李姓人家的家中存有《兰亭遗迹》石刻。对此,《上海县志》有记:

> 石刻为明王圻以晁翰林家《定武兰亭》肥瘦二本暨图像、诗、后序,加以赵子昂临本、诸家评断、吴兴十八跋上石,外加米襄阳兰亭石刻九方,题"兰亭遗迹"四字于首。后奉贤周鲁得石,又以其族祖裕度所临燕本《禊帖》及邑人题志摹石附之,凡石三十五方。后石归鲁汇李氏。1896年(清光绪二十二年),会稽陈遹声知松江府,拓数十本,珍逾拱璧。1978年开挖大治河,拆迁鲁汇镇。李家动迁,佚损裂石数方。今存三十一方,仍藏李氏。

经调查,浦江镇汇北村二组(原鲁家汇集镇西街)李日就家中确实保存着《兰亭遗迹》石刻三十一方。

这些石刻最初的主人是谁?石刻起首"兰亭遗迹"四字,由明嘉靖年间御史王圻题写,自署"云间王圻"。王圻(1530—1615),字元翰,号洪洲,祖籍江桥。幼年就读于诸翟,嘉靖四十三年(1564)中举人,翌年登进士,授清江知县,调万安知县,后升御史。以敢于直言,与宰相张居正等相左,黜为福建佥事，继又降为邛州判官。张居正去世后，王圻复起，任陕西提学使、神宗傅师、中顺大夫资治尹，授大宗宪。万历二十三年（1595），王圻辞官归里，终日著书为乐，年过八十，仍置灯帐中，至子夜不辍。王圻学识广博，编《续文献通考》二百五十四卷，与其子王思义合编《三才图会》一百零六卷，主纂《青浦县志》。其孙儿王昌会、王昌纪苦读成才，闻名遐迩，时称“王氏二龙”。王圻及子孙在诸翟地区留下梅花源、东园、葆真园等胜迹。

《兰亭遗迹》石刻

石刻的第二个主人是清代鲁汇湾周人周鲁。

光绪《重修奉贤县志》人物志记载：“周鲁，字东山，湾周人，监生，考授县丞。慷慨任侠，曾捐田以埋道殣（饿死于道路者）。好读书，家有静观楼，藏弃甚富。工书法，兼篆刻，晚得兰亭十八跋及米襄阳真迹钩摹入石，嵌置壁间。著有静观楼印言二卷。”光绪《松江府续志》也记载：“周鲁，字东山，奉贤国子生，考授县丞。书法似周晚山。晚得兰亭十八跋及米襄阳真迹二种，钩摹入石，嵌置壁间，兼工篆刻，有静观楼印言二卷。”

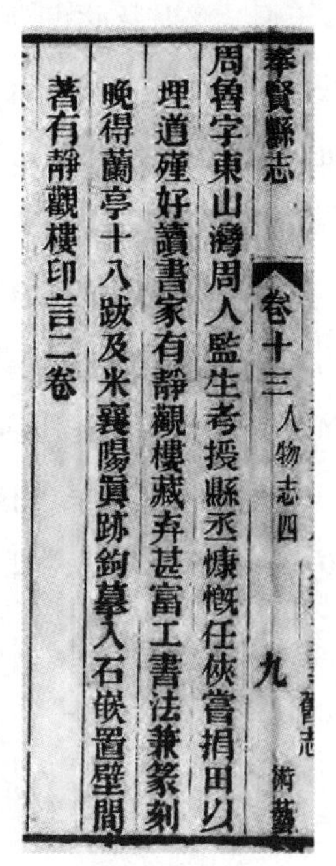
奉賢縣志　卷十三　人物志四　九

周魯字東山灣周人監生考授縣丞慷慨任俠嘗捐田以埋道殣好讀書家有靜觀樓藏弃甚富工書法兼篆刻晚得蘭亭十八跋及米襄陽眞跡鉤摹入石嵌置壁間著有靜觀樓印言二卷

重修奉贤县志

周鲁担任过县丞，擅长书法，又善于篆刻，“晚得兰亭十八跋及米襄阳真迹钩摹入石，嵌置壁间”，石刻九方。后来，他“又以其族祖裕度所临燕本《禊帖》

及邑人题志摹石附之”,石刻增加到三十五方。

周鲁的族祖周裕度(字公远),曾居住在松江集贤广富林。工楷、篆。善绘事,花鸟仿陈淳得其神似,晚年兼写山水。而周裕度的祖父周思兼(1519—1565),字叔夜,号莱峰,嘉靖二十六年(1547)进士,授平度知州,擢工部员外郎,累官湖广按察佥事。善行草,工小画。享年74岁。

值得注意的是,周思兼与王圻同为嘉靖朝的京官。周思兼年长11岁,中进士也要早18年,但王圻曾担任御史,官职更高。因此,如果石刻最初的主人是王圻,周鲁则是靠祖辈与王圻的关系,从王圻后人手中获得石刻,从诸翟移到鲁汇,并加以拓展。而如果石刻是周鲁自刻,王圻的“兰亭遗迹”四字就不会是专为这批石刻题写的,周鲁晚年所得到的“兰亭十八跋及米襄阳真迹”,应是与王圻题字一起来自王圻后人手中。

周鲁是何时人?他曾于乾隆十一年(1746)辑王睿章刻印成《静观楼印言》二卷,说明他生活在乾隆年间,故这批石刻存世有270多年。

这批石刻最终的主人是清同治年间鲁汇镇董事李日就(字砥隅),《光绪南汇县志》提及此事,后《南汇县续志》记载称:李日就“以商业起家,而酷慕风雅,珍藏此石,不轻示人,故拓本流传者少”。光绪二十二年(1896),松江知府陈遹声(1846—1920,字毓骏,又字蓉曙,号骏公,绍兴人)前往鲁汇李家拓本,“握府篆,特遣人就拓数十本,携归浙中,珍逾拱璧”。

清末民初,李日就将石刻传后裔李永毅收藏。1978年开挖大治河时,涉及鲁汇镇部分民房。李家因此动迁,以致石刻佚损,裂石数方,幸存三十一方。1987年春,上海县文博部门将全部石刻拓印。

李永毅生于民国初,已于20世纪60年代初去世,其小儿子李昌钧现已60多岁,李氏家人对于家中收藏石刻之事秘而不宣,生怕意外。

鹤坡在梦里

千年华亭鹤

距今 3 000 年前,上海地区的海岸线稳定在冈身地带东侧一线;1 700 年前,推进至盛桥、北蔡、航头的下沙沙带;1 000 年前,东移至里护塘一线。今浦东地区,那时只是一片又一片海滩。今浦江镇地区,那时到处是河塘、芦苇和茅草,罕有人迹。来往的丹顶鹤,在此筑起鹤巢,后人称之为“鹤坡”“鹤窠”。

相传,“鹤坡”一带为孙吴丞相陆逊(183—245,本名陆议,字伯言)养鹤处。陆逊因功被吴王孙权封为华亭侯,“华亭”也就逐渐成了地名。西晋(266—316)时,陆逊之孙陆机(261—303,字士衡)“少有奇才,文章冠世”,和弟弟陆云(262—303,字士龙)并称“二陆”。陆机喜欢闻听白鹤鸣叫声,常周游四乡“放鹤”。陆机到了洛阳后,卷入了“八王之乱”,临死之时还感叹:“欲闻华亭鹤唳,可复得乎?”

更为传奇的,相传这“华亭鹤”不仅“丹顶、绿足、龟趺”,而且“不卵而胎,为仙种”。

因此,浦西北桥唐代建明心寺时,为纪念陆机“初闻鹤鸣”,专建一座鸣鹤桥(后改称“放鹤桥”)。南宋绍熙四年(1193)《云间志》物产记称;华亭县之东，地名鹤窠，旧传产鹤，故陆平原有“华亭鹤唳”之叹。清代秦荣光《华亭仙鹤》诗云：“华亭仙鹤是胎生，谱载禽经旧有名。放鹤坡边塘水古，鹤沙还有鹤窠村。”倪绳中《南汇县竹枝词》云：“仙禽产自下沙乡，叔道栖迟几十霜。招鹤轩前风景好，鹤窠村里鹤坡塘。”

“鹤坡”在哪里

随着海岸线持续东移，沿海一带不断开发，生态发生变化，白鹤远去不归，但是到处留下了“鹤坡”之类与白鹤相关的地名。

南宋时，这里曾形成“鹤窠村”“鹤坡市”“鹤坡里”等村宅、集市。然而，其具体位置，相关记载说法不一，连历代志书所记也显混乱，以致1998年出版的《上海地名志》只能含糊地称：“鹤坡市起源于南宋，约在今陈行镇、周浦镇一带。或说即今下沙镇境。明清时已不详所在。”

其实，“鹤坡”是一个泛指的地名，是乡人对远古的思念。

南宋时，这里就有鹤坡道院。忠翊郎、东南正将潘德刚辞官回乡后，捐资建长寿寺和鹤坡道院。王逢曾到此一游，撰《登鹤坡道院廖阳阁》诗云：“咸淳地辟耸廖阳，丹碧瞳胧照下方。海岳夜朝笙鹤驾，星辰日待衮龙章。太清三境何高爽，九有黄埃若混茫。蝼蚁小臣身草泽，寸心徒系五云旁。”

然而，当年的鹤坡道院究竟建在哪里？有人说位于东鹤坡塘，也有人说不对。

地方史志明确记载：鹤坡道院在题桥镇南街东南角，始建于南宋，俗称“鹤坡庙”。

浦江镇大地上至今有一条鹤坡塘，为周浦塘支港，南北向，位于题桥镇东至召稼楼镇西。《弘治上海志》记：“鹤坡塘，在十九保。”秦荣光《同治上海县志札记》在“鹤窠”词条中特意说明：鹤坡塘“塘北口在题桥市东，旁有鹤坡庙”。民国《上海县续志》记：“鹤坡塘，在桥头（题桥）市东，相传孙武时陆氏放鹤处。”当年长寿寺就建在鹤坡塘畔，元代王逢有《题鹤坡长寿寺》诗。在题桥镇东（今浦江镇建东村四组）向有鹤坡庙，直至抗日战争时期尚存，成

了当地抗日武装队伍的隐蔽所。在联航路上，今建有跨鹤坡塘桥。在鹤坡塘桥边，有一株古朴树，为上海古树名木 1519 号。

而南汇人称，另有一条“东鹤坡塘”，在今新场镇东南玉皇阁桥。

更有些浦东人经再三“考证”，号称“鹤窠村”在今航头镇牌楼村十三组，说那里是“下沙（鹤沙）古镇的策源地”，因此准备建立一个“遗址公园”。

鹤坡，确是一个令人遐想的好地名。因此，今人想到新建“鹤坡园”“鹤坡观”等分享历史资源。不过我们要尊重历史，不能因随意争抢历史资源而随意改变历史。

胡式钰留下人生启示

志在远方

陈行胡氏八世孙胡式钰(1781—1849),字琢如,号青坳,生于清乾隆四十六年九月。父亲胡性孝(字廷友)与母亲杨氏生了3个儿子,因胞弟胡凤孝(又名凤林,字建皋)无子女,立幼子胡式钰为嗣子。

胡式钰自幼得到多方宠爱,尤显聪明伶俐。祖母凌氏更是视其为珍宝,深信其将来必有大作为,就命其父母竭力供读。父亲在镇上的店铺生意兴隆,有足够的财力让胡式钰安心读书,尽兴游乐。

嘉庆五年(1800),胡式钰时年19岁,父亲送他进城参加庚申科试,以第十名考入上海县学成为庠生,合家为此欢天喜地。他读书勤奋,能文工诗,在世代经商的胡氏家族中首先脱颖而出,接着又成为第一个进入松江府学读书的胡氏子弟。族人们争相上门来贺喜,弄得各家子弟个个羡慕不已。

如此一番热闹,促使胡式钰心气日增,激情洋溢,不愿被淹没在陈行镇这样的弹丸之地。他当众立誓,今生志在远方,决意动身外出游学,深信"读万卷书,不如行万里路;行万里路,不如阅人无数;阅人无数,不如名师指路,而名师指路不如自己去悟"。

父母盼望儿子早日成龙，出去闯荡可能大展宏图。族人齐声附和，预言其必将会光宗耀祖。

于是，胡式钰踏上了游走天下、抒发情怀的浪漫之旅。

在此后的将近 20 年中，胡式钰马不停蹄，先后游寓了江苏、山东、河北、山西、河南诸省，一路饱览名山大川，历经风霜沙漠，阅尽世间百态，促其诗情溢发，豪气满怀。

同时，胡式钰留意各地奇闻奇人，结交众多侠义好友，探寻可以充分施展自己才华的理想之地。可惜，他总感觉天地有限，怀才不遇，因此不想在某地久留，一旦心意烦闷就转身奔向远方。

结果，胡式钰弄得身心疲惫，锐气全消，只带着一箱诗稿，灰溜溜地返归陈行。

嘉庆二十三年（1818），胡式钰年已 37 岁，参加戊寅恩科浙江乡试。因考场出现违规行为，一些落第举子场后心怀怨气，引发强烈舆论。朝廷派人按问，结果小题大做，认定学政刘凤诰没有严格执行回避制度，获罪免职，浙江巡抚阮元受到连带处分。

胡式钰因有捉刀代笔之嫌疑，竟然被充发到山西浑源（今属山西省大同市）。

胡式钰在浑源生活了七八年，孤身沉闷，便纳当地刘氏女为妾。平日无处可走，然而心头的情怀依然如旧。他自幼事母至孝，遂以唐代孟郊《游子吟》"谁言寸草心，报得三春晖"语义，一向名其室为"寸草堂"，又以之名其诗集。

道光三年，胡式钰将前 20 年间游走天下时写下的见闻诗，汇集成《寸草堂诗抄》十三卷。嘉庆元年进士、户部员外郎李林松（1770—1827，字仲熙，号心庵，闵行镇人）读到胡式钰的诗大加赞赏，欣然为其撰写了序言。

《寸草堂诗抄》中有《初秋夜雨》《夏日卷山勺水处独酌》等 8 首诗作被收入不少古诗词集成本，流传极为广泛。时人称胡式钰的诗"清真高旷，无纤靡之习"，"幽入鬼穴，奇披天间，于诗文中别树一帜"。

隐居“臞圃”

道光六年(1826),胡式钰终于获赦,返回故土。

这时,父母亲及兄长均已去世,祖母要胡式钰继续赴考,以求改变命运。而他已经失望,终日闷声不响。在家难免要面对族人,却又说不清这些年来的遭遇和苦衷,他索性在长寿寺西面的南杨家宅(今浦江镇三友村境内)修建了一个“臞圃”,只身隐居起来,就此终日觞咏自娱,消解烦恼。

臞同癯,清瘦之意。可见此园不大,且窄长。胡式钰在园中种植了不少梅花和葡萄,又集了些奇石装点四周。虽无名贵花木和豪气胜景,却自有天然情趣和勃勃生机,他欣然以园中十二景各题七言绝句,自得其乐。圃中草堂落成,他自题楹联,表明心迹,联云:

花鸟无多能领自足,
神仙非易得闲便佳。

乡人大多宽容,将“臞圃拜石”视为本地一处胜景。有人赋诗赞其“圃小谥以癯,石丑尊为丈。圃荒石不言,高人惬幽赏”。

臞圃图

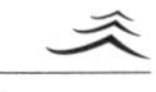

《窦存》传世

胡式钰平生爱作文学笔记，60岁时在“臞圃”将道光十八年（1838）仲冬至道光二十一年（1841）四月所阅杂录的笔记编辑成书，题名《窦存》。书稿传出，即被刻印问世。

《窦存》分四卷，其中《书窦》为读书心得，多卫道之言；《诗窦》为读诗赋词心得；《事窦》记述上海各地异闻，似志怪小说，史料涉及陈行、杜行、华漕、虹桥、闵行等地，或可见民间信仰风俗；《语窦》辑录了本地俗语、方言，并引用书史以考其来源。

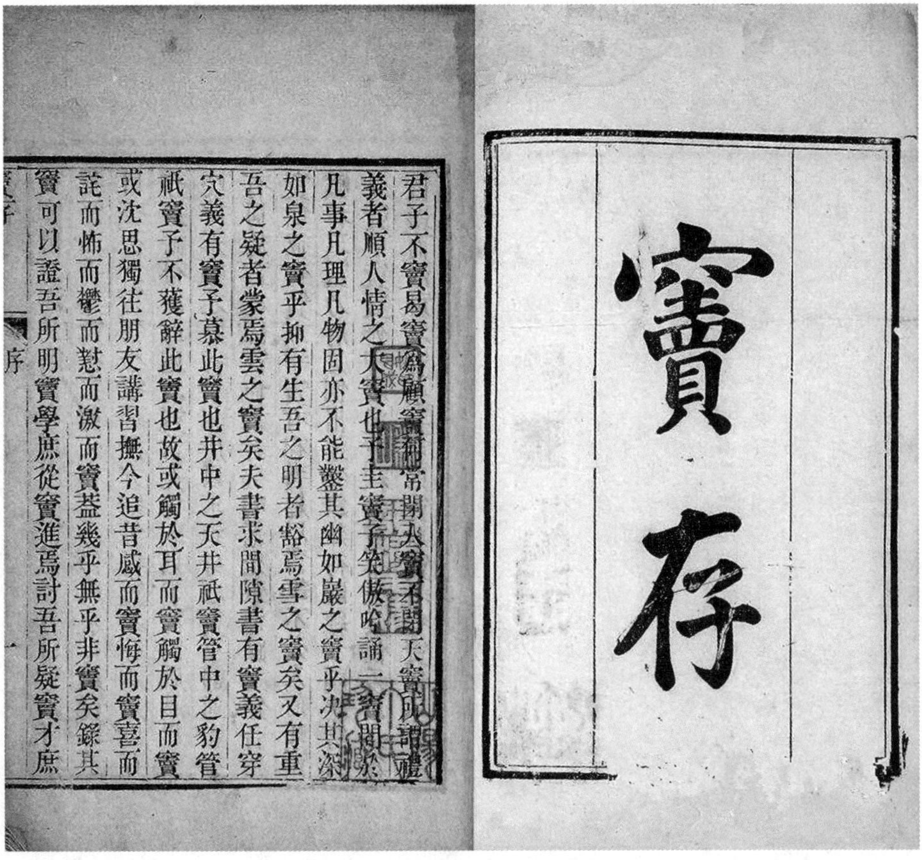
君子不竇曷竇[illegible]顧竇[illegible]常[illegible]入竇不[illegible]天竇[illegible]請禮
義者順人情之大竇也予主竇予[illegible]傲吟誦一竇間於
凡事凡理凡物固亦不能鑿其幽如巖之竇乎決其深
如泉之竇乎抑有生吾之明者豁爲雪之竇矣又有重
吾之疑者蒙爲雲之竇矣夫書求間隙書有竇義任穿
穴義有竇予慕此竇也井中之天井祇竇管中之豹管
祇竇予不獲辭此竇也故或觸於耳而竇觸於目而竇
或沈思獨往朋友講習撫今追昔感而竇悔而竇喜而
詫而怖而鬱而懟而激而竇葢幾乎無乎非竇矣錄其
竇可以證吾所明竇學庶從竇進焉討吾所疑竇才庶

竇存　序　一

《窦存》

《窦存》内容丰富，流传极为广泛。民国二十四年(1935)，《窦存》列入大东书局“文学笔记丛书”，在上海再次刊印，丛书编者朱惟公(初名惟恭，字益明，号太忙，南汇县周浦镇人)撰序时做了分析：“凡人读书既多，必有心得随笔录存，或加评论，或别有诠解，或致辨难，或述而不作用备遗忘，或记琐事以寓劝惩，或陈方言土俗籍供研稽。阅此种书，既可以消遣睡魔，又可以增长学识，此文学笔记，所以至为可贵而盛行今古者也。予见窦存一书，合于以上所言，因为大达社加标而公之于世，谅必共所欣赏焉。”

胡式钰还创辑《浦东胡氏支谱》草本，记录了陈行胡氏家族九代传承的概况。

胡式钰娶妻又纳妾，却一直没有生养，只得立胞弟胡式围幼子胡迪彝(字笛君，又字绣心，诸生)为嗣子。

胡式钰40多岁时，再纳塘口镇未满20岁的陈氏为妾，终于生下亲子胡迪典，字荼人，又字服心。然而，儿子未满10岁，他却于道光二十九年(1849)十一月十二日在“臞圃”抱病逝世，终年69岁。

胡式钰离家出游近20年无功而归，在家乡“臞圃”埋头著述却名传天下。他的传奇人生，对陈行镇上的历代学子震动不小，乡人由此更加认定“物离乡贵，人离乡贱”。于是，陈行人形成了“商不越苏杭，士总在故乡”的社会共识，后辈就此大多足不远涉，一心扎在周浦塘畔谋生创业。

集镇由来

相传,早在清代中叶,有苏姓船民率先在此建屋,上岸定居,就此子孙繁衍,渐成无名村落。

因这里地处周浦塘畔,过往船只穿梭不断,这无名村落逐渐聚集了人气,先有刘姓船民上岸开设理发店、熟食店,又有陆姓人家在东首开设茶馆、豆腐店,后有火姓人家前来开设米行、诊所,集市逐渐壮大。

时有一小河纵穿市中,通周浦塘,分地为二,形成了河东河西两条街。随着定居人口增多,更觉得来往交通不便。于是,苏姓后裔出面筹资,建造了一座三塊头跨塘平板石桥,以联东西街,人称“苏家桥”。就此,镇随桥名,约定俗成。

又建苏民桥

1918 年,南面题桥镇上新建了一座裕民桥,小镇顿时显得气度不凡,人气随之旺盛。苏家桥人看得眼热了,急忙踊跃筹资,决心将豆腐店东侧的跨塘木桥也改建为石桥,壮大集镇的气度。1921 年,乡人特邀精于造桥的陈行乡乡董胡祖德(字云翘)前来主持建桥工程。不到一年,又一座单孔拱形大石桥崛起在周浦塘上,并与新建的度民桥、裕民桥联名,定名为“苏民桥”。

苏民桥建成后,乡人争相上镇走动,每逢元宵节“走三路”时兴致更高了。秦锡田为此撰《周浦塘棹歌》称:“元宵例合走三桥,环洞新桥只二条。吾愿苏家桥改建,三桥走遍路迢迢。”后来,周浦塘上又建粒民桥、齐民桥、寿民桥,形成了从塘口过来有6座石桥的壮观景象。

随之,苏民桥集镇人气更旺,商市向塘南拓展形成了南街。南街东侧50米处朱永兴开设油车坊,用木车榨油。周姓人家开设袜厂、轧花厂。南街西侧开设了染坊。

起初,集镇北街上的店面房均面南而建,南街店面房则全部面朝东而建,故有“苏家桥镇半面街”的说法。后来,有一户张姓人家在苏家桥东堍沿街建造了南北相对的二上二下楼房,总算形成街市的架势,全镇呈现“丁”字形新格局。

小镇风情

光绪年间,苏家桥集镇街道均为黄道青砖,中间铺条石,颇具气派。塘北横街有店铺10余家,塘南有三四家,而全镇茶馆竟有7家,乡人热衷谈天说地,渐形成“孵茶馆”习俗。这里是上海县、南汇县的交界地区,各色人员混杂其间,难免招惹是非,以至在当地的“周浦塘七子”顺口溜中,苏家桥被戏称为“脱皮烂桔子”。

苏家桥集镇上人口并不多,却有51个姓氏,2010年时张姓最多有77人,陆姓有51人,朱姓有43人。

1925年,乡人在桥西街口北面造房,创建苏民初级小学。小镇随之增添了时代气息。

20世纪40年代,苏定桥镇上有一帮清音班,俗称“吹打”。医师火有神是吹笙高手,时常为人家红白喜事吹打助兴。

1950年,经过土地改革运动,苏家桥集镇改名为苏民镇,居民大多为农

户。时有 5 家商店,从业人员 5 人,其中烟什店 2 家、豆腐店 1 家。另有碾米厂 1 家,从业人员 11 人。

1952 年,供销合作社在南街开设 4 间门面的烟酒杂货百货店门市部,成为苏民镇商市热点。1955 年后,实行公私合营政策,大部分商户加入陈行供销合作社,镇上面貌大变。

1954 年,解放军防空部队来到苏家桥,在周浦塘转弯处约 20 米高的塘滩高泥墩上设雷达站,有探照灯。油车房子的西厢房为解放军营房,驻军一个排。

时代迅速发展,集镇上的人家学会追求时髦,心思也更巧了。60 年代时,镇上有一户人家购买了自行车,惹得全镇男女眼热心痒。有一人家利用旧的自来水管,托人制成三角架车身,再购来 136 千克轮胎,居然自行装配成自行车。于是,家家仿效,以至苏家桥人为生产队装运货物的自行车全是“土坦克”。

渐行渐远

1967 年 12 月,在“抓革命,促生产”,“学大寨,修水利”的口号声中,启动周浦塘疏浚工程。当政者主张“改天换地,截弯取直,展现周浦塘新面貌”,决定兴师动众地在老河道南面 100 多米处以人工开挖新河道,老周浦塘河道大部填平改作农田。苏民桥随之显得“没用场了”,被一举拆除。谁料想,周浦塘如此南移,苏民桥集镇格局必然发生巨变,等于被判了个“死刑”。

后来,陈行公社砖瓦厂从西川塘搬迁到苏家桥东南侧的姚家坟山,装运砖瓦的拖拉机从街上穿行十分不便,于是在周浦塘南沿河修筑了“窑厂路”。东佳实业公司成立后,出资拓宽加固,改名为“东佳路”。

1980 年起,镇北的农户陆续翻建或新造住房,有人家趁机将老周浦塘北岸滩填高后造房。为了出行方便,先后在原有河道上填出了 5 个堰坝。从此,人们出行不必再串行集镇老街,街市日趋冷落。人气随之不再聚,粮管所、供销社、苏民小学、驻镇的解放军部队等相继撤离,影响广泛的苏民刺绣工场就此解散,更使集镇功能基本消逝。

1984 年时,供销合作社在周陈线苏民车站东侧征地建营业用房,集聚在油车房子里的信用社、生产资料、废品收购、肉庄、理发等商店以及棉花收购站全部大迁移,老镇上仅存粮店、烟糖什货、茶馆、点心等商店四五家,市面赖附近村民维持。而周边先后新建了陈行砖瓦厂、陈行服装一厂、苏民皮鞋厂等乡村企业,地区热点转移。

苏家桥地区现状地图

2017年，东佳路拓宽工程启动，路基穿过苏家桥老镇，苏民村四组（桥东）、五组（桥西）两个村民组和三组（桥南）沿路村民全部动迁。延续了一两百年的苏家桥集镇就此消逝了。如今，尚有部分村民分属苏民村三组、四组（桥东）、五组（桥西）。

槿树园人乐在其中

这里原先“风水好”

旧时，槿树园地处周浦塘“盘陀”（曲折回旋之地）里，良田少，坟山多，一向被称为“穷地方”，不见财主，却有古迹。

相传，明代时这里就有一条“状元浜”，因何得名已无人知晓，但声名远扬。也许这里“风水好”，周边不少大户人家特意在此“盘陀”购地建“阴宅”，设墓园，最出名的是“姚家坟山”。

最早在这里定居的俞姓人家，是“姚家坟山”守墓人。后来，坟山被毁弃，一片荒芜，渐有无地无房人家迁来定居谋生，形成了几个小宅基。明万历年间，茅柴港上建造了万安桥（俗称“毛家石桥”）。村内植有一棵银杏，至二十世纪八十年代时，树身需三人围抱，树根四通八达，甚至穿过墙脚长到农舍灶后，成了“烧火凳”。种种古迹遗存表明，这里早在元末明初已是颇具人文风情的地方，无奈数百年间历经沧桑，时有兴衰变幻。

二十世纪五十年代和七八十年代，生产大队为扩大可耕田，两次全力组织平整土地和兴修水利，期间曾掘出了几座有些规模的古墓。可惜，时逢“文化大革命”，出土的函装“医药古书”“人参匣”等物品均被埋入河底。在材料紧缺的年代，俞姓人家将已经雷劈的半棵古银杏树翻掉，锯成木板分发给俞姓各家。万安古桥也被拆除了。

槿树花开吾家乡

槿树花开

随着地方发展，槿树园一带人口越聚越多，至上海解放初，计有近 100 户人家，习惯分为东宅、南宅、西宅和北宅，村中有块约 400 平方米的大场地，是村民们集会、娱乐的公共场所。

当地人一向喜欢在自家田地和住宅场角周围种植槿树。槿树分枝多，树姿直立，高可达三四米，乡人将枝条编扎成绿篱（俗称“戗篱笆”），围出自家小天地的范围。夏季，乡人爱用槿树叶子洗头发，尤其到了七月初七，历来是妇女们必做的“功课”。每逢九十月份，槿树如期盛开花朵，花冠钟状，花形有单瓣、重瓣之分，花色有浅蓝紫色、粉红色或白色之别。槿花朝开暮萎，给村宅增添满园生机。槿树花、果可入药。历代相传，本地槿树越种越多，过往行人和周浦塘船家都视其为地界标识，因此得名“槿树园”。

如今，“槿树园”有210多户人家，分成八组（槿东）、九组（槿树）、十组（槿北）3个宅基。

撩鱼摸蟹另有一功

上海解放前，槿树园人家大多没有自己的土地，妇女们大都帮人纺纱织布，而男人们只得靠水吃水，以“撩鱼摸蟹耥蚬子”谋生，以致形成独特的生活习俗。不管春夏秋冬，他们利用自制工具出门捕鱼，一旦有所收获即上镇销售或换取口粮。

撩鱼摸蟹者充分发挥自己的智慧，积累了丰富的捕鱼技能。不同性格的人，在不同季节里，到不同地段捕鱼，他们自有多种捕鱼方法，备有耥网、撩网、夹网、捽网、埭头网、拖网或“掉罩”等工具。本地掉罩富有特色，用竹片编成，上口直径60厘米，下口直径1米左右，高约1.2米，无底两头通。捕鱼前一天，在细长竹竿上装把镰刀，选好可下罩的区域，先清除河底杂物，再将镰刀换成蚌壳，放置麦麸作为诱饵。等到适当时机，捕鱼者身背鱼篓，手持掉罩，看准位置，纵身跳下，即可一举罩住贪食的鱼儿。

别出心裁“西游记”

槿树园人以“撩鱼摸蟹耥蚬子”谋生，时常浸泡在河水中，一天捕到几斤鱼仅可换得几斤糙米，大多患血吸虫病，日子过得十分艰辛。而邻村有些人认为他们“不务正业”，常以“家浜”为由阻挠他们撩鱼摸蟹，甚至动手动脚。

为了不被人家欺负，槿树园人一心想学会防身术。1934年，他们聘请立民拳师张连舟担任武术教练，购买武术器材，时常操练。为了不被外人发现，他们别出心裁地以“西游记人物”为载体，将武艺融化在《西游记》故事之中，外人以为他们只是游戏取乐，他们却在暗中学得实用的健体防身之术。经过两年多苦练，有六七个青年学得师傅真传，就以演一出“西游记”的形式

面世，并外出表演，每年三月初三在三林圣堂庙会期间公开献艺。后来，以“槿树园武术队”的名义，多次在比武中获胜而声名大震。

自得其乐花样多

本地区是产粮区，一年两熟，农事繁忙，乡人埋头耕作，抢收抢种，图个好收成。而以撩鱼摸蟹谋生的槿树园人因无田可种，没有农忙农闲，既自由自在，又难免无聊，就时常聚在一起自寻乐趣，宣泄情感，消解烦恼，被人称为“饿仔肚皮看戏——穷开心”。20多个年轻人既继承祖传喜好，学习才艺，又各显身手，自娱娱人，以致槿树园里夜夜传出欢声笑语。他们悠然自得的举动吸引了周边村宅的同好，纷纷赶来“轧闹猛，”以至有时聚会者有四五十人之多。

于是，他们合伙买来锣鼓响器，每当“天狗吃月亮”的“月食”来临之际，就敲敲打打“吓天狗”；每逢“正月半”元宵节和董沥庙“十月朝”庙会，又结帮组成“锣鼓班”当众表演一番，自娱娱人，皆大欢喜；每当宅上有人家操办婚事，自会有人搬出锣鼓，随同迎亲队伍前去“催新娘”上轿。

他们自己动手扎了一条“彩龙”，组建了一支“臯龙灯”表演队，一旦遇到庙会就出征献艺，为槿树园人赢得光彩。

他们自创小歌舞《摇荡橹》，并不断完善提升演出效果，使其成为槿树园的文化品牌，影响深远。

槿东也有才艺达人

二十世纪二三十年代，槿树园的民俗文化氛围辐射到周边村宅，槿东宅的朱林生能言善说，酷爱传统说唱，一曲《梳头阿姐》的叙事山歌在他口中可唱半个小时。他家中祖辈留下多种乐器，他自幼深受熏陶，也喜欢弹奏吹打，样样乐器“捏得上”，常邀请邻村丝竹爱好者前来聚会，齐奏切磋。眼见同村做喜事人家需要奏乐，就合伙组建了一支清音班前去助兴。清音班的主角是木匠张坤根，赢得众口称赞。

当时，陈行地区盛行皮影戏，乡人以邀亲告友一起观看“皮囡头戏”为乐。1948 年前后，朱林生与做花匠的张耐汀等六七人也自行组建了皮影戏班，制作“皮囡头”，操练“上下手”，买来戏本，自编唱腔，反复排演。一到秋天水稻收割后，就在稻坂田里用八仙桌搭起高台，四周蒙白布为幕，幕内点亮汽油灯，吃过晚饭就敲锣演开场，直至深夜不息，观众常有数百至上千人。此举人称“田搭幕”，演出剧目有《薛仁贵征东》《薛丁山征西》《三请樊梨花》等传统故事选段，虽说演出水平不及专业班社，但给苏家桥地区的村民留下了几代人的集体记忆。

本地还有俞金发等以演唱浦东说书谋生，云游四乡。

槿树园地区现状地图

这里有个花鼓场

沪剧源于滩簧。滩簧又称“花鼓戏”，原本是清乾隆、嘉庆之际开始流行于苏浙一带的曲艺形式。清代晚期，本地滩簧流行于各集镇，其演出形式十分简单，在场地上画个圈演唱，称“敲白地”。拉着胡琴沿街行走，一个小姑娘随之演唱，称“跑筒子”。逢庙会、节庆，登上寺庙戏台或在场角上搭台演唱，称“唱高台”。应邀进入大户人家助兴演唱，称“唱堂会”。

100 多年来，乡民们喜爱在农闲时自行组班或邀请戏班演唱沪剧（时称花鼓戏、申曲），成为本地风俗。

浦江镇镇北村有个村宅称“花鼓场”，声名远扬，百年不衰。相传，100 多年前，这里有户人家父子 5 人以演唱花鼓戏为生，时常在宅前空场上排演，因此得名。

可见杜家行一带流行沪剧演唱由来已久，决非虚言。

沪剧名角卫鸣岐

曾被称为上海沪剧界“四大小生”之一的卫鸣岐（1916—2000），是杜行乡卫家宅(今浦江镇联民村六组)人,自幼个性活跃,能言善唱。1932年,他初中毕业后,闯荡上海城区,考入申曲新兰社,拜班主王筱新为师。几年后,他成为王筱新与王雅琴合建新雅社的台柱之一,进永安、新新公司演出。

1938年春节,为庆贺卫鸣岐与申曲名旦石筱英结婚,王筱新的新雅社和石福根的福英社联袂在卫家宅演唱了三天三夜,轰动浦东。随后,卫鸣岐与石筱英自行组建鸣英社(后称鸣英剧团)。1938年夏,出版了自编剧目专辑《鸣英集》。1945年,邵滨孙、筱爱琴加入后,组成中艺沪剧团,率先改良沪剧演剧方式,享誉上海滩。

1948年,苏家桥南首的草庵(今勤劳村十二组)隆重举行"观音开光"仪式,卫鸣岐率中艺沪剧团应邀赶来演唱助兴,引来人山人海,同时引发周边四乡兴起持续不绝的"沪剧热"。

20世纪50年代初,卫鸣岐作为沪剧界代表,积极参加重大演出活动。然而1951年夏季,卫鸣岐赴中国香港演出时,竟然因故未归,后来只得定居中国台湾,与家乡断了音信。80年代末,他回上海来探亲,欲与家人、好友团聚,可惜时过境迁,仅与王盘声、赵春芳等相聚叙旧。对此,卫鸣岐无奈而感慨万分。2000年农历"小年夜",他在故乡卫家宅弟弟家中一觉未醒,悄然离世。

业余剧团群起

20世纪50年代初,翻身得解放的人们欢欣鼓舞,年轻人更为活跃,乡村业余文化生活日益丰富,沪剧演唱自然是本地文化活动的主要形式。1950年,杜行镇和召楼镇青年自筹资金分别组建沪剧团,先后排演《白毛女》《翠岗红旗》《大雷雨》《出卖灵魂的女人》等20多个剧目。陈行辅导区组织业余剧团排演《白毛女》。不久,题桥镇上的年轻人成立了沪剧团,编创沪剧《红花处处开》,宣传抗美援朝。1951年,16名拨赐庄青年自建"拨赐沪剧团",排演了《白毛女》《珍珠塔》《香罗带》《连环记》等10多个剧目。1956年,建岗高级合作社30名农民组建"建岗沪剧团",排演了《庵堂相会》《第二次爱

情》《酒缸记》等剧目。苏家桥高级合作社创办农民俱乐部,“苏民沪剧团”随之宣告成立,排演了《刘胡兰》《红松林》等沪剧剧目。后来,随着农村合作化运动深入开展,农事繁忙,业余沪剧团活动逐年减少。随着农村有线广播的发展,遍及家家户户的“喇叭头”成为人们欣赏和学唱沪剧的主要载体,培养出了一代又一代“沪剧迷”。

“文化大革命”结束后,群众性沪剧演唱活动蓬勃兴起。1979 年 8 月,杜行公社文艺工厂演出队成立,队员有 20 多人,亦工亦艺,先后排演沪剧《大燕与小燕》《爱与恨》《幽兰夫人》《陆雅臣》《顾鼎臣》《欺嫂失嫂》《还魂香》等剧目。1981 年起常年巡回售票演出,走遍了除崇明之外的上海郊区各县,在一个演出点两出戏可连演八九场,其中《爱与恨》和《幽兰夫人》的演出总场次均达 100 多场,成为全县演出场次最多、巡演最广的业余剧团。到 1985 年,业余剧团逐渐不再活跃。

2012 年 2 月,联星村王仕良夫妇创办“沪剧沙龙大家唱”活动之后,“沪剧迷”不时相聚,演唱活动经久不衰。2014 年起,浦江镇每年组织举办“上海浦江沪剧节”,延续至今。

乡人自古爱建花园

2020年,浦江镇镇域森林覆盖率已达到18%,人均公园绿地面积达10.34平方米,河湖水面面积达11.35%。

本地乡人自古就有“人与自然和谐共生”的意识,形成在乡村居地种竹、植桃、栽柳的传统习俗,而且不轻易砍伐,保护生态环境,因此村宅中树木繁多,连片成林,环境幽静,代代相传,著名的有拨赐庄“百花庄”、题桥“吴家花园场”、苏民村“槿树园”、光继村“树园里”、革新村“枇杷园”等。大户人家还有建造私家花园的举措,满足雅兴,显示身价,著名的有鹤坡里“绮春园”、题桥“臞园”、召稼楼“梅园”、杜行“雷居园”、革新村“逸劳园”。陈行“西园”是上海最早的乡镇公园。可惜,这些名园大多在岁月磨难中先后名存实亡。

革新村顾家宅(今十组)曾有一棵巨大的皂荚树,树身粗,要五人合抱,因此人称“五伙树”,连宅名也被俗称“五伙树头”。

永丰村紧贴黄浦江,自古有43个自然村宅,曾经拥有众多银杏树、榉树、皂角树。

光继村曾有36个自然村宅,其中最出名的宅基名为“树园里”。这里,坐北朝南由东向西一字排列三组“绞圈房子”,屋前有条宅河,河边有两座用长石条搭起的大水桥,岸边有杨树、榆树等本地实用树种,也有枣树、枇杷树、柿子树、梅子树等果树。村宅树木繁多,环境幽静,各家屋后遍植珠竹,

竹材上等，每到清晨和傍晚，鸡犬鸟鸣之声不绝于耳。村里一东一西两棵皂角树，足有20多米高、三人合围粗，树上常年筑有五六个喜鹊窝，200年来成为地标之物。

浦江镇境内现已认定的古树名木有14株，均已得到专业保护。其中银杏11株，3株树龄达300年以上，3株达200年以上，7株达100年以上。

目前，浦江镇秉承“人与自然和谐共存”的理念，正有序开展“第八轮环保三年行动计划”，推进环境治理体系和治理能力现代化，努力建设独具魅力的滨江公园城镇。未来5年，镇域森林覆盖率要达到不低于20%，浦江人正全力创建上海市园林街镇，完成从“城镇公园”到“公园城镇”的华丽转身。

浦江镇古树名木一览表

序号	古树编号	树种	树龄	保护级别	地址
1	0121	银杏	350	一级	永新村闸港一号
2	0168	银杏	300	一级	杜行村长寿禅寺西
3	0170	银杏	300	一级	建新村四组
4	0275	银杏	200	二级	原杜行幼儿园
5	0276	银杏	200	二级	原杜行幼儿园
6	0277	银杏	200	二级	原杜行幼儿园
7	0445	银杏	100	二级	建新十组
8	0446	银杏	100	二级	建新十组
9	0503	银杏	100	二级	浦锦南路盐铁塘路南
10	1515	银杏	100	二级	郊野公园1号门
11	1516	银杏	100	二级	建中9组29号
12	1519	朴树	100	二级	召楼路3576号伊诺尔集团园区
13	1520	罗汉松	100	二级	叶家桥路200号
14	1524	柘树		一级	原永建村九组

永建村十组 1524 号名木拓树

逢熟吃熟

逢熟吃熟，是指四季品尝应时当令美味，这往往成为当地一大习俗。本地传统歌谣《逢熟吃熟》，流传至今，影响甚广，可称“海派食经”。

正月新年看打春，
种田人逢熟吃熟最开心，
年糕吃罢糖茶喝，
再吃荠菜圆子肉馄饨。

俗谚称：“正月半夜接灶君，荠菜圆子肉馄饨。”元宵日，素有吃岁朝糖圆的民俗。秦荣光《上海县竹枝词》称：“肉馅馄饨菜馅圆，灶神元夕接从天。”正月里团圆过年，象征吉祥美好的年糕、糖茶、荠菜圆子、肉馄饨是家家必备，人人必尝，有甜有咸，团团圆圆，体现了喜庆过年的气氛。

二月春风屋门前，
燕子低飞绕屋檐，
鲜竹笋煎蛋有滋味，
老蚌肉嵌进豆腐皮。

上海地区有燕竹生笋，叫燕笋。二月初春，有绝嫩的燕笋和肥甘的蚌肉尝新。采摘枸杞藤入菜，味道远胜马兰头。

三日上坟做清明，
韭菜炒蛋香喷喷，
菜苋摘来腌咸菜，
蒜苗烧鱼留客人。

三月浓春，有清明节。多以头刀韭菜炒蛋做斋、扫墓以敬祖先，或招待来客，自家尝鲜有菜剑、蒜苗可食，吃时重在鲜头。秦锡田《周浦塘棹歌》有咏韭菜蟹糊皮："潮来虱蟹拥沙滩，捣烂膏和鸡子摊。此味果然夸隽逸，春初早韭佐辛盘。"

四月立夏好秤人，
青梅酸来草头嫩，
家家户户新麦起，
求得风静吃麦焖。

入夏服食不适，称"蛀夏"。俗谓吃麦蚕、摊粞，可免蛀夏。草头雅称"金花菜"，将其入米粉煎熟成草头摊粞。将圆麦炒熟磨成粉，和糖而食，称麦焖。《周浦塘棹歌》云："打麦声中炒麦香，磨成细粉更调糖。闭门求得风都静，齿颊甘回味最长。"

五月端午吃枇杷，
新芦箬粽子角叉叉，
油氽黄豆好咽茶淘饭，
咸菜同烧豆瓣沙。

五月初五为端午节,也称“端阳节”,食粽子。《上海县竹枝词》有咏:“又是端阳景物新,枇杷角黍饷亲邻。”五月二十四俗称塌饼生日,制饼尝新麦面。

时当初夏天渐炎热,黄澄澄的枇杷味美可口,尝新芦箬裹角叉粽,味尤清香味直沁肺腑。另外,茶淘饭即开水泡饭,为上海人夏季常食用法,佐餐食油氽黄豆,适口开胃。

咸菜,用雪里蕻腌制极佳。本地人爱吃咸菜豆瓣汤,生津开胃,消暑去热,俗谚称“三日不吃咸菜汤,脚里有点酸晃晃”。

六月大热最难熬,
止渴吃点大麦茶,
黄浆塌饼吃到珍珠米,
黄金瓜吃完接西瓜。

六月六,食馄饨,可疰蛀夏,佛家称“六月素”。《周浦塘棹歌》云:“餐残角黍饼生香,六月馄饨劝客尝。”炒大麦代茶,能祛暑湿。

小麦磨细成面,其皮叫麸皮,微加盐,和水揉之,为面筋。以猪肉为馅,煮以糟汤,名糟面筋。面筋成后,附皮之粉沉于水底,淀清而曝干名小粉,制饼称黄浆塌饼。《周浦塘棹歌》云:“麦磨为面脊麸皮,细漉清泉粉若饴。别有面筋滋味好,糟香扑鼻佐餐宜。”

珍珠米即青苞玉米,又香又糯。

七月杂烤用油煎,
腰菱近在宅河边,
场角头芦粟随手攀,
胜似青皮甘蔗一样甜。

杂馋,雅称“巧果”。以油和面,剪成细条,用手指盘成花果龙凤之形。

七月初七时互相馈赠,显示手艺。《周浦塘棹歌》云:“麦干面细菜油香,油面调匀更入糖,薄薄铺平盘巧果,新翻花样费平章。”

菱随处皆有种植,为解暑渴佳品。早熟的有水红菱。芦粟,类似甜高粱,为上海地区特产之一。

八月中秋吃新粮,
囤里新米是香粳,
毛豆荚要配新米粥,
糖烧芋艿甜又香。

上香粳薄稻为最优。用香粳煮饭粥,香糯可口。俗谚“一家煮粥百家香”。中秋人们爱食芋艿、毛豆荚、梨、藕等。《周浦塘棹歌》吟句:“最好新秋毛豆荚,一盘绿玉味甘鲜。”

八月二十四,割新稻祀灶,谓“开稻门”,又俗称“圆子生日”,尝新糯米粉。

九月西风捉蟹天,
蟹罩蟹簖接连连,
小蟹烧来自己吃,
大蟹要卖好价钿。

九月为晚秋,以食蟹为上品时鲜。蟹称“无肠公子”,俗谚:“九月九,蟹逃走。”

九月初九,为重阳节,食重阳糕,登高饮菊花酒。《周浦塘棹歌》称:“才过中秋圆子节,枣糕风味话重阳。”《上海县竹枝词》云:“九日登高例吃糕,楼登丹凤上层高”。

十月家家各寒衣,

园田里蔬菜日日稀，
唯有荠菜新上市，
烧顿咸酸饭味道鲜。

十月冬临，时鱼趋少，仅有荠菜可食。风行城乡均好、老少咸宜的菜饭，俗称“咸酸饭”。十月初一，俗称“十月朝”，开炉烧饼祭祖先，名“炉节”。《上海县竹枝词》云：“十月开炉饼竞饶，年丰赛社闹笙箫。”

十一月里冷呼呼，
菠菜吃到油塌棵，
大白菜要经浓霜打，
好做冰冻豆腐大暖锅。

白菜浓霜打后滋味加，甜于蜜。黑塌棵菜又俗称“黑河豚菜”，更适宜与冰胶豆腐一起放汤。《上海县竹枝词》有句：“因蔬一种味难忘，堆雪河豚冰腐汤。”《周浦塘棹歌》也有：“菜根滋味甜于蜜，堆雪河豚味最长。”

十二月里谢家堂，
慈姑地栗小盆装，
合家团聚庆丰年，
祈求来年更兴旺。

《上海县竹枝词》云：“冬至花糕更粉圆，分冬酒吃闹年年。”十二月初八，食腊八粥，内含豆糜、菱、枣、栗等。十二月二十四，祭灶用慈姑、地栗及菱角，酒果粉团，糖元宝。

除夕之夜，吃“年夜饭”。人们爱吃鱼干、腊肉、糟鸡鸭之类，同时，顺便将杂碎鱼鸡肉入汤炖，味道鲜美又不浪费，亦算“时鲜”。

《西霞杜氏世谱》

清嘉庆九年(1804),杜行镇杜昌意(字载兹)等纂修《西霞杜氏世谱》二卷,谱载各派世系。明永乐年间,杜恒与儿子杜禧(号自然)从青浦杜村(今青浦区白鹤镇西南)迁徙到浦东王家浜(今姚家浜)沿岸定居。随着子孙繁衍,兴建宅院连片,主干道铺设青石板,商贾随之聚集,遂形成市镇,人称"杜家行"。

杜行《叶氏支谱》

清道光年间,安徽歙县蓝田村叶雨香独自来沪经商,将妻小留在故乡。谁料咸丰季年兵灾时,叶家妻小全部遇难。同治年初,他续娶汪氏,重造家室。光绪年初,在杜行镇开店定居。因世道动乱,叶雨香随身所带的家谱不慎丢失,甚为忧愁,生怕后代忘却祖宗,常叮嘱儿子应当回歙县老家采集先辈事略,汇辑成谱。子女遵照父命,一再回乡采集蓝田叶氏各房简略,分头整理,续修世系,至宣统二年(1910)《叶氏支谱》终于基本完稿,但此时叶雨香已去世19年。

召稼楼《张氏家谱》

上海图书馆藏有清代《召稼楼张氏家谱》和《张氏家谱》。《张氏家谱》（抄本），清同治元年（1862）张嘉梁编修。张氏先世为河南开封人，本支始迁祖为张铁一，从临安迁入松江府地区。第十一世张际亨（字元嘉）迁居杜行镇东张家行，次子张泗集（字曼成）迁居施家老宅。清康熙年间，张泗集之孙张鉴（字旦明）迁召稼楼镇东寺际亭定居。《召稼楼张氏家谱》是《张氏家谱》续编本。同治十年（1871）孟秋月重修。续编本改以张际亨为一世祖。

《湾周世谱》

《湾周世谱》五卷，由周氏家族十五世孙周国宾（时任宜兴县学教谕）纂修，清乾隆四十九年（1784）木刻活字印本，分五册，今上海图书馆有藏。《湾周世谱》以周彦高、周彦敬为始迁祖。明洪武年间，周彦敬被告发曾在元末支持过张士诚政权，故遭抄家没籍之祸。长子周海泣血请代罪，感动了明太祖朱元璋，同意其代父发配远戍云南。周彦敬与儿子周世荣、周世昌留在湾周，繁衍子孙。其兄长周彦高另迁松江藻里。

《上邑二十图大枪塘派赵氏谱》

清光绪五年（1879），召稼楼赵吉星纂修《上邑二十图大枪塘派赵氏谱》。1999 年，退休干部赵昌飞在遗存的半部家谱基础上，续写赵氏十八代传承世系，改名《天水赵氏族谱》，自行刊印。

《天水赵氏族谱》称，明嘉靖四十三年（1564），赵氏思斋公从上海“浦右”（浦西十六铺一带）始迁到召稼楼赵家荡（时为上海县二十图大枪塘，今浦江镇联星村）。赵氏家族以农耕为业，在此繁衍生息，形成东赵家宅、西赵家宅等自然村，枝繁叶茂，人丁兴旺。清代中叶，赵氏庆远堂家人迁到召稼楼镇上定居，创建赵元昌商号。

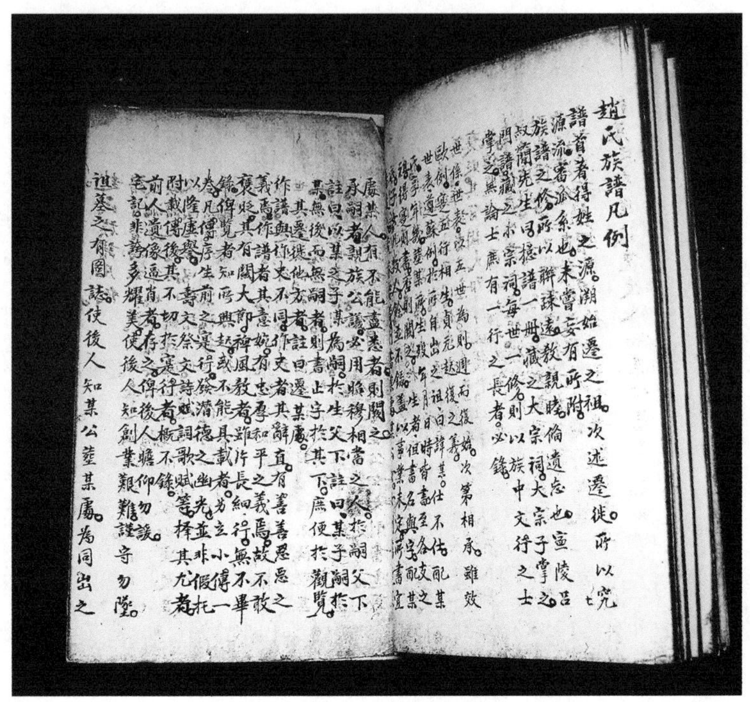
趙氏族譜凡例

《天水赵氏族谱》书影

《向观桥徐氏世系家谱》

向观桥徐氏家族向有编修族谱的传统。清光绪二十四年（1898），监生徐嘉树（字乐忠，号云白）重修《向观桥徐氏世系家谱》（木刻活字印本，今藏上海档案馆）。今另存光绪年间手抄本一册。1924年，族人根据抄本重刊铅印本。1997年，徐思卓等族人在此基础上，做了全面增修。12月，《向观桥徐氏世系家谱（1616—1997）》正式刊印。谱称明万历四十四年（1616），徐光启的孙子徐昆从徐家汇来到闸港河北岸，后成家定居向观桥，繁衍子孙。上述记载存疑，有待考证。

第六章

革命英烈事迹

浦江第三小学红色史迹纪念地

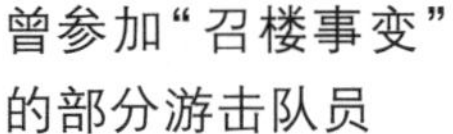
曾参加“召楼事变”的部分游击队员

2015 年，秦之佩和女儿参观顾振烈士纪念展览

赵天鹏是真英雄

闵行区浦江第三小学的前身为南汇县立观涛小学，位于鲁家汇老镇东街同善堂内，原为观涛书院，创建于清同治六年（1867）。1928年前后，这里成为中共地下党联络站，教师赵天鹏、校工唐兰生在此奋斗。

赵天鹏（1903—1928），乳名长生，学名汀洋，南汇县泥城乡横港村人。先后就读于南汇县第六小学和川沙简易师范学校。其父赵来法爱财如命，赵天鹏却从小助人为乐，读书时常将自己的生活费分出一部分接济穷苦同学。

1926年九十月间，赵天鹏与好友赵振麟（又名赵六规）、周大根（1906—1938，原名周根发）、宋益三、郭君毅（又名郭毅）五人结伴奔赴武昌，自称"五丁凿路"，投身大革命洪流。赵天鹏在武汉考进前敌总指挥部政治训练班学习。结业后，被分配到贺龙领导的北伐军独立第十五师，任连队司务长，参加了中国共产党领导的八一南昌起义，后转战广东汕头。

1927年9月初，赵天鹏回到浦东家乡。同年10月，在奉贤曙光中学由林钧（1897—1944，时任中共浦东特支书记）和赵振麟介绍，他加入了中国共产党。年底，经林钧介绍，赵天鹏、周大根、郭君毅等到观涛小学担任教师。就此，观涛小学成了中共党组织秘密联络站。

唐兰生（1910—1932），原名苏根清，乳名阿雄头，奉贤县平安乡民福村人，因自小给唐姓人家做养子，故改为唐姓。青年唐兰生在观涛小学当校工。在赵天鹏指引下，唐兰生成为联络站交通员。不久，由赵振麟、刘晓介绍，唐兰生加入中国共产党。在此，赵天鹏出任中共南汇县委委员。

中共浦东特委决定以“红色恐怖反对白色恐怖”。1928 年 6 月 16 日，天正下着绵绵细雨。通过林钧筹划，将两支手枪装在藤条箱中，由“中央特科”红队队员赵一凡充当“哥哥”，一路护送装扮成“放假返乡女学生”的交通员杨逸菲（1909—1999，原名杨品珍）到关桥码头上船，赶到新场镇，送交给在正明小学执教的盛幼宣（1908—1979，后与杨逸菲转移到七宝明强小学）。

赵天鹏、周大根奉命赶到新场盛幼宣处，取得枪支，连夜由观涛小学唐兰生带路赶往奉贤县四团镇。在四团，唐兰生负责警戒，赵天鹏、周大根闯进民愤极大的当地恶霸张沛霖家中，当场将正在吸鸦片的张沛霖及其妻妾击毙。

在撤离张家返回鲁汇观涛小学途中，赵天鹏、唐兰生在奉贤泰日桥镇沿街一家茶馆休息时，遭遇泰日桥公安分局巡长马鸣歧等人，暴露了随身枪支，在搏斗中因寡不敌众而被捕。

赵天鹏被押至位于龙华的淞沪卫戍司令部后，中共地下党组织派杨逸菲冒称家属前去探监，用暗语转达党组织的慰问和营救安排。赵天鹏会意地笑了笑，镇定自若。因营救计划受挫，杨逸菲再次前去探监，劝其耐心等待，切莫焦虑。赵天鹏明知事态日趋严重，却依然视死如归。他对杨逸菲说：“请家里人放心，自己保重身体，不要再多破费了，无论后果如何，我决不会做出亏心事来。”

7 月 2 日，赵天鹏在奉贤县四团镇沿街高唱《国际歌》，向路旁的群众宣传革命道理。下午 2 时左右，站在钦公塘边银杏树下英勇就义。在场民众称其为“真英雄”。

唐兰生被判有期徒刑 12 年，经上诉减为 8 年。3 年后，因受折磨而逝世于苏州监狱。

赵天鹏纪念像安放于海湾寝园公墓精英苑

顾振抗战传奇

1937年11月4日，侵华日军第10军在杭州湾金山嘴、金山卫一带登陆，直趋松江城。9日，闵行镇沦陷。国军已经大撤退，难民如潮涌动。

奉命正在北桥中心民校训练壮丁的顾振（1913—1942，原名顾增福）无所适从，就随着人流奔走，又不知该往何处走，只得重新返回北桥……

11月11日夜，细雨霏霏，上海县沦陷了。

顾振无奈退离北桥，返回浦东家中。

自建队伍出师失利

在日寇的铁蹄下，顾振坚持自己的信仰，决心继续为救亡事业有所作为。日寇的暴行，伪别动队的猖獗，一再激发顾振自行建立武装队伍的雄心。他与同学陶杰（塘口镇人）多次商议，却一时不得要领，难以落实于行动。

1938年4月22日，是“微雨而和暖的一天”，顾振在避难之中，写下了这样一篇日记，直抒胸臆：

忆自去年11月12日在敌人的高压下，离北桥返家后，即停作日记。

中间经过二度的到沪，一月底遭敌之骚扰，由彷徨苦闷中转到暂时静下来看书、耕田，预备在苦难中建起充实的学识来，等待光明复现时的为国效力。在目前效死既已无从，也只好在暴风雨之后的焦土上，担负起复兴的工作，借以纪念我已死的同志。故在田野中则短褐青衣，埋头耕作，居家则看书阅报，潜心修养。但曾几何时，乡间伪别动队猖獗，扣船绑票，勒索不厌，连我等亦不能安居。故昨今二日，不得不父子三人暂且隐匿，故避其锋。我等初亦思及，须有一真正之民众武力，方足以保地方而制敌人。故自去年起，即计划组织一游击队，掀起抗敌之怒涛。而刺宵必于无形，但因给养、武器未得解决，故迄未实现。虽有沪方同志协助，终亦不得要领。虽有相当同志，亦均散居各处，不易联络。陶因受人注视，不能活动。我亦避居姑母家，亦难效力矣。目观敌之暴行，伪别动队之猖獗，民众之陷于双重水深火热之中。虽云此在光明来临前的黑暗，地狱之所必经，但东方未白，民何以堪，我等固知消极之回避，不若积极之进击。但好人不易团结，而魔焰反以高涨也，悲乎！

经过几番联络沟通，顾振与陶杰决定集结20余名青年好友，自行组建一支抗日武装队伍，投入枪对枪的救亡斗争。他们以塘口镇为基地，这里刚遭日军洗劫，市面萧条，正好有利于隐蔽。

于是，顾振通过好友李兹白（莘庄镇西街人）委托彭鹤年（莘庄乡马桥头人，时任横溪小学校长），从天马山购买了一箱炮弹、几十颗手榴弹和数百发子弹。李兹白、彭鹤年趁夜色用“稻柴船”将弹药运到塘口镇，交到顾振手中。后来，彭鹤年又帮助买了两批枪支弹药。

有了武器，顾振率队在塘口镇和对岸车沟渡口一带开展武装游击活动。参加者有胞弟顾忠、堂弟王秋福，以及浦东的沈宝小、陈德兴、丁前楣、王伯英、曹嘉民和浦西的马依良、陆益畲等。

可惜，队伍尚无作战经验，出师即失利。一次，他们突然遭遇当地恶霸李阿同的土匪武装，因有队员不慎枪支走火，暴露了目标，不得不未战即退。土匪武装见他们势弱可欺，便一再寻衅报复。

顾振组建的抗日自卫队

顾振与队员们被迫撤离塘口镇,在题桥镇南面的长寿寺内隐蔽了一个星期。顾振感觉到,仅靠这些好友难以形成战斗力,便将武器集中收藏之后,暂时解散队伍,寻找新的途径。

创建平民工厂

面对敌强我弱且又缺乏武装斗争经验的情况,顾振在自建地下武装队伍失利之后,仍不甘放弃初衷,决定改变斗争策略。

当时,由于日军及土匪到处抢掠,使不少乡民流离失所,生活无靠。而本地乡绅秦锡田早年曾在题桥镇上创办“课勤所”,帮助贫困者生产自救,这一善举卓有成效,获得社会广泛好评。秦锡田又在漕河泾镇主持创办“上海游民习勤所”,解决了一大批游民的生存问题。于是,顾振决定仿效前辈济世行善的办法,帮助贫困者度过动荡岁月。

顾振到召稼楼找到好友奚颂莘(1903—1962,字家铨)。奚颂莘为召稼

楼奚氏人瑞堂子弟，其祖父奚世荣是书法篆印名家，祖母是陈行秦氏后裔，家教甚严，乐于行善，在本地颇具威望。奚颂莘自幼忠厚淳朴，为人低调，生活无忧，因毛笔字写得极为工整，常年以帮人家抄写当文书为乐。顾振向他细致介绍了想创办一家本地游民习勤所的行动方案。奚颂莘表示全力支持，出面商借了同族凯寿堂（始建于1794年，俗称“西南宅”）的一些旧房子用于办厂。顾振随即召集了一些同乡好友，着手筹资建厂。

没多久，一家本地游民习勤所在召稼楼开张了，取名为“平民工厂”。这里实际上成了农工商综合体，拥有木工、泥水匠、竹匠、铜匠、铁匠等技术力量，设有印刷、织布、摇袜、制薄荷油及肥皂、糊火柴盒、制草鞋扫帚等加工场以及理发、医务等服务项目，还有桃园、养鸡场、养猪场等，乡民称便，业务活跃，通过生产自救，也改善了当地民众的生活，同时为抗日武装队伍提供了给养与服务，因此赢得广泛好评。

顾振亲自担任平民工厂首任主任，奚颂莘担任副主任。

正巧，奚颂莘的妻子王纪安是南汇县大团乡人，其兄弟王艮仲（1903—2013，曾名王师和）正受国民党多方委派，从后方返回上海，开展敌后工作。他通过朋友与中共地下党员林钧取得联系，而林钧根据“八路军驻沪办事处”的指示，正计划建立抗日武装。于是，他们公开宣布坚决实行抗日民族统一战线，合作在浦东地区以“找朋友”的方式，组建淞沪青年抗日工作团。顾振与他们保持着密切联系，并提供服务。因此，平民工厂里的药房间，成为秘密联络站。

顾忠建队伍

1938年夏天的一天，顾振的弟弟顾忠刚从上海慈愿难民所回到家中，太仓师范学校的同学朱英（原名朱鸣九，时年18岁）前来拜访。朱英思维敏捷，善于辞令，因此两位血气方刚的年轻人一见面即纵论国事，侃侃而谈，结果畅谈了整整一昼夜。他俩相约，立即自行组建一支抗战队伍，开展武装斗争。朱英认为顾忠敢作敢为，但有时头脑太简单，当即建议顾忠改名（将原名顾享福改为顾忠),以示立志精忠报国。顾忠一口答应,豪情满怀。

于是,顾忠和朱英找来了同学钱祥生(召稼楼人,时年 20 岁),动员他一起干。温文尔雅的钱祥生竟然也摩拳擦掌,跃跃欲试。他们详细研究了浦东的时局,发觉南汇县六团湾镇一带尚无武装占领,决定在那里建立自己的根据地。

组队先要筹款购武器。顾忠向父母要了姐姐出嫁时收的礼金。钱祥生卖了 20 担小麦,如数捐献。有了钱,顾忠与王秋福赶到浦西北桥镇,找顾振在北桥中心民校的同事陆益畲,请他设法购买枪支。而陆益畲正好收藏着北桥阻击战时散落在当地的七八支枪,顾忠如获至宝,即运回浦东。他召集了几个好友,相聚在题桥镇东南的鹤坡庙内,寻机开始活动。

然而,当时题桥镇被秃头恶霸王小弟控制着,闻听有人持枪盘踞他的"领地",便突然袭击鹤坡庙。顾忠他们正巧持枪外出活动,未遭损失。王小弟拷打看庙人,获悉持枪者是顾忠,便气势汹汹地赶到新顾家宅。当时,顾忠将一挺轻机枪藏在自己睡的床后,顾振也将武器转移在家中。幸亏藏得严实,王小弟之辈前来搜查,一无所获。王小弟不罢休,以在此搜出地图和一件写有顾忠名字的衬衣(读书时生怕拿错而写)为由问罪,威逼顾振的妹妹顾金珍。顾振母亲挺身保护年仅 15 岁的女儿,被他们抓去严刑拷打,追究下落。顾振母亲坚决不露口风,后经当地乡长汤有光出面担保,土匪才只算作罢。顾家秘藏的这批武器,后来成为重新组建游击队的基本装备。

面对这种局面,迫使顾忠决定公开打出旗号。8 月中旬的一天,10 多名战友分别携带轻机枪、步枪、盒子枪、大刀、手榴弹,开赴六团湾,宣告他们的"青年抗日游击队"正式建立了。由朱英任队长,顾忠任教官,钱祥生任文书兼军需,参加者还有跟随顾忠来的王秋福、曹福根、曹才根、顾守其等,跟随钱祥生来的钱国生、钱和尚、李阿毛、钱阿顺、汪柳先、盛树汀等,以及塘口镇的李正阳、浦西来的马玉良等。在六团湾(今浦东新区六团镇),队伍扩充到 30 多人,其中来了机枪手许昭甫(时年 20 多岁,江苏徐州人),曾参加过守卫上海"四行仓库"的战斗,为"八百壮士"之一。

期间，顾振得知弟弟顾忠的队伍参加了袭击杨思桥伪警察所的战斗，深感兴奋。

谁知，到了10月间，情况发生了逆转。忠义救国军第八支队第一大队大队长范根才为扩张势力，利用中队长闵刚（原名闵洪根）是顾忠周浦中学同学的关系，施出阴谋，骗顾忠将队伍调到鲁汇地区。随后，趁顾忠不备，将他的队伍吞并了。

年仅19岁的顾忠缺乏斗争经验，吃了大亏且难以对抗，只得带着贴心好友愤然返回家乡。

编印《三义抗战声》

1938年10月，武汉会战结束，侵华日军正面进攻停止，将主力转向应对敌后游击战，中国抗日战争进入日趋艰难的相持阶段。人们对抗日战争的前途众说纷纭，时局越加动荡。

12月中旬的一天，大雾弥漫，一群日本兵再次闯进召稼楼镇，指认上海典当业董事奚梅生的保南街瑞凝堂（俗称“东南宅”）为忠义救国军王伯祥大队的司令部，将96间房屋付之一炬，仅存7间。

消息传来，顾振激起满腔义愤。他与战友陆祖鹤（笔名陆挥）、邱金祥三人刚读了郭沫若的《抗战颂》，顿时热血沸腾，决定以诗词为武器，为抗日战争发声呐喊，动员民众奋起决战到底。于是，他们将新近撰写的51首“抗战诗”抄合辑成集，刻写成册，取名《三义抗战声》，在召稼楼平民工厂印刷部油印装订后，以“文强出版社”的名义发行，在“召楼民校”设寄售处，“实价每册五分”。

顾振在诗集卷首刊发了一篇《缘起》，表达自己的心愿：“近读郭沫若先生《抗战颂》，激昂慷慨，大足振聋发聩，振扬民气。因由同志三人，集合作品，出行《三义抗战声》一册，以继其后，谓为东施之效颦也可，谓为狗尾之续貂也，亦无不可。”陆祖鹤随之补充宣称：“小诗四十余首，为不佞等在抗战一周年中所作，热情冲动，无非随口吐露，未假推敲，略加整理，草草付梓，名曰三义抗战声，以作抗日军人及救国青年精神上之呼应。词之工拙，在所不计，倘蒙海内同仁，好学君子，肯赐南针，曷胜幸甚！”

《三义抗战声》中的诗篇每一篇都充满着义士们立誓舍身救亡的豪情，比如，其中由顾振创作的诗篇：

《三义声同人自赠》云：

镇日谈心到夜阑，销愁聊复建诗坛。
岁寒松竹梅三友，气骨原来总一般。

《自题三义抗战声》云：

结契成三义，人多气倍雄。
齐声呼杀敌，一曲大江东。

《从军》云：

乱世文名讵足争，且焚笔砚赋长征。
英雄不学万人敌，那得流传千古名？

《又》云：

何苦年年作蠹鱼，几多豪杰葬诗书。
男儿欲立千秋业，不是横行志不舒。

《游击队宴会席上》云：

寒气森森剑育光，菊花香共酒醇香。
日中更作千杯饮，夜去平陵斩贼王。

《巡夜》云：

巡遍前堤与后溪，凉宵闲见倍清凄。
蟾光黯淡霜华白，画角声中杂晓鸡。

《三义抗战声》诗集中有一首《吊冯国华师》，诗云：

泗泾水畔集群英，一日江东起义旗。
顷刻风波平地起，八千子弟哭先生。

冯国华（1901—1938，字迈樱），江苏省立俞塘民众教育馆实验区主任，兼松江专区壮丁训练教练员学习班教育长，召集上海近郊各县失业教师和失学青年500多人，建立敌后游击队。10月6日，遭日兵袭击，壮烈牺牲。他生前留下“听枫叶萧萧莫忘国难。看菊花挺挺愧煞汉奸”的诗句，为此《三义抗战声》中有一首《菊》与其唱和，诗云：

陶公篱畔好花枝，凛冽西风欲阨之。
肝胆全无甘附敌，愧他黄菊挺幽姿。

兄弟合编《决胜集》

1938年春夏之交，“中国必亡论”和“中国速胜论”争论不休，搅得人心难宁。毛泽东在延安发表《论持久战》，全面深入地论述抗日战争是持久战，中国必将取得这场战争的最后胜利。

1938年秋冬时节，顾振与顾忠先后购买到了毛泽东的《论持久战》、埃德加·斯诺的《西行漫记》（原名《红星照耀中国》）以及《中国红军的行进》等书籍，读罢深感眼明心亮，倍受鼓舞，在书页上挥笔写下了阅读心得，在心中树立起抗战必胜的信念。

一天，顾忠送来了他所搜集的厚厚两大册剪报资料。顾振认真细读后，感到应当将其整理成书稿，“用客观的眼光，作较有系统的整理”，再利用召稼楼“平民工厂”的印刷力量，可以有效地扩大宣传，“以促进抗战认识和提高民族觉悟为最终目的”，而且用乡人都能听懂的大白话编写，“使阅者易于了解，而易普及于大众”。

于是，兄弟俩集中精力，广泛搜集，悉心编辑。先由顾忠根据毛泽东《论持久战》《论新阶段》，朱德《论游击战》，埃德加·斯诺《西行漫记》和《解放报》《抗战与抗命》《游击讲话》等书刊资料，分章编写出文稿，然后由顾振进行校对和修改。坚持数月，最终他们写成八章，第一章《抗战的基本认识和大概》，第二章《一年半抗战经验的总结》，第三章《谈谈抗战的新阶段和抗日民族统一战线》，第四章《论持久战》，第五章《中华民族当前的紧急任务》，第六章《谈谈抗日游击战争》，第七章《我们对中国共产党和第八路军应有的认识》，第八章《抗日中的几个重要问题》，并附录了一篇《抗战的基本知识》，两篇《政府新颁法令》，共212页，约有15万字，取名《决胜集》。

召稼楼西南宅的奚绍广是个热血青年，此时正在梅园内创办初中教学班，读了他们的文章后甚为感动，热情地撰写序言，向读者推荐。

1939年4月，《决胜集》基本完稿，顾振以编者的名义写下了这样一段文字：

> 伟大的抗战，已经过去了二十一个月，每一个有良心的中国人无日不在渴望着胜利。但是因为普及的宣传解释，一方面因为客观事变的发展，还未完全暴露其固有的性质，使人民无从看出其整个趋势与前途，无从决定其整套的做法与努力。由于人民对抗战认识还不够，于是发出“打仗究竟几时可以停止”“打仗能够打胜吗”“东洋人几时可以停止战争，逃出中国”等。关于战争的问题，有人竟说“中国打不胜会亡”“中国武器不如人，战下去要败的”“还是讲和了罢”种种悲观和妥协的心理。这都是由于战争的延长，而发生的。他们不知道这个战争，是艰

苦的持久战，须要全国人民的努力，才能达到胜利。短时间的速胜，是不能的。由于这种认识的不够，有的人就做了顺民，有的人竟做了汉奸，有的人甘心为傀儡政府服务。这些对于抗战前途，是大有妨碍的。所以我决心搜集一点关于抗战的材料，来解释疑惑，既可使人民对于抗战得到相当的明了，又可作各游击队政治部的参考材料，俾增加游击队员的政治意识。对于加强抗战力量，不无小补。

在抗日战争形势严峻而人心浮躁难安的关键时刻，顾振兄弟俩充分发挥擅长写作的才能，日夜埋头苦干，及时地为浦东地区的抗日战争斗争工作提供了何等宝贵的精神食粮。

1939年6月，《决胜集》在召稼楼平民工厂内印刷后，秘密传播到各支抗日游击队。在信息闭塞的乡村，这《决胜集》无疑是一册极为难得的抗战宣传读物，自然产生了广泛的影响。

转入“抗卫二大”

1939年春，因顾振善于军事训练，浦东忠义救国军第十二总队三支队支队长王伯祥盛情邀他前去担任军事教官。王伯祥原是棉花商人，办事果断，能说会道，为人圆滑。顾振并不喜欢王伯祥的做派，但为了能参加抗击日寇的实际战斗，他毅然放下平民工厂，前去应聘就职。

人们看到，顾振中等身材，戎装佩剑，衣着朴素，面有英气，不吸烟，不饮酒，彬彬有礼，谈笑风生，神态坚毅，自有威武不屈的儒将风度，乡人都尊称他“顾先生”，好友称他“老顾”，部下称他“老大哥”。他时常与骨干人员侃侃而谈，或在讲台上慷慨陈词，还曾扮演雄赳气昂的长须老将登台表演，给予大家报国救亡的精神力量。

从此，顾振能够真正地拿起枪杆子报效祖国，在地下抗日武装斗争中大显身手。

1939年5月14日起，日军连日派一架飞机于鲁家汇、召稼楼、陈家行、金汇桥等地，投弹轰炸，企图消灭抗日武装队伍。

然而，浦东地区的抗日武装队伍有增无减，越战越勇，不断发展。当时，本地最活跃的抗日武装力量是南汇县保卫团第四中队（简称“保卫四中”），其领头人是连柏生（1908—1992，南汇县祝桥镇人）。1938 年 8 月，连柏生组建“保卫四中”，亲任中队长，副中队长是王才林（1910—1942，南汇县盐仓人），两人是上海新陆师范学校同学。这支队伍公开身份属于地方保安部队，而实是由中共领导的抗日队伍，俗称“连柏生部队”。

顾振时刻关注着连柏生的举动，内心十分向往这支颇具声望的抗日队伍。

1939 年 6 月，“保卫四中”扩编为南汇抗日自卫团第二大队（简称“抗卫二大”），分设大队部、一中队、二中队，下设区队，每个区队有 2 个班。

于是，顾振毅然脱离王伯祥部队，转入“抗卫二大”，在连柏生的领导下，投入新的战斗生活。随后，顾振招来了堂弟王秋福、战友龚云泉、康定宇等，建立了一支区队。

此时，叶飞率新四军“江南抗日义勇军”（简称“江抗”）进入上海地区，与各县抗日武装力量取得联系。江抗部队与顾复生率领的青浦抗日游击队会合，夜袭了虹桥飞机场，声震上海滩。

顾振得知喜讯，精神振奋，主动请战，要求率队奔赴浦西开辟敌后根据地。江抗总指挥部同意了顾振的请求。

游动在茜浦泾一带

1939 年 5 月，上海地区提前进入夏季，天气奇热，连续两个月没有下雨，小河干涸，农田龟裂。

这时，顾振率领小分队冒着酷暑，奉命奔赴浦西茜蒲泾一带。

茜蒲泾是一条南北走向的干河，又名千步泾，是上海县与松江县界河。当时，这里有个茜蒲泾小市镇，距松江县城 5 000 米，距莘庄镇 2 500 米，距新桥镇 2 500 米，那里均有日军据点。抗日战争全面爆发后，江浙边区救国自卫军游击队在这一带活动，沉重打击当地的伪维持会，击毙了数名汉奸。日伪军几番扫荡后，自卫军游击队被迫转移去了浙江地区。

新四军江抗部队在浦西地区旋风般地行动，日伪守军生怕遭到袭击，守在据点内不敢贸然出动。

顾振率部乘虚而入来到这里，尽管人生地不熟，但他们以钱家滩为根据地，日伏夜行，东奔西走，千方百计开展游击活动，寻找战机，袭扰日伪军，增强威慑力。

深秋的一天，顾振奉命率队袭击新桥日军据点，下午三时赶到目的地时，发觉中了日军埋伏圈。顾振沉着指挥，战友们英勇反击，终于全部突围。

于是，顾振决定改变游击战术，游击队员们白天随地下田耕作，晚上再外出活动，寻机震慑汉奸、袭击日军；行动结束，再隐居在村宅之中，既隐蔽身份又帮助了村民。因与乡民建立了鱼水关系，他们到处都有藏身之地。

一天早晨，顾振率队正在钱家滩北面的一个村宅内留宿。岗哨突然发现河中有响声，及时开枪报警。战友们互相掩护，趁着雾气迅速分批撤退。然而，退到河边正要过桥时，敌方已用密集的枪弹封锁桥面。顾振命令战友们抱住枪支，躺下身体，先后滚过桥去。当雾气散开时，顾振最后一个滚过桥

茜浦泾靖安桥

面，全体安全脱险。通过这次遭遇战，大家积累了沉着应战的经验和信心。

顾振有时乔装成老农民模样行走在乡间，有时则持枪急奔转眼不见身影，有时潜回家中与家人暂聚一夜，连家乡人都弄不清他在外忙些什么。

遭受磨难

因游击队生活极为艰苦，常年行军劳累，寝食不定，加上夏秋时节天气异常，不少游击队员得了疟疾，战斗力因此遭受重创。顾振不由操心过烦，致伤脾元，于 1939 年 9 月患上了严重的伤寒症。他持续高烧不退，危在旦夕。王秋福冒险从颛桥找来一位老中医，给顾振用了几帖重药，才使病情有所好转。

9 月 3 日，英国和法国对德国宣战，第二次世界大战随之全面爆发。侵华日军疯狂地围剿抗日游击战，企图消灭各地游击队，以求腾出力量应对世界大战。

时局日趋严峻复杂，对日寇必须予以持续的反击。而此时顾振病卧在床，无法继续指挥作战，倍觉痛苦。而偏偏在这个时节，顾振的妻子曹三妹得知他身患重病，忧心伤神，10 月 4 日（农历八月二十三日）生育时大出血而突然去世。家人生怕病中的顾振承受不了这重大打击，一直将此事瞒着，可顾振从战友们的言谈中还是知晓了这个信息。在极度悲痛之中，顾振随口而吟，随手而记，将心思化为一篇篇诗歌，辑成《病中杂吟》。其中有几首云：

> 病了！病了！一个壮硕的青年病倒/喝口茶，呷口水，维持我微弱如丝的生命/蓦抬头，看见一只苍鹰翱翔在天空里/我欣羡着这头鹰儿的壮健。
>
> 抱了一腔热血想爬上时代的尖端/患了无休止的病/又坠入了黑暗的深渊/教我诅咒命运还是痛骂人生/教我哭还是笑/我有些茫然/病啊，病啊/你把我从云霄里丢进泥潭。
>
> 太阳滚入了泥，我顿觉失掉了光明/漫漫的长夜，何时终尽/黑暗里

的囚徒，希冀着明日的朝暾/朝暾，朝暾，终有一天会光临/到那个时候，妖魔鬼怪将扫除尽净。

江左的望望江右的/一团蓬勃/可怜我抬着头/只是空怅望/空怅望呀/横梗着一江浦水/浦水悠悠照着两浦的人/我思念着热情的朋友/苦难的老百姓。

清明时节听到几声鬼啸/在这鬼子猖獗的时期里原也算不了什么稀罕/鬼子们啊，你们尽不要这样快乐的呼啸/等清明一过，你们必会厄运来临，连呼倒照/最后的胜利终属于人们/到那时鬼子们将无处遁逃。

看见你的面像看见了太阳/只见你的脸上发亮/两道娥眉似远山般引人入胜/这远山好似站着观音/秋波里含着纯洁的笑/笑里藏着无限的深情/年青的姑娘啊/愿你莫错过了大好的青春。

我既不是路柳，也不是墙花/好好地栽在主人的园里，原来是田园已经荒芜/主人也已逃亡，或许已在流浪/春天里再见不到春光/春光已被魔鬼们吞噬，已被侵略者扫荡/如要迎主人归来，如要求田园兴旺/我们要不受侵略，我们要再见春光/那只有挣扎，惟有反抗！

顾振卧床一个多月，队伍士气随之低落。而抗日战争时局也发生了新的变化，浦东地区的忠义救国军第一纵队第八支队突然投敌，被编为汪伪和平建国军第十二路。

顾振决定暂时解散队伍，回乡分散隐蔽。

1939 年 11 月初，王秋福联系顾忠，将部分战友接回浦东游击队，并将顾振送到住在召稼楼西北面谈家沟头（今浦江镇联胜村八组）的姨妈家中养病。11 月 8 日起，社会各界好友得知信息，带着状元糕、米花糕、葡萄干之类食品前来慰问。顾振深感欣慰，身心振作了许多，还特意一一记下。

11 月 19 日，顾振正在姨妈家门口晒太阳养精神。寄母匆匆赶来，含着泪告诉他：曹三妹为他生下的白白胖胖的新生儿，仅仅活了四十多天，突然夭折了。

顾振一下子惊呆了！他抱怨自己为何没有死，不然可以在另一个世界

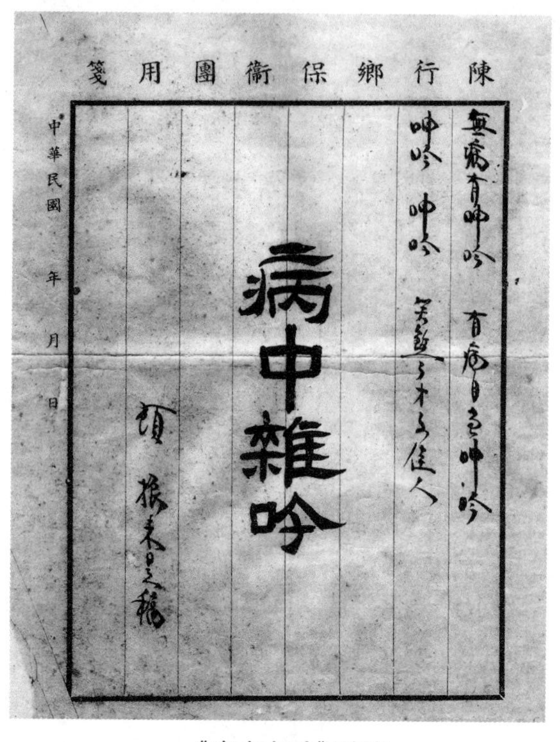

《病中杂吟》手稿

与妻儿团聚。他离家只有半年,与儿子还没有见过一面,家中竟然就发生了这样惨痛的悲剧。他连声悲呼:“人生好梦有几场!”随即挥笔在笔记本上写下了字字泣血的小诗《年年八月廿三夜》和一页又一页的感叹之言……

12 月 9 日,顾振在召稼楼浴室设下便宴,答谢近 30 位亲朋好友。顾振在《病中杂吟》手稿本中记载了这次聚会的人员名单:王伯祥(时为伪军马伯生部第一大队队长)、张秀雄、蔡临福、龚云泉(游击队战友)、康定宇(战友,后清除)、王秋福(顾振堂弟、战友)、薛正清、洪雪根、乔洪生、王正文、胡月根、孙宝庭、顾惠民、王伯英(陈行人)、胡嘉禄、施春楼、谈妙德、奚博彦、王杏生、王家杰、秦景之、朱荣根、朱芝堂(顾振亲眷)、谈顺嘉、黄树园、顾伯生。

1940 年元旦,顾振在家中陪伴父母,巡望四周,触景伤情,又在笔记本上写道:

> 一件东西到了手,原觉不到稀奇。但一朝失去了,倒免不了要惦记。无况一个人永远的消失,无况她还留下一块肉,给她的灵魂永远的恋依。她留下的一只瓶,这是她生前装粉的,现在是张开大口空留在抽屉的一角。我想把这瓶装满眼泪,生前少相会,留下终身的遗恨。她留下一面镜,这镜里永远消失了一个人影。死后灵魂的一瞥,竟不知是假是真。我是回来了,你倒永远去了,我要问这是个怎样凄惨人生?

随之，顾振的病情又加重了。亲朋好友为他又忙开了。

当时，故乡家园破碎，社会环境复杂，地方时局动荡，为了静心养病，免遭不测，顾振决定暂时悄悄隐身。

陈行养病

1940年年初，顾振秘密转移到陈行镇上，独自住在胡氏宗祠小屋里静心养病。虽说他能够起床行走片刻了，但是依然体虚气喘，双脚无力，心情难以平静。

腊月里，下了两次雪。

在大雪封门的日子里，顾振静心整理记录游击队战斗生活的诗稿，重新手抄成册，共有33首。他反复吟诵，感慨万千。

3月中旬（农历二月初），顾振完成了《病中杂吟》的新抄本，并写下这样一篇序言：

余素无疾病，赖此学业得以毕全程，而无中断之事。出面应世，每事亦能全终始，亦无有因病而中辍者。尤以镇江之受训，茸城之保训，虽历受寒暑，困乏体肤，而无损于余之身体，反强余之筋骨。即七七抗战军兴，余服务后方，每有夙夜未遑寝食，奔走呼号，而病不生。究岁秋，在西工作，匆患病，病且重，卧床月余，痛苦备赏。当时几以死自度，后赖友人之热心调治，幸获转机。卒于十一月初买棹东归，寄居亲串（戚）家。继续服药调治者月余，至本年初，始能步行，然足力未健，久尚气喘。病稍愈时，微闻我妻弃于我初病时，因产夭亡，因以余患病，恐伤心神，故隐而未告，及余稍瘥，始敢微露其言，其用心亦有苦矣。据医言，以余劳苦过度，操心过烦，致伤脾元，而发生病。然余未敢以此自许，其所以一病一亡者，只有委之天命而已。然病中无聊，每喜自语，随口吟来，骤成短篇。每恨随吟随忘，故以钢笔录之于纸，然手颤难成字体，且中多悲感萧索之作，盖皆由病来也。今年暂居陈行，适值旧历年梢，下雪盈尺，闲居不能出户，将旧稿重录一过，非敢有传之后世之野心，只求作病中之纪念，爰弁数言于简端，借留雪泥鸿爪之尔。

民二十九年二月初录于胡氏宗祠　增福

在《病中杂吟》的封面上，顾振自嘲地题了一句话："无病有呻吟，有病自当呻吟。呻吟，呻吟，笑煞了才子佳人。"

这《病中杂吟》似冰天雪地之中的一团烈火，无声地燃烧在浦东大地上。

在陈行小学

1940 年的春天迈着欢快的脚步走来，顾振的病情随之大有好转。

因抗日战争爆发而停办了一年半的陈行国民小学，经"十乡联合办事处"统筹协调，终于复校上课一年了，招收学生达 200 多人，急需扩充师资力量。

顾振

顾振大病初愈，便再次到陈行小学去执教，以取得公开身份。

"五四学生节"时，顾振在陈行胡氏宅前留影，并自题"病后一余生，劫后一孤民"。

不久，因任永康"出缺(去职或死亡)"，陈行小学校长的空位急需有人担当。地方各界都信任顾振的才能，一致推举他出任校长。

学校教导主任杨民生还年轻，时常为地方上干扰学校教学而烦恼。顾振经常鼓励

他:“不要怕!”在顾振的努力下,陈行小学不但在教学上有了新发展,成为地方教育中心,而且校内已拥有多名正秘密投身救亡运动的革命者,成为地方抗战的一个堡垒。

刚来到这里的女教师高瑾(1921—2015,原名王琼英,后名田鸣),时年19岁,从华东女中幼师科毕业后即加入中共地下党员林钧领导的“边区民众抗日自卫总队四大队”(简称“边抗四大”),后赴崇明岛,因所在组织遭到破坏,奉命转移到陈行小学隐蔽。她在这里执教音乐课,同时帮助顾振开展民运宣教工作。

顾振特意为高瑾在校内安排了一间僻静的屋子作为宿舍。学校校工发现,常有一个清瘦黑脸戴眼镜、40多岁的男子前来过夜,甚至住宿数日,深感疑惑,以为闹出了“风流事”,即向顾振汇报。顾振叮嘱校工不可声张,其实,来者是高瑾的老师林钧,顾振正是通过她与林钧建立了密切联系,这里也成了中共地下党的秘密联系点。为确保林钧的安全,顾振安排自己的妹夫火志欣担任林钧在本地活动时的警卫人员。

顾振还担任陈行地区冬防队队长,同时暗中担任边抗四大联络员。他通过在陈行小学做工的表兄陈泉根,组织杨民生、张厚生(1906—2002,又名载德,杜行乡张家店人)、赵铎心(1919—1947,杜行乡北赵家桥人,时任杜行中心小学总务)、周顺泉(孔启成)、康祖根等年轻人加入王艮仲领导的“淞沪青年抗日工作团”,关注日伪军动向,为抗日武装提供情报。

1940年初夏的一天,张厚生从顾振手中接过周浦联络站的秘密信件,送到鲁汇镇西首的戚港宅,交给在一场战斗后转移到那里的林钧手中。

人生转机

顾振担任校长后,时常在陈行镇上奔走,引人关注。于是,他的人生遇上了一个大转机。

有人来为顾振提亲,而被介绍的姑娘是陈行秦氏家族的秦之佩,顾振欣然答应了。

秦之佩是大户人家之闺秀，1922 年 4 月 7 日（农历三月十一日）生，为宋代词人秦观（字少游）二十七世孙，上海县城隍秦裕伯后裔。父亲秦锡燧（1899—1935，字槐新，号宝涵）6 岁丧母，9 岁失父，自幼孤苦，15 岁才读完小学课程。成人后，奋发有为，不到 30 岁即成为上海县教育局教育委员。1927 年 1 月 23 日，上海城隍庙因火灾重建后，建立“邑庙董事会”，堂兄秦锡田（1861—1940，字君谷，号砚畦）出任董事长，秦锡燧受命担任董事会驻办人员，带领 4 名干事，负责执行董事会的各项决议。同时，秦锡田兼任上海游民习勤所（初名乞丐教养院）董事长，秦锡燧担任习勤所筹备员，负责在漕河泾镇北购田，开展筹建和管理工作。他还在家乡创办私立陈行幼稚园。1928 年 7 月，他倾心整理祖辈诗文，辑成《友于集》（含《青霞吟馆诗抄》《贮云书屋诗抄》《玉涵堂剩稿》《友于集》等）传世。1930 年 10 月，陈行幼稚园改为上海县立，建造园舍时，他捐银四百元，被江苏省教育厅评为捐资兴学甲等奖。母亲孙惠仙，塘口大户人家之女。因家道中落，秦之佩幼年在塘口外祖母家长大。赴三林小学就学，接外祖母到陈行镇上同住。

1927 年 1 月 23 日，“邑庙董事会”开始办公。秦锡燧以驻办员的身份带领 4 名干事，负责执行董事会的各项决议。

1935 年夏，年仅 36 岁的秦锡燧突然因病去世。秦之佩才 13 岁，因家道中落，只得辍学。入秋，祖母、外祖母相继去世。秦之佩就此担当起家务琐事，从而养成了勤俭持家的习惯。

秋季里一天，顾振在民众教育馆组织踢毽子比赛。秦之佩虽非在校学生，趁兴也来参赛，竟然名列冠军，获得了由顾振手绘制作的奖状。于是，顾振对她产生了深刻的印象，在后来的《结婚周岁纪念寄佩妹》一文中他写道：“在您十四岁的秋天已经认识您，记得您是个圆圆的脸蛋，扎着童化的头发，斯文里带着活泼，庄重中有着幽娴。这是个多么美妙的姑娘啊！从旁人口中打听到这是秦家的佩佩。您踢毽时那红润的面孔和那轻灵巧妙的脚头，至今我还记得，永远地记得！”“果然心诚则灵，您是人但也是神。在二九年桃李芬芳的佳节里，我们凭着纯洁的爱实行订婚。从此心心相影、相影心心。”

两人早年人生经历相异，却是有缘有义一拍即合，1940年春，顾振托秦之佩的表叔、时任陈行小学校长的任永康说媒，经双方父母同意，正式订婚。

就此，两人逐渐相恋相知。

一天，秦之佩故意绕了个圈子，脸含羞色，偷偷地跑到陈行小学去看望顾振。她有生以来，第一次表露出对一个男子的钟情。

又一天，顾振鼓足勇气走进秦家大门，探望生了病的秦之佩，公开表达对一位女子的钦敬。在那里，两人率真地交谈，天真地欢笑，惊骇了某些守旧的老人。

事后，顾振回忆这段时光时称："在订婚后半年里我们的生活够甜蜜，彼此精神上都有了安慰，心灵上都有了寄托。在秦家后园里闻过丹桂的飘香，在秦家的花坛里赏过凤仙的幽姿。享受过佩妹亲手调制的菜肴，欣赏过佩妹案头供养的鲜花。最难忘的是佩妹依着门槛羞答答地问我：您可吃饱不吃饱?"

不久，秦之佩发现顾振时常在夜里悄悄外出，有时数天不见人影，不由为其担心受怕。母亲得知后，叮嘱秦之佩：要是男方"不肯安分守己"，就重新考虑婚事。秦之佩深信顾振为人正直，只是担心世道混乱，生怕他在外"吃亏"。她对顾振说："我娘希望你安分守己。不能去当汉奸，也不要去寻游击队……"顾振十分理解她，表示："你放心，我绝不会去做对不起民族，对不起人民，对不起你的事。"

已经历生活磨难的顾振自然盼望宁静的家庭生活，但国难当头他更向往火热的救亡斗争。面对秦之佩的纯情，顾振满心喜爱，又深感内疚，便挥笔写下一篇订婚赠言，以火热的语言激励秦之佩："我俩是不怕艰苦的一对，在患难中结合了起来。您赞许我有志不屈，满怀着国家和社会。我敬佩您既有学识，又能苦干，中国的新女性，您当首推。大家相信单独的力量薄弱，合作才能发威。您是我合作的对手，将合作到老白头，也是我永生永世的朋友，这朋友将永不分手。我们誓必有福同享，有难合当，造成像铁的墙壁。我们要耐着苦痛渡过这个年头，不怕吃苦，不要胆怯，不会灰心，绝不轻浮，坚定起成功的信念，把握住胜利的盾矛。我们要做打不散的鸳鸯，要学比翼长征的鸿雁。我们要肩并着肩,手挽着手,我们要敲响时代的洪钟,我们要做时代的模范。”

秦之佩的心被顾振的真情烧得火热。

新婚生活

半年后,两人很快真情相爱了。

这时,顾振应邀要到召稼楼去担任军事教官,陈行小学校长的担子只得放下了。于是,众人相助,为顾振操办婚事。

1940 年 11 月 24 日(农历十月二十五日)下午,顾振与秦之佩举办了新式的结婚仪式。秦之佩坐着花轿,从陈行镇上被抬到新顾家宅。一路上,抬轿人欢快地颠着花轿,轿中的秦之佩不慌不惊,稳住身体,喜上眉梢。她心头想的只有一个念头:梦寐以求的新生活终于开始了!

结婚仪式按新式的“文明婚礼”有序进行。由任永康和徐邦兴为介绍人,乡长汤有光为证婚人,主婚人为顾金华。陈行中心小学教导主任杨民生代表顾振的好友当场朗读了充满诗意的祝贺词。

人们看到,28 岁的新郎英姿飒爽,生活的磨难使他更显坚毅果敢,而 19 岁的新娘纯情美貌,数月之间突然成熟了许多。大家祝贺他俩喜结良缘,深信他俩能够幸福美满。

礼毕开宴,身穿婚纱礼服的秦之佩仍毕恭毕敬地站立一边。顾振怜惜新娘,催她入内休息。秦之佩坚持等到忙于应酬的婆婆有了空闲,上前叫应一声之后才去休息。而转眼间,想与新娘子敬酒取乐的亲友却不见秦之佩的身影,寻了一阵才发现她已经脱下婚纱在陪家人吃饭了。

婚后,小夫妻俩相濡以沫,真诚相待。晚上,顾振总是哄着妻子先睡,自己则在灯下撰诗文、写书函、阅报刊、查地图,关注世界反法西斯战争进展情况,与好友们保持着经常性的书信往来,他没有一天是轻松的。妻子发现他身体瘦弱了,忍不住问他:“为什么这样干?”顾振回答说:“为了不让帝国主义强盗欺侮我们,为了解除人民的苦难,让人民当家做主人。”秦之佩理解丈

夫的志向，微笑着陪伴在他身边。

新婚三天后，秦之佩下田劳作去了，不愿袖手“吃闲饭”。

新婚不满半个月，已到召稼楼当教官的顾振，时刻惦记着如何安置好分散隐蔽着的游击队战友，他到处奔忙，时常数日不归，难得安心在家守护新娘子。

乡人看不懂，以为“小夫妻不和”，便有流言蜚语传开了。

秦之佩遭人奚落，感到委屈，偷偷地哭了，便给顾振送去一封短信。顾振得知后，当即赶了回来，生怕惊动家中老人，他约妻子在村外悄悄相见。怎奈有要事在身，他转身又匆匆离家了。忙完事，他又给妻子来信安慰说：“飞来的横祸把我们的梦击得粉碎，丢弃了温柔的被窠去睏稻草，离开娇艳的妻子去伴武夫。枕戈，执戈，牺牲了小我的幸福，去保卫大我，使你遭受奚落，忍受恐怖。记得我俩在一天的晚上相见，您装扮得像一个村姑，我也有些侠客的气概，在黑夜里携着手同行。您也忘却了恐惧，我也自以为是堂堂的丈夫。这幕悲喜的相叙，到如今只有深印在脑海，不会磨糊。”

在日寇的铁蹄下，顾振从事地下抗日斗争，常年冒着生命危险四处奔波，如同天天在刀尖上行走，不但不能与新婚的妻子朝夕相伴，而且不能表明行踪实情，不能吐露忧愁心事。为此，他始终对年轻的秦之佩深感内疚，又必须严防失误，所以用尽一切努力关心她、鼓励她，既避免妻子担惊受怕，又设法帮助她增强抗战的信心，一起走上革命道路。

于是，顾振在百忙之中，尽力挤出些时间回家来探望，稍有空隙就给秦之佩写信。他一次又一次对妻子讲述革命道理，分析时事动态，经常一起阅读鲁迅《两地书》，还有《延安归来》《西行漫记》《新女性》等进步书籍。在顾振的耐心引导下，秦之佩渐渐地理解了丈夫的行为。她坚信丈夫是一个真诚、正义的人，同时她祈求丈夫在外平平安安，渴望丈夫常回来相聚。

顾振极想与妻子时刻相伴，共度甜蜜的生活。他一向胆大心细，对秦之佩尤为体贴入微，在外奔波时稍有空闲就给她写信、写诗，用真诚的语言安抚她的心灵。他撰写的《余所知于佩者》，细致地记下了妻子的种种生活习惯（后录入《结婚周岁纪念寄佩妹》小册子）。

兄弟巧遇

这两年间，顾振与顾忠兄弟俩却难以相聚。

1939 年 8 月，顾振在茜蒲泾一带开展游击战时，顾忠经陈行乡乡长汤有光的推荐，到王伯祥部队担任文化教员。王伯祥十分欣赏顾振、顾忠兄弟俩的才气，2 个月前没能留住顾振，此刻就加倍器重顾忠。他已年近 40 岁，而顾忠 20 岁刚出头，血气方刚，正好派用场。在顾忠眼里，王伯祥具有文人气质，一手毛笔字极为老练，整天坐镇在办公室内掌控全局，夜里时常亲自出门巡逻，穿一件长棉袄，走路飞快，尤其是办事干练，治军甚严，极有魄力。

人们发现，顾振与顾忠对王伯祥的认识是有差异的，不仅是因为年龄和阅历，更关键的是两者个性有异，感受不同。顾忠自幼追随顾振，而如今顾忠长大了，也自信了，加上各自忙于救亡斗争，未能经常与哥哥相聚交流，但他心中常惦记着要寻找机会请教哥哥。

数月相处，几番深交，顾忠终于发现自己与王伯祥是同道不同心，追求的人生目标不一致。他打算另谋去向。

1940 年 6 月，顾振重返召稼楼，准备将分散隐蔽的游击队员安排进伪军部队，开展策反工作。偏偏在这时，顾忠却突然离开王伯祥部队，独自奔赴南汇地区，热衷参加抗日游击战斗。

顾振与顾忠兄弟

阴差阳错，兄弟俩好像在捉迷藏。

8 月初，顾忠奉命从南汇游击队驻地潜赴上海城区，来参加一项重要活动。正巧，顾振应好友之邀，放下正在召稼楼推进的策反工作，赶到上海城区会晤友好，聚会纪念抗日战争全面爆发三周年。

8月6日，顾振到福州路科学大楼内的私立江东初级中学找人时，竟然与弟弟不期相逢。

兄弟俩自幼心心相印，手足情深，彼此难解难分。而这两年间，难得相伴共处，常为彼此的安危困苦担忧，而此刻却能在这里意外相聚，实在令人惊喜若狂。于是，两人兴奋地赶到淮海路上著名的蝶来艺术照相馆，一起合影，以资纪念。顾振还在照片的背面深情地写下这样一段文字：

> 我兄弟两人在沪相聚之机极少，几年来漂泊，天各一方，虽手足情深，仍集散无常，此次向弟奉命潜赴沪渎受训，余亦以诸友好之招乘暑期到沪，不期相值于江东中学，即拟合摄一影，留作艰苦生活中之纪念，并示团结合作之决心，他日我等事业如有可成，当以此为证，亦为苦难中之一段佳话也。

这一年，顾振28岁，顾忠22岁。

不久，兄弟俩重又合力投入新的战斗。

策动起义

当时，召稼楼地区存在两股颇具势力的武装力量，即王伯祥部队与伪军51团，他们各霸一方，又互相牵制。事态诡秘，一时令人难以捉摸。

针对时局的变化，时任川沙边区人民抗日自卫总团第四大队（简称“边抗四大”）负责人的林钧指示，为保存实力，要求顾振把分散回乡的游击队员聚合起来，设法附编到伪军之中去，既解决生存难题（每月可获生活费），又有利于直接掌控。

顾振去年春季曾经在王伯祥部队当过军事教官，熟悉那里的情况。于是，他主动到召稼楼资训堂找王伯祥谈判。

见顾振主动将人员和枪支送上门来，王伯祥自然表示欢迎。顾振提出条件,要求将部下单独建队,行动自主。经王伯祥同意,顾振的部下被编为第三营第二排,由其堂弟王秋福任司务长,日常行动独立自主。而有些队员一时不理解顾振的做法,时有抱怨情绪,甚至怀疑其变节。而顾振一时难以直说真实意图,埋头忍受着各种非议。

这时,顾振已无心顾及陈行小学的教务工作,待学校一放暑假,他就将全部精力投放在召稼楼。为了活跃部队生活,增强人际交流,顾振在召稼楼各处奔走观察,主动沟通协调,还组织士兵们排练各种表演性节目,计划举行一场隆重的"联欢大会"。他连续忙碌了十多天,无暇回家,只能抽空给回了娘家的妻子发出信函,相告"近日工作繁忙,而颇为顺手,身体亦佳,尚望勿念",希望她于7月31日带了弟妹从陈行赶到召稼楼去相聚,观看盛况,分享喜悦。

"联欢大会"如期举行,由顾振亲自主持,召稼楼镇上响起了一阵阵久违的笑声。

此时,林钧通过高瑾,向顾振发出指示:"附编不是目的,时间不宜过长,应变被动为主动,变伪军为抗日队伍。"

于是,顾振制定了策动伪军起义的具体计划,并果断地付诸行动。为了切实掌控队伍,顾振将顾忠从南汇召回到自己身边,由他担任第二排排长。顾忠赶回召稼楼,兼顾王伯祥部队的军政课目教学,尽力传播爱国救亡思想,凝聚人心。同时,顾振将王秋福从第二排调到第一排去担任司务长,加强了掌控力度。

不久,经王伯祥推荐,顾振赢得伪51团团长周明发的信任,出任伪51团第一营的军事教官。

周明发与顾振在读初中时曾经同过学,知道顾振的能力出众,办事极为认真,此刻又看到顾振在训练时,口令清晰,操法丰富,指挥有力,感到十分满意。

通过三个月的军训,顾振以出色的军事才能和为人态度,获得了上下一致的信任。顾振则趁势宣传爱国精神,主动团结了一批骨干士兵。同时,他从第一排调来几位老部下,充实在第一营,为策动起义奠定了基础。

眼看时机日益成熟，顾振谨慎以待，安排顾忠率领短枪班加强巡逻，控制召稼楼内外的动静。同时，几个人自筹资金，在召稼楼镇上新开了“协泰丰杂货店”，作为秘密联络站，由顾振的堂弟顾宝根（1921 年生，顾金山四子）守在店内担任联络员，以利加强与外界的联络。

召楼事变

伪团长周明发在召稼楼一带无恶不作，老百姓对其深恶痛绝。经林钧、王艮仲、顾振、顾忠等共同研究，决定为民除害。

1940 年 12 月 16 日，顾忠率领短枪班流动到南钟家宅时，遇见伪军第一营中队长曹友民的弟弟曹正民。这家伙是周明发的警卫兵。这天，南钟家宅的民女王宝妹正准备出嫁，曹正民竟然将她强抢到手，叫人用独轮车带走。村民愤然群起，将其围困。正巧顾忠赶到，下令将其押住，解救了王宝妹。曹正民大肆发作，被短枪班击毙了。

周明发得知消息，顿时大发雷霆，下令追究顾忠。一时不见顾忠的踪影，他就扣押了顾振，还扬言要将其弟弟顾造福抓来扣为人质。

顾振家人得知此讯，急忙安排年仅 7 岁的顾造福连夜奔到中心河镇大姐夫家中避难。

周明发的恶行惊动了王伯祥。他急忙赶来斡旋，对周明发说：“你把顾振扣起来了，他怎么通知顾忠放人？只有将他放出去，限期通知顾忠把人放回来，才是个办法。”周明发计穷力竭，只得先释放顾振，限定他三天之内要找回顾忠。

转眼，三天期限到了。王秋福接到顾振密令：“12 月 23 日晚上 10 时，把小学那边的桥门打开。”

当时，伪军团部设在平西街礼耕堂。这里，五进房屋有 138 间，西面建有栅口，东面临河架有木吊桥，与东街连接。每天晚上，收起吊桥，关闭西栅，即可安逸入睡。这几天，周明发已加强警戒，不但闭门上锁，还增设了岗哨。

23 日晚上 10 时，细雨菲菲，寒风阵阵，人们都早已钻进被窝取暖，召稼楼镇上一片寂静。顾振率领顾忠、顾关涛、火志欣、顾炳根、张厚生、李金根、陆益畲、王宝道等40多名游击队队员悄然行动了。王秋福费尽周折，终于按约打开了小学校旁边的东桥门。游击队队员们迅即解除岗哨，冲过东桥门，并控制了西栅口。

顾振、顾忠率队占领有利地形后，将礼耕堂前前后后严密看守。悄悄将门警蒙面捆绑，缴下两支盒子枪。顾振指示王秋福，将第一、二排伪军带到南钟家宅去。于是，200多人奉命集合，跟随王秋福行动。

临近子夜时分，顾振、顾忠等冲到伪团长周明发住处，将其从床上拖下来活捉了。伪中队长曹友民开枪顽抗，被顾忠击毙。

眼看凌晨已近，顾振赶到南钟家宅。这里是顾忠同学钟彬贤的家宅，有三进院落，宅后又有大竹园，适宜隐蔽。此时，伪军们已经被收缴了武器，顾振亲自向他们喊话："弟兄们，大家跟我去抗日，当汉奸只能是死路一条！"众人都表示愿意跟顾振走。经清点，共缴获机步枪200余支。

袭击召稼楼伪军团部成功之后，顾振率队伍立即东进，赶赴南汇县横沔地区，加入淞沪游击纵队第五支队，担任第一大队副大队长。

风声日紧

顾振与秦之佩新婚未满一个月，即发生了"召楼事变"。

"召楼事变"的第二天，日伪军在浦东城镇的大街小巷贴满了悬赏捉拿顾振的通缉令。

为了提防日伪军迫害顾振家人，秦之佩立即跟随公公、婆婆和年仅6岁的小妹迅速离开顾家宅，悄悄赶到中心河镇亲友家中，与先躲在这里的顾造福相聚。

中心河镇是一个靠近黄浦江的小集镇，地理偏僻，顾家妹妹嫁在这里的王家，这时成了顾家人的避风港。

然而，眼看风声日紧，中心河镇上必然也不会太平了。

顾家人一时联系不上顾振、顾忠，更为"新娘子"秦之佩的安危而焦虑

万分。

在中心河镇上，秦之佩只得隐姓埋名，出门时就冒用小妹的姓名。躲了十多天之后，顾家人将她送到王家渡码头，乘船转往上海城里避难。尽管在家乡还是有不少亲戚家可以投靠的，但她不愿连累人家，坚持按顾振事前安排的方案到城区去隐蔽了。

这时，高瑾也从陈行小学撤离了。

不久，顾振带着几位战友赶到妹夫火志欣家中，把暗藏在那里枪支、弹药悄悄转移到顾家宅，藏进自己家中的夹墙内。临走时，他再三叮嘱家人："武器是革命的本钱，是战士们用鲜血换来的，你要保管好。"父亲慨然表示："有我就有枪，我会用性命担保的。"

顾忠投奔新四军

1941 年初，顾振的三林塘好友姚惠滋自皖南来沪。他于 1938 年参加新四军，在皖南事变发生前与薛暮桥（1904—2005，原名雨林，江苏无锡人，时任军部教导总队政治教官）先行撤出。

顾振闻讯，赶到上海城内，在一家饭店为姚惠滋接风。顾振要求姚惠滋带些朋友到苏北去。姚惠滋同意先带一个最肯吃苦的人过去。顾振当即推荐了胞弟顾忠。经薛暮桥同意，决定春节之后就出发。

顾振与顾忠商量，希望他能抓住机遇赶赴苏区，为战友们开辟一条投奔新四军通道。顾忠毅然告别妻子和幼小的儿子，匆匆赶到秦之佩在城区的秘密住处。他在这里住了十多天，静静地等待出发去苏北的时机，企盼人生重大转机的到来。

2 月下旬的一天晚上，秦之佩将顾忠护送到北京路外滩。22 岁的顾忠随同 37 岁的姚惠滋登上了上海开往启东的轮船。

轮船到达江苏青龙港后，他们又长途跋涉，经郁定一（字文焕，江苏海门灵甸港人）做向导一路接送，终于到达如东县，找到新四军一师师部，见到了粟裕师长。

后来,顾忠在盐城进入"苏北抗大第五分校"五队(政治队)学习,校长是陈毅。当年7月,盐城沦陷,新四军向东部转移。8月18日,顾忠被分配到新四军盐东总队,任第一中队政治指导员。

转战上海城区

1941年初春,日伪军疯狂实行"清乡运动",实施"三光政策"。眼看日伪军加紧围袭,游击队寡不敌众,只能再次解散隐蔽。

这时,秦之佩隐蔽在上海南京西路1025弄静安别墅一个三层楼亭子间内。这间斗室黑暗无光,又孤身独处,举目无亲,一下子把秦之佩的胆子"吓大了"。好在高瑾会到静安别墅来相伴,还常邀秦之佩到她家去吃饭,两人一起苦度孤单。

后来,高瑾嫁人,去了苏北。秦之佩便转移到山海关路274弄宝兴邨17号,这里都是石库门房子,租住的小屋位于客堂背后的楼梯间,又小又暗,白天也要开灯。好在堂兄王秋林就住在附近新闸路273号和乐里,那里是浦东泥水匠集聚地,时常能得到他们的照应。

顾振悄悄赶去与妻子相聚,叮嘱其"静以待变,以退为进"。秦之佩见丈夫终于回到身边,心中大喜。而顾振这时明确告诉她,这里是地下工作联络站,危险时刻会发生。秦之佩早已决心与顾振同生死共命运,面对危难,胆子反而变大了。她逐渐地适应了在城区开展地下斗争的特殊生活,主动承担起送信件、接电话、传文件等工作,并直接参与了几次重要活动。

顾振又生病了,幸亏秦之佩相伴在身边,给了他温存体贴和精神力量。夫妻俩在阴暗的斗屋中度过了春天。这个春天,他们孤苦无援,却感觉特别温暖。

一天,地下党组织借梅龙镇酒家举行重要会议,参加者中有王艮仲(时任中华职业教育社领导者)、林钧(1940年底被日伪特务诱捕,关押两个月后巧妙脱险)、朱亚民(时任中共浦东工作委员会军事委员)等领导人员。顾振、高瑾、秦之佩等担当了会务工作。

当时,位于徐家汇汶林路(今宛平路)190号的景鸿小学,由中华职业教育社上海办事处主任姚惠泉担任校长,成为上海郊区抗日游击队设在市区的秘密联络点。

顾振夫妻俩隐姓埋名,重新踏上学校的讲台,静以待变。秦之佩化名孙佳之,留在景鸿小学任教。在此隐蔽执教的还有郁定一等好友。顾振化名王寄安,应聘到上海生活小学任代课老师。

1941年4月7日(农历三月十一日),是秦之佩20虚岁生日。顾振正巧外出在川沙县张江栅一带办事,不能回来相聚。4月5日晚上,他化名"之胥"给"佩妹"发出一封生日贺信,以热情的语言表达歉意和心愿。

颛桥好友张银堂要投奔南汇连柏生部队,寻顾振帮助联系。他们相约在南市冯瑞泰机器厂内秘密碰头后,顾振帮其写了封介绍信。张银堂凭此信件,找到游击队,后来如愿加入新四军。

不久,顾振把姓丁的弟兄俩带到住处,要求秦之佩每天照顾好他们的生活。因为是刚越狱出来的,他们只能晚上出去活动。住了不到1个月,他们迁到贝勒路(今黄陂南路)去了。

然而,日伪特务盯上了景鸿小学,接连伪装成学生家长前来搜寻。6月1日早晨,两卡车日军宪兵在衡山饭店门口下车后,将学校包围。学生们掩护教师撤退,但从浦东乡下来此养病的游击队指导员王宝道被他们抓去了。顾振幸好外出送信,未遭毒手。

王宝道被捕后,受尽日寇折磨,经组织营救方才脱险。因其伤重,安排在大世界附近的医院内治疗。其家人在马桥,难以赶来照料,顾振便派秦之佩常去探视。

这一天,在南京路新新公司总账房做职工的堂弟王秋月因经常帮助顾振转信、到联络站送信,也被日军宪兵队抓去了。

顾振闻讯,决定立即转移,打算先搬到贝勒路丁家兄弟隐蔽处暂住几天。他们一早赶到那里,顾振等在马路斜对面,由秦之佩先上楼打探。秦之佩发现房内有陌生人坐在看报,感觉此地情况异常,急忙退到楼下。那陌生人突然下楼来,秦之佩佯装在大饼摊前买饼。那人阻拦查问,秦之佩推说“乡下来的”,总算脱身。后来,他们才知道丁家兄弟俩已经被捕,并牺牲了。

4月30日,秦之佩收到顾振以化名转来的信函。顾振充满激情地祝贺她20虚岁生日,称“您已变成了一个时代的革命的女性”,并表示“我无可再有更美好的表示来纪念您的生辰,因为我们在苦难中”。一纸知心话,使她增添了无穷的力量。

王秋月被捕后,被押送日军宪兵部,受尽严刑拷打,关了3个多月。当年夏天,顾振人在苏北,只能委托秦之佩设法营救好友。秦之佩独自冒着酷暑,四处奔走联络,走路走得脚底起了泡。最终,设法筹资一千元将王秋月赎了出来。这一番磨难,使还不足20岁的秦之佩变得更加坚定、更加成熟了。

苏区之行

抗日战争时期,中国共产党在江苏省中部和苏浙皖边地区创建了抗日根据地。那里,是顾振十分向往的地方。顾忠奔赴苏区参加新四军后,顾振更想去看看。

1941年5月,顾振经姚惠泉(字文达)推荐,与好友陆益畲一起参加由王艮仲率领的中华职业教育社“上海民众慰劳团赴皖南慰问团”,要去苏北参观。秦之佩自然难舍难分,虽说坚信丈夫走的路是正确的,但新婚只有半年,而真正能甜蜜相伴的日子只有刚过去的这个春天。为此,顾振在行前特意与妻子再次合影留念,并叮嘱说:“为了争取抗日战争胜利,我们要坚持斗争下去。”去船码头送行时,秦之佩还是泪水难止,将手绢擦湿。顾振不由双眼湿润,将她的手绢放进自己的衣袋,随身带走了。

在苏中地区历时近两个月的慰问和参观过程中,顾振的眼界大开,信心倍增。

其间,顾振受到了新四军第一师师长、苏中军区司令员兼政治委员粟裕,新四军苏中第四军分区司令员、苏中行政公署主任季方,苏中行政公署财政处长范醒三，政治部主任陈国栋，新四军第一师政治部主任钟期光，淞沪游击纵队司令员顾复生（1900—1995，青浦人）等领导人的接见。顾复生与顾振具体研究了上海郊区游击队的工作，明确了今后互相联系的渠道。

令顾振特别兴奋的是，他见到了时任新四军一师供管科长的同乡好友姚惠滋。姚惠滋于1938年11月参加上海民众慰劳团赴皖南慰问新四军，后留在苏区工作。此刻好友重逢，交流甚欢。顾振盼望能见到顾忠，组织上也做了安排，可惜由于军情发生变化，只得改变行程，结果兄弟俩失之交臂。

7月，顾振返回家乡。

苏北之行，令顾振兴奋难抑，豪情四射。他告诉妻子："我带回的不是别的，乃是深刻的认识，正确的理想，和那必胜必成的信心。因为我见到了中国的明星，将来的主人必属我们！"

8月26日，顾振与秦之佩又合了一次影，并特意照片背后题了一首诗，表达此次苏区之行的感叹，诗云："千里归来一病身，拼将热血洒黄尘。英雄自古多情种，既爱江山爱美人。"

赴青东办事处

顾振在苏中地区与淞沪游击纵队司令员顾复生交流后，十分向往到青浦县东境地区去参加抗战斗争。当时，青浦县东境即今上海县七宝、诸翟、纪王庙以西，青浦县香花桥、重固以东，嘉定县黄渡以南，松江县泗泾以北，是上海市郊抗战斗争的热点地区之一。在那里，有坚强有力的中共地下党组织，顾复生领导的淞沪游击纵队三支队极为活跃，以至形成敌我互相包围的复杂局面，形成了"青东游击根据地"。1940年4月间，日伪军调集4 000余人从四面发动进攻，实施了极为惨烈的"青东大屠杀"，淞沪游击纵队三支队被迫转移。

1941年7月，顾振从苏中地区返回家乡后，就设法与青浦地区中共地下党取得联系，希望前去参加工作。

正巧，青浦县民国地下县政府此时正在蟠龙镇筹建青东办事处。蟠龙镇,又名“盘龙镇”,以坐落于蟠龙塘(又称“盘龙港”)之西侧而得名,地处青浦县东境,与上海县接壤(今属青浦区徐泾镇)。镇上时有米行、米厂 10 多家,是向上海市区输送粮食的主要集镇之一。

这时,太仓师范学校同班同学王冠雄(即王观荣,蟠龙镇人)给顾振写信,说自己于 8 月间奉命回家乡,在章家角组建了青东办事处,已出任主任,希望他赶快前去谋职。10 月初,顾振通过郁定一,约王冠雄前来在郁家碰头,了解实情,然后又向老大哥姚惠泉做了汇报,并得到支持。

于是,顾振独身奔赴青东办事处,担任民政科长。

12 月,顾振发动当地群众,形成了 7 支抗日自卫队伍,感觉“发展顺利”,即通知好友陆益畲,希望他快去相助。

然而,由于初来乍到,又无贴心的战友,顾振在异乡客地缺乏广泛且可靠的人脉,尤其是面对错综复杂的敌我友关系缺少有力的支撑,意想不到的危险正一步步地向他逼近……

结婚周岁纪念册

此时,组织安排秦之佩继续留在景鸿小学当教师。但是,秦之佩怀孕已经 4 个月了,而顾振每个月只能前来相聚一次。1941 年 11 月间,顾振利用一个个深夜时分,精心地自己制作了一本三寸见方的小册子,封面上题名为《结婚周岁纪念寄佩妹》,在文中注明“结婚一周岁后五日之晨完稿于青东乡间”。他在纪念册“前言”中写道:

> 佩妹乎:愿汝不以我为没出息之郎,愧我清风两袖,无以奉报君前,所能呈现者,唯此一小册而已。然愿汝能珍视之,因此小册即余心也。余无多金,不能赡养君,使君能稍度安适之生活,传之于捣杵为生之梁鸿,荆钗布裙之孟光;而豪富之门,每多勃溪,爱情与金钱,每有不能并存者。然则二者不可得兼,则宁舍金钱而取爱情者也。质之吾妹,以为然否?

余与佩妹结袂经年，在此岁月中，遭遇时艰，妹随余流连颠沛，艰苦备尝，糟糠之妻，洵非虚语。惟念佩妹系出名门，遭此困厄，衷心不安。但佩妹反不以为苦，时以忍苦节约，为求进步，争取成功相策勉。此亦足为我等自慰自豪者。结婚周岁之夕，余又在客中，愧无以报佩妹，爰吟新诗十章，内叙我俩之顶末。所以鉴既往，用以策来兹。诗即成，寄呈佩妹，愿妹读之，亦可作一会心之微笑乎。

在这本纪念册中，顾振以一篇篇充满诗意的短文，回顾了夫妻俩新婚一年来无限的甜蜜和不尽的思念。同时，因顾振忙于抗战斗争而疏于照顾家人，也借此机会表达了他对妻子深深的歉疚之情，读来催人泪下。其中，有这样几段：

我俩结婚已满一年。在这一年里，我累你吃尽了多少苦！可是您从没有说过一句抱怨的话。我有时性情暴躁，您反婉言劝我，即使我对你脾气不好，您也不过把珠泪在暗地里弹抛。我曾几度向你忏悔，你每一次总是原谅我，劝勉我。您虽是女儿身，但有丈夫概；您纵是年轻人，怀有慈母心。我往往在异乡客地思念到了您，总免不了要引起我数行热泪。

我们要追究何以我俩能这样的忍耐一切，过着艰苦的生活？这个答复总结所出之于伟大的爱情。我们有一致的信念，同一的理想，彼此的互信，更加上您矢志不变守贞如一的优良传统。这样造成了您一个时代的典型的女性。在我也要做一个百炼如钢的男子，挑起时代赋予的责任。我曾跑过千里路，渡过百里湖，终于重归入您的怀抱。反正今后的责任要我俩来完成。

茶花比不上您的美丽，月亮及不来您的皎洁。你是红佛，也是孟母。我的心像一支箭，我的脑像一张弦。我要把箭儿射贯过我俩的心，把两颗心连在一起。同心合力，创造新天地，纵使天老地荒，海枯石烂，此志不渝！

12 月 16 日,顾振在蟠龙镇给妻子发出一封信。18 日下午,他又发出一封。在信中,他说:“余上次之纪念册,虽属区区,实系献我整个之心血而成。深盼吾妹能于其尾页赐题数字,则虽片纸只字,亦弥觉珍贵也。待余归时,刍捧读三百遍而不厌。妹能允我乎?吾等越穷当越高兴,愿勿以穷为愁,穷乃吾读书人本色,能共度穷困患难,方得谓之真知己。妹以为然否?此间一切甚佳,且有新开展。待余归时,当与妹及秋弟等从长计议之。”

最后一封家信

1942 年 1 月 1 日,顾振从青浦赶回来与家人相聚。次日,顾振与妻子拍摄了生前最后一张合影。

1 月 3 日早晨,顾振送妻子去上班,在汽车站依依惜别。他生怕怀着身孕的妻子孤单生愁,叮嘱她还是回娘家去过春节,而且相约春节时一定相聚同欢。谁料想,这一去竟是永别。

顾振、秦之佩夫妇

1 月 23 日,顾振在蟠龙镇又给妻子发来信函。这是他的最后一封来信,信中说:

吾料想您这时已回到了乡间,因之吾预备作一次试投。吾俩分别时,您不是答应我给一封信吗?可是我望到现在,还未看到您的芳笺,我真等得急呢!希望您明暸我像饥渴一般的心情。您总须给我一封信才好,就是短短的一封也好。您在家中,一切务希谨慎。您是聪明伶俐的,不必吾多说。

你如到沪的话，可买一些三阳泰的食品带去，作一些过年品吧。我希望恒弟能继续升学，因为这样困难的时期总会过去的，如果读书机会错过了，那真悔之无及呢。您的位置（指腹中胎儿），大概回头了吧。也好，愿你静静的休养些时，对于身体是有益的。我们在此很好，请勿念。我大概须于农历二十五日左右可来沪一次。因店中近日收账甚忙，须得结账后方得抽身也。希望你能同恒弟一起出来。我的帽子洗了没有？如可能多带一些乡下消息来。并请代（问）候我一切尊敬的和关心吾的人。

顾振在信中相约到上海城里一起“过年”，为此还托人已经做好了酒酿。谁料想，顾振与家人一起“过年”的心愿未能实现。

不幸蒙难

1942 年 1 月 14 日，皖南新四军军部直属部队在北移途中，遭到国民党部队的突然袭击。国民党顽固派发动第二次反共高潮，制造“皖南事变”，震惊中外。

活动在苏州、嘉兴、青浦的国民党忠义救国军第一路苏嘉沪区挺进纵队队长阮清源（化名阮亚丞，少将），在与中共地下武装的冲突中屡占下风，又有部分官兵叛变投敌而遭到上司问责，因此对共产党心怀敌意。这时，阮清源来到青浦县，兼任地下县长。

顾振在蟠龙镇展露身手，引起了阮清源的关注。不久，阮清源对顾振产生了戒心，就密派部下亢祖周、朱凯惠等带领一批爪牙，伪装前来笼络交友，实为监视顾振在青东办事处的行踪。

不久，亢祖周接到密报，发现淞沪游击纵队司令员顾复生已从苏中地区秘密潜回上海，曾入住春江第一旅馆，必将与蟠龙镇中共人员恢复联系。他认为，若能在蟠龙镇侦查出将与顾复生建立联系的人员，就能顺藤摸瓜抓到顾复生，消灭淞沪游击纵队。

于是，青东办事处的顾振和陶仲尧，成了亢祖周怀疑的重点对象。他们发现顾振平时与人闲谈，时时流露出对“皖南事变”的义愤，其桌上有来自苏区的《红叶》之类的书刊，其口中还时常提及红军长征北上抗日的故事。而陶仲尧的弟弟，1939年在这里跟随中共“江抗”部队而走，如今在苏北“已经担任团长”。亢祖周认定顾振和陶仲尧必定与顾复生已经或即将建立联系，因此命令朱凯惠秘密动手。

眼看春节临近，顾振正准备返回浦东与家人团聚。2月5日（农历十二月二十日）下午，朱凯惠带了十多个人，突然闯入蟠龙镇青东办事处，以“请吃年夜饭”为由，将顾振、陶仲尧、王冠雄、王冠华、项文达等五人挟持而去，转身将办事处内的文件一抢而空。

一离开青东办事处，顾振他们五人就被缴了械，逐个遭捆绑。顾振和陶仲尧被推入一条小船，王冠雄、王冠华、项文达三个人被推入另一条小船。船至松江、青浦二县交界处，在北竿山南面（今属青浦区赵巷镇）的七石缸村上了岸。在这里，亢祖周、朱凯惠等以“军法处”的名义进行刑讯，追问：“是否已与顾复生碰头？顾复生现在哪里？”

过了三天，王冠雄、王冠华、项文达三人侥幸获释，而顾振和陶仲尧已被朱凯惠等秘密活埋在附近野外。而这一过程的准确信息无处查考，顾振默默地离开了人间。他牺牲时，年仅29岁。

一位抗日勇士没有倒在日寇的炮火之中，却意外地遭到了国民党顽固派的毒手。

而当时，秦之佩带着身孕还在景鸿小学教书。农历十二月二十五日过去了，顾振没有如期来到她身边。眼看春节就要到了，腹中的孩子快出生了。她只得赶到新闸路273号和乐里，找到堂兄王秋林，寻求相助。这里是地下联络站，住着浦东来的几个泥水匠，顾振常去借宿。于是，王秋林决定亲自担着行李，护送秦之佩回家。

秦之佩挺着身孕，步行了整整半天时间，才艰难地回到了浦东陈行镇上。

已加入新四军的顾忠在苏北海边小镇龙王庙，收到了顾振不久前寄出

的一封明信片，信中叮嘱“你的职业是最好的职业，望努力经营”。这是兄弟俩最后一次通信。

王宝道、陆益畲久不见顾振的音讯，曾赶到蟠龙镇去探望。得知顾振“失踪”后，连夜向姚惠泉汇报。姚惠泉即组织营救，曾派出两人到蟠龙镇去打探，结果那两人也在那里遇害了。

同年 6 月，顾振的女儿顾慧娜出生了。

王宝道、陆益畲又多次步行到上海城区打听顾振的去向，可仍是一无所获，只能苦等守望。

家人藏枪

不久，当地要选一个“伪乡长”，乡亲们抱着“与其让坏人作恶，不如寻一个好人掌权行善”的想法，将正在筹办大锵小学的顾关涛推了上去。经组织批准，顾关涛担任了白皮红心的“伪乡长”。随之，他将刚筹建的大锵小学交给了秦之佩。

于是，秦之佩出任大锵小学校长，独自撑起了一至四年级学生的教学工作。说是当校长，却没人发工资，中午吃饭由学生家长轮流帮她解决，到年终由顾关涛为她凑足五斗米作为酬劳。

大锵小学设在计家角北宅，二进五房的绞圈房子是当地中医师计国章的家宅，现将正厅客堂间改作上课教室，门厅内庭院成为活动场地。隔墙是中医诊所。教室内一至四年级并存，为复式班。

秦之佩喜欢当教师，认认真真地培养农家子弟，为大锵小学忙碌了一年又一年，生活过得十分充实。

眼看大儿子顾振、二儿子顾忠离家不归，而一家人的生活必须要有个“男人家”支撑，顾金华只得放弃长期来凭手艺外出挣钱的习惯，返乡常年在乡务农。他用积累的钱财购买了 48 亩田地，一家人自种自收，逢熟吃熟。

此时，顾金华和秦之佩都还不知道顾振已经为革命牺牲了，仍始终遵照顾振临别时的嘱托和他们对顾振许下的诺言，精心保管着顾振留下的一批枪支弹药。

在一个大雪纷飞的夜晚,顾家人一起动手把收藏的枪支埋到住宅旁的农田里,并种上白菜作为掩护。顾金华是泥水匠高手,还巧妙地将 3 000 多发子弹藏在自家屋顶的瓦楞里。

伪军多次上门来搜查,一再威胁,而顾家人机智应对,总算安然避过风险。

过了一段时间,顾家人又担心埋在泥里的枪支会生锈,就悄悄地挖了出来,逐一擦拭整理,确保顾振回来马上可以用枪。

眼看抗日战争胜利了,家人仍不露声色。因为受顾振之托,他们认定必须等他回来才可以取出来。于是,顾金华趁着家中砌造新灶头之际,又把枪支埋存在灶头的灶肚之中。

我不能哭

1952 年春天的一个晚上,中共江苏省松江地委和上海县委派工作人员来到顾家,将顾振已经牺牲的消息告知秦之佩。她生怕公公受不了精神打击,没有大声哭泣。

7 月,中共江苏省松江地委和上海县委派陈全根(顾振表哥)送来烈属证。秦之佩悄悄地把烈属证收藏了起来。

年迈的顾金华得知爱子已经牺牲的消息后,忍不住哭了,才 10 岁的顾慧娜也陪着哭了半天。

然而,顾慧娜发现母亲却没有在爷爷面前哭泣过,也不再与她谈论父亲的话题,只是忙于教学和家务。家中长期寡言无欢,顾慧娜不能像邻家孩子一样扑在父亲怀里哭闹,终于在一个饥寒交迫的黄昏时节,独自到野外痛哭了一场,喊出:“爸爸! 您在哪儿?”

“我不能哭!”柔弱的秦之佩变得极为顽强。

在守望丈夫的日子里,秦之佩贴身保管着顾振留下的手稿和诗集。1957 年 1 月,她将顾振遗像、私章和《病中杂吟》手稿、《三义抗战声》和《决

胜集》校对稿等捐赠给江苏省博物馆筹备处。1958 年 9 月 13 日，又将顾振生前所用的眼镜、小皮箱和创作的歌词《美好的故乡》和合唱曲歌词等捐赠给上海历史博物馆。1983 年 1 月，又将顾振的八帧遗像和新四军臂章捐赠给上海县民政局。

1989 年 11 月 27 日，上海县烈士陵园为顾振烈士隆重举行树碑安葬仪式。秦之佩率家人出席，亲自培土。顾忠专程从北京赶来致悼词，高瑾、王秋福等顾振生前战友纷纷赶来，缅怀英烈。

他牺牲在抗战胜利时

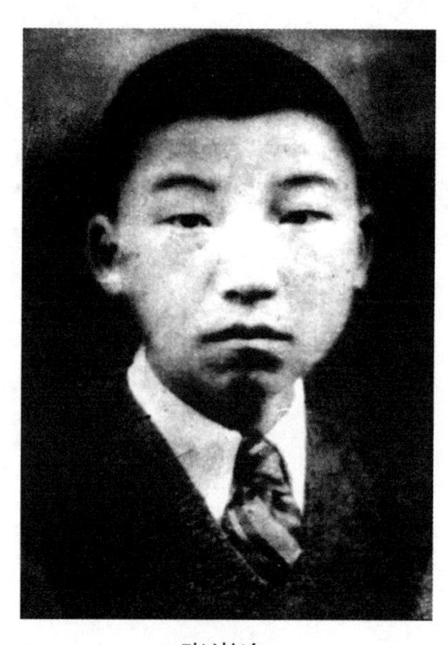
张崇逸

张崇逸(1923—1945),又名同煦,南汇县周浦人,家住上海县鲁家汇镇(今浦江镇鲁汇社区)。少年时就读于周浦小学。1939年,16岁报考周浦邮局,被录取当邮差。

1942年夏,因遭受伪军辱骂,张崇逸愤然离职,投奔淞沪游击纵队第五支队第五大队(支队长连柏生)。8月,他跟随第五大队从南汇县万祥港乘帆船渡海,在浙东三北古窑浦附近登陆,参加开辟浙东抗日根据地的斗争。

1943年,张崇逸被充实到新四军浙东游击纵队第三支队第一大队,担任文化教员,并加入中国共产党。后随部队转战于三北(余姚、慈溪、镇海三县以北地区)、四明山、会稽山等地区。

1944年12月,张崇逸出任一大队二中队指导员。他经常用昶昌米店店员的名义写信回家,希望母亲教育弟弟"努力学习,做个好青年,不要学那些

腐化的坏习惯”。

1945 年 8 月 15 日，日本帝国主义宣布无条件投降。浙东游击纵队奉命向日伪军发起迫降攻势。

8 月 17 日晚上，天色昏暗，三支队随纵队司令部开赴余姚城北。行至余姚城西面的罗家渡北渡姚江，进抵方桥。张崇逸奉命在上南庄附近的竹林中、大樟树下警戒，防止余姚日伪军过来。

此时，驻扎宁波、余姚的日寇正向杭州集合，姚江成了敌我必争之地。为了确保部队安全通过杭甬铁路旧基公路，张崇逸奉命率部出击，阻止日寇撤向杭州。

日寇为了逃命，疯狂抢夺通道，战斗场面极为惨烈。激战一个小时后，日寇匆忙夺路撤走。当地群众急忙用门板把部队伤员抬到方桥石山头庙前的大樟树底下。

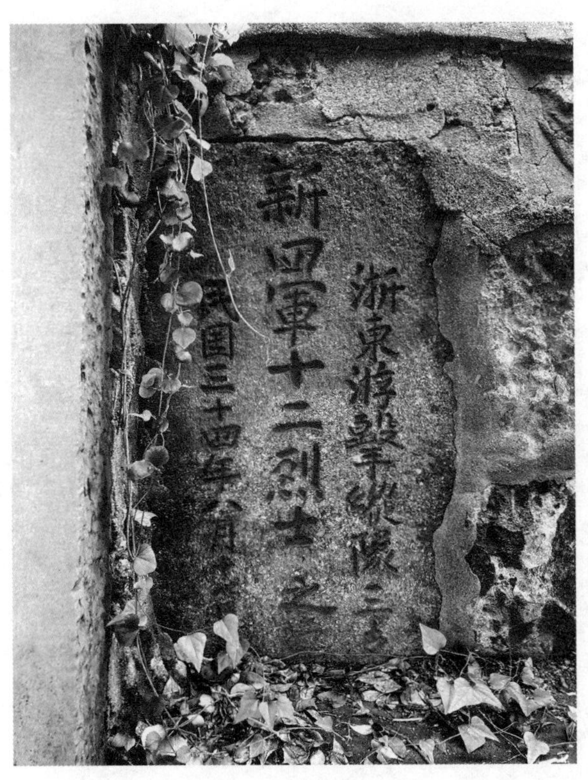

烈士墓墓碑

张崇逸和郑大梅等12名战士因伤势过重,英勇牺牲。

部队和当地群众把他们一起埋葬在芝山村石山头山脚下,因其中10人未留下姓名,碑上写着“新四军十二烈士之墓”。

张崇逸年仅22岁,倒在抗日战争胜利的时刻。他未能享受胜利的欢乐,但无怨无悔。1955年12月30日,他被追认为革命烈士。

张崇逸牺牲地方桥地区,今属余姚市阳明街道。

张崇逸致母亲信函之一

母亲大人膝下敬禀者,好久不给你写信了,很是想念,儿在外起居如常,望勿挂念,家中一切不知怎样?很想念姊夫和弟弟,最近情形请在来信中告知我,为盼,别言后告,此请福安。

儿同煦谨上

五月二十一日

来信请寄宁波余姚县梁术镇八角井顶黄承涛先生转

张崇逸致母亲信函之二

母亲大人膝下敬禀者,恭请福体安康为颂,儿在店中一切如常,请勿挂念,弟弟现在不知怎样?还望不要让他闯荡,要力求上进为是。如生活困难,一面叫爸爸谋些事做(商界),弟弟可送去学外国铜匠或机器厂里学些生意,家中现况望来信时告知我,还有几个好同学和姊夫家中情形亦望告知,余容后禀,祈待回音,专此敬请福安。

儿崇逸谨上

八月二十日

来信请寄宁波慈北洪魏昶昌米店内
交张崇逸可也

张崇逸致母亲信函之三

母亲大人膝下敬禀者,自别慈颜不觉已一年多来,想来大人身体安康着

吧，儿在店中身康安在，请大人勿必挂念，弟弟近来生活怎样？希望母亲时常告诉他，叫他努力学习，做个好青年，不要学那些腐化的坏习惯，别言后告，敬请福安。

儿张同煦上

八月二十九日

通讯处：浙江省西翁岩代办所

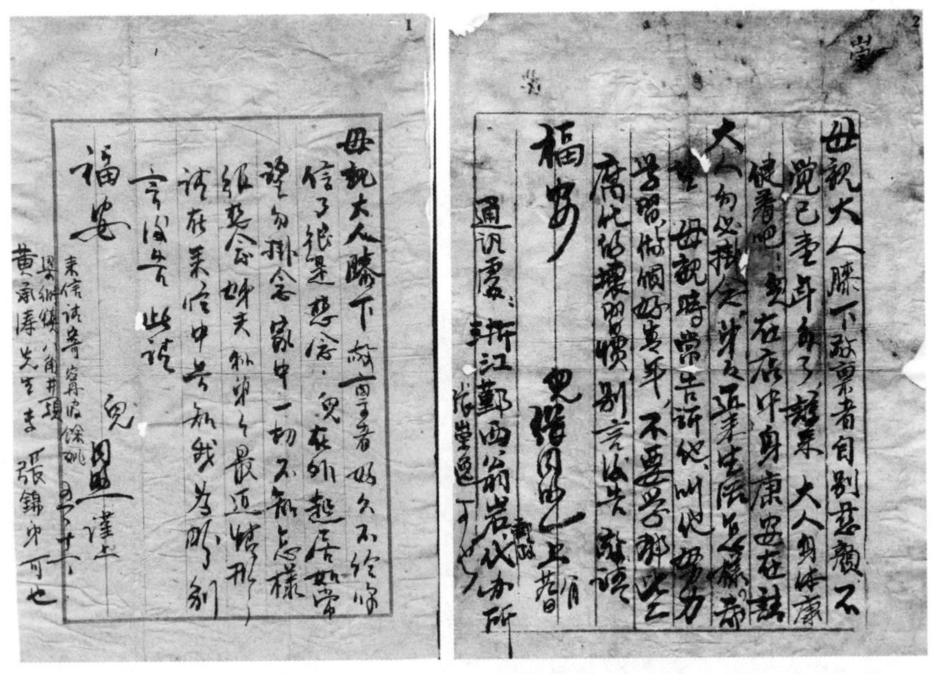

1

母親大人膝下 敬[illegible]者 好久不給你
信了，很是想念。兒在外起居如常，
望勿掛念。家中一切不知怎樣？
很想念。姊夫和弟弟最近情形，
請在來信中告知我為盼。別
言後告 此請
福安
兒 同煦 謹上 [illegible]
來信請寄[illegible]
黃承濤先生轉
張錦[illegible]可也

2

母親大人膝下 敬稟者 自別[illegible]不
覺已壹年多了，[illegible] 大人身体康
健著吧，兒在店中身康安在，請
大人勿必掛念，弟弟近來生活怎樣？希
望母親時常告訴他，叫他努力
學習，做個好青年，不要學那些
腐化的壞習慣，別言後告，敬請
福安
兒 張同煦 上 [illegible]月廿九日
通訊處：浙江鄞西翁岩代辦所
張崇逸

张崇逸手迹

革命烈士赵铎心

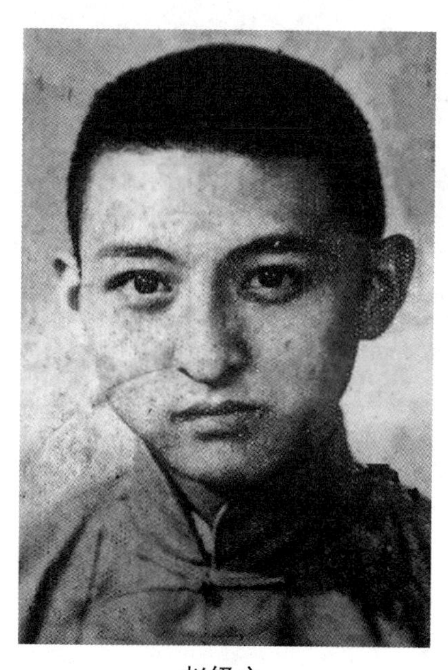
赵铎心

赵铎心（1919—1947），曾化名孙平心、沈炳欣、赵万年，杜行乡北赵家桥（今浦江镇勤俭村四组）人。

1935年秋，赵铎心从江苏省立上海中学高中商科毕业。1936年，赴苏北，任兴化县政府会计员。抗日战争爆发后，他返回杜行，在镇上一家摇袜厂担任会计，后到黄庙小学堂担任教师。

1939年，赵铎心在杜行競斌小学（位于杜行镇东街42号，原为城隍庙，今浦江第二小学前身）担任总务兼五、六年级数学教员。在“边区民众抗日自卫总队四大队”联络员顾振（时任陈行小学校长）的帮助下，赵铎心与好友孔启成、张厚生、陈泉根、康祖根等参加中共外围组织“淞沪青年抗日工作团”，关注日伪军动向，为抗日武装提供情报。

1940年，闸港新西小学校长的孔启成（1919—2008，原名周顺泉，杜行镇

人)组织读书会,赵铎心积极参与,阅读了不少进步书籍。

1941 年,杜容海加入中国共产党后,发展孔启成、康冰君入党。1942 年 3 月,经孔启成介绍,赵铎心加入中国共产党。赵铎心担任競斌小学教导主任后,在孔启成的帮助下,以学校为活动地,组织杜行地区“教职员工联谊会”,亲自写稿编稿,秘密刊印《校讯》《校友》等油印刊物,积极宣传抗日救国主张,揭露日寇暴行,并开展文艺演出活动。发起建立南汇县六区教职员联合会,为保障教师利益发动罢教斗争,与主管教育经费的伪军 13 师留守处展开斗争。

1944 年春,赵铎心化名孙平心,与康冰君一起赴南汇地区,参加新四军浙东游击纵队淞沪支队。不久,赵铎心担任中共南汇县路北区委委员,领导农会、妇救会开展减租减息和参军运动。在那里,与张瑞芳(后名周放)相识相爱,建立了小家庭。同时,动员胞弟赵铎明、胞妹赵如娟(后改名赵沿萍)、赵雪娟(后改名赵文)和父亲赵关生参加抗日武装斗争。为此,乡人称其父亲为“老解放”。同村赵林生、陈志英等也成为中央地下党员。

1945 年年初,为突破黄浦江两岸日伪军的防守,在中共淞浦地委领导下,时任中共南汇县路北区委委员的赵铎心奉命在家乡地开辟浦东至浦西的秘密交通线。赵铎心返乡与张厚生(1906—2002,又名载德)选定塘口镇东南沈庄塘出口处(南范宅西侧,今丰收村九组)为浦东渡口,在南范宅择屋秘密建立“浦边交通站”。交通线频繁地传递党内文书,护送或接应联络员过江,确保中共淞沪地委领导人和淞沪支队主力安全向青浦转移。

抗日战争胜利后,赵铎心化名沈炳欣,担任中共淞沪工委浦东地区特派员。曾在奉贤县偷鸭泐(今奉贤区平安镇)以开小店作为掩护,坚持地下斗争。

1946 年 1 月,赵铎心调任青浦地区特派员,改名赵万年,以萧王庙小学教员的身份领导青东中共地下组织。6 月 29 日,他致信留在部队的妻子,两人保持着精神上的沟通:

瑞芳:我仍旧用了老名字,觉得亲切些,你以为怎样?从王指导员那儿知道你现在生活得很好,能安心地工作,轧了很多朋友,对抗日革命的认识也进步了。我很高兴。从前,我帮助你太少了(也可以说没帮助你),实在是环境秘密,回家时间也很少的缘故。但相处了四、五年,究竟应该向你道歉的。现在离开了家庭,你可以专心一致地学习、工作,应该特别努力,一天比一天要好,平时多讨论,多谈话,一定可以进步。

赵铎心常年四处奔波,回家团聚的时间越来越少。革命斗争的生活十分艰辛,随时要应对凶险困苦。为此,妻子对他更加体贴,总生怕他在外多受苦。而赵铎心总感觉妻子缺少艰苦的磨炼,因此在信中一再鼓励她增强革命意志,争取早日加入共产党:

共产党是无产阶级的先锋队。他领导着抗日、革命,你现在对党的认识怎样?如果能坚决地工作下去,不怕苦,可以入党。

乡下农民工作很忙,你去谈话可到田中帮助他们做做工。一面做工一面谈,最有效力。勿要怕热怕苦,革命同志不应该怕苦的。

妻子缺少文化,写信成了最头痛的事。她极想与丈夫沟通思想,却生怕那些错别字惹人生气,因此常写常撕,几个月没有写成一封回信。眼看中秋节快到了,赵铎心又来信表达关切:

后天是中秋节了。中秋节本是个团圆的日子,可是我们为了人民大众的解放事业,离开已半年了。

家庭是要的,但是做一个革命者的我们应该把眼光放远了看。弄好一个小的家庭,幸福只有少数几个人享受。我们中华民国也是一个家庭,这个家庭是伟大的,它包括了四万万多人口和广大的土地。可是这个家庭受尽了压迫和剥削,大多数人民在不幸、痛苦中过日子,我们得把这个大家庭弄好,使得人人有工做,人人有饭吃,有衣穿,大家幸福

快活。革命者应该移我们的爱给全人类，去爱那些无衣无食的穷人。

中秋节的晚上，月儿一定很圆，我俩趁此作一反省，检查我们的工作是否积极，对得起人民和党。

妻子没有辜负他的希望，在艰苦的斗争中入了党，最终成长为成熟的女干部。

中共淞沪工委决定组织青东地区武装斗争，特派沈肖方（1921—1990，原名沈玉林，南汇县泥城镇千祥村人）赶来协助赵铎心开展工作。11 月 29 日晚，两人寄宿在李浦桥（今青浦区华新镇新宜村）张新园家，不料身陷意外事件：因张家在 7 月修房时失窃一支步枪，而偷枪者在外持枪作案被国民党黄渡刑警队查获。于是，刑警队赶到李浦桥包围了张新园家，当场搜出步枪、子弹和中共党员名册，赵铎心与沈肖方随之也被拘捕。翌日，被押往青浦县军法处。

1947 年 1 月 18 日，赵铎心在朱家角英勇就义，临刑前高呼："共产党万岁！反动派必败！"时年仅 28 岁。

上海解放后，赵铎心被追认为革命烈士。

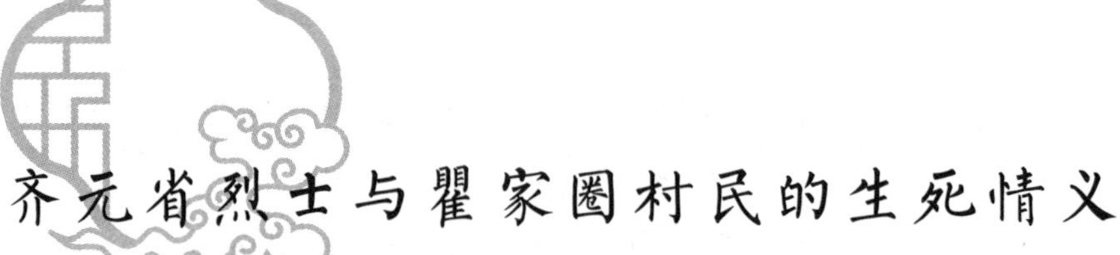

齐元省烈士与瞿家圈村民的生死情义

2021 年 5 月 27 日，在浦江镇知新村村委会的广场上了竖立起一块纪念碑，以此缅怀 1943 年在这里英勇牺牲的齐元省烈士。烈士的子女特意赶来，他们再三感谢与父亲结下生死情义的瞿家圈村民，并共同追忆那些惊心动魄的历史情景。

一段传奇，奔赴战场

齐元省

齐元省（1912—1943），山东省烟台市蓬莱大柳行镇齐家沟村人。1928 年 5 月 3 日，日军侵占山东济南后，大肆屠杀中国军民及外交官员，制造“济南惨案”，震惊中外。齐元省虽然才 17 岁，也被激起满腔民族义愤，立志寻求救国之路。他与好友姜德润结伴，躲在轮船的油桶内，趁乱来到上海滩。几经周折，进入一家俄国人开的西菜馆内打工，学习技艺。他长得英俊，手脚勤快，而且热血、好学，被一个常来西菜馆

用餐的韩国人看中，聘其担任自家寓所的厨师。

这个韩国人即是金九（1876—1949），他在上海建立了“韩人救国团”，用武力恐怖手段进行抗日活动。他把齐元省招到家中，并非只是烧饭菜，而是培养他抗日的能力。1932 年 4 月 29 日，时任大韩民国临时政府警务部长的金九策划“虹口公园爆炸案”，炸死了上海占领军总司令等日本军队要员。这次爆炸所用的两磅重炸弹有热水瓶般大小，是由齐元省从金九家中秘密运送到指定地点的，途中遇到军警盘查，他沉着机智地应付了过去。

1933 年，齐元省发现思南路有家舞厅内，不少人在这里醉生梦死，极为气愤，便书写了一封“警告信”，绑在石头上掷了进去。石头破窗而入，舞厅内乱作一团，以为飞来炸弹。次日《新闻报》上报道了这个“奇闻”。

1937 年 8 月，中国抗日战争全面爆发后，金九西迁长沙。齐元省没有同行，回到了西菜馆，此时他已结婚成家，刚生下女儿。

1940 年前后，齐元省投奔浦东抗日游击队，因其胆大精明，办事果断，获得威望。日伪军疯狂实行“清乡”政策，浦东各路游击队只得退往浙东四明山区。在那里，他结识了淞沪游击支队第五大队副队长朱亚民，并参加了几个月的整训。1942 年 9 月初，朱亚民率 11 人短枪队重回浦东地区战斗。不久，齐元省率队加入淞沪游击支队，朱亚民任命其为南汇县五、六区区中队中队长。1943 年 5 月，淞沪游击支队发展到 120 余人。

抗日同心，患难生情

此时，日伪军在浦东一带修建了“清乡”竹篱笆封锁线，并在三林塘镇设了“大检问所”，派重兵把守，严查人流和物资，企图以此封杀地方抗日武装的生存空间。

1943 年 6 月，第五支队中队长齐元省和副中队长郭文英（上海人）率领一个排到召稼楼、陈行、杜行一带活动，扩充军需，征收救国公粮，处决了两名向驻周浦日军告密的伪乡长，开辟了周浦至黄浦江的抗日队伍通道。

6月23日,为了寻机打通三林塘的日伪军封锁线,齐元省、郭文英率领20多名战士悄悄来到离三林塘不远的陈行乡瞿家圈(今浦江镇知新村五组)。由时任保长、实为“内线”的徐伟夫(字洪君)引导,他们在瞿云汀家中落脚休整。

瞿家圈,以瞿姓人家为主,因村内东、西两个绞圈房子四周有河道围绕,因此得名。瞿云汀时任本村甲长,家住在西绞圈,1940年新建的房屋有12间,20多名游击队员分住其间。

第二天天亮后,齐元省安排游击队员乔装成各色各样的“跑乡手艺人”,在瞿家圈四周巡逻,到附近村宅间侦察。他自己带领一名战士,由瞿云汀带路,各自肩担着蔬菜篮,赶往附近的三林塘镇,佯装卖菜,实地侦察日伪封锁线三林检问所的敌情。

6月26日,正逢农历五月二十四,当地人称“塌饼节”。瞿云汀全家与游击队员一起做糯米塌饼,其乐融融。谁料,游击队内有奸细出卖了信息,队员们已陷入危难之中。

突围激战,断后牺牲

下午三时许,从三林塘赶来100多个日兵和伪警察,突然间包围了瞿家圈。幸有河圈阻隔,守在长浜路进口岗哨的游击队员及时了发现敌情。

齐元省闻讯,立即率部打响了突围战。他们冲出瞿家圈,抢占了“野猫坟”对岸一块高低落差较大的地块,高地上设有抽水灌溉用的“风赶车”。有一名炊事员回村想抢出一些粮食,却撞见了进村的日兵。他只得往东撤退,负重强渡过门前浜时不幸溺水身亡。正在棉花田里锄草的徐家媳妇,刚想回家就被飞来的枪弹打死了。

眼看日伪军人多势猛,齐元省即命令郭副中队长带领队伍撤退,由自己与两名战士留下来做掩护。

敌我双方激战了一个多小时,流弹四飞,数名村民莫名受伤。

最终,寡不敌众,齐元省左肩中弹倒地,在后撤途中胸部又中一弹,最终

牺牲在河畔高地的风赶车旁边，时年 32 岁。两名战士后撤到薛家堰，其中一名不幸牺牲。

英烈蒙难，村民仗义

齐元省牺牲后，日伪兵逼迫瞿家圈村民瞿四海、瞿锡根、孙月新负责看守尸体。6 月 27 日上午，他们凶残地将齐元省的头颅割下，强逼村民王阿金将其放在饭箩内，随他们送到三林伪警大队去，说是祭祀日军队长亡灵。次日上午，头颅拿回原地，扶起尸身，拍了照片。

瞿四海、瞿锡根、孙月新无奈守了三天三夜，幸亏来了吴长生、钱载福等三个好心人，把齐元省的尸体用席片裹实，转移到谈家港乱坟滩。

吴长生（1917—2001，名远，字长生，号百弢），小陈家宅（今联合村四组）人。曾是忠义救国军丁锡山部队的副官，后在乡长吴南屏手下任职。钱载福（今群益村钱家宅人）曾多次掩护齐元省，两人结为好友。

齐元省合家照

指挥他们行动的是乡长吴南屏（解放后担任南汇县人民政府首任县长）。

第二天夜里，吴长生将前妻的棺材搬到老坟田，再连夜将齐元省尸体从谈家港转移到吴家宅林子里，放入草包棺材，就地安置，巧妙地躲过了日伪军的追查。

日伪军得知齐元省尸体失踪，又来瞿家圈“扫荡”，大肆抢掠，追问齐元省尸体的去向，扬言要烧掉瞿云汀家的绞圈房子，还恶狠狠地用长枪枪托打伤了瞿锡根妻子的腿，使其三年不能走路。瞿家生怕新建仅三年的房子被烧毁，设法寻路打通关节，谁知对方开口索要大洋一千元。瞿家只得四处借钱，尽力避险。

日伪军还突袭钱家宅。钱载福生怕殃及全村乡亲，忙送家人到荒坟滩避难，独自与入赘女婿钱小贤留守家中，结果被日伪军抓走。家人借款赎人，只赎回了钱小贤。钱载福被关押到沪西法华镇，受尽严刑拷打。数月后，他回家时已被折磨得不成人样，不久不治身亡。

村民作证，齐家免灾

抗日战争胜利后，吴长生在吴南屏手下任职。他时常接济齐元省三个子女的生活，直到上海解放。

上海解放初，齐元省妻子夏美芳担任水月乡副乡长。

1952 年 8 月，苏南行政公署给齐元省家属颁发了烈士证书，并将烈士遗骸归葬在龙华烈士陵园。后来，政府有关部门将瞿家圈村前的张家滩列为“淞沪游击队第五支队齐元省部突围战遗址”，瞿家圈村民为此感到光荣。

齐元省的女儿齐惠卿成人后即参加革命工作。组织上对烈士子女特别关怀，培养齐惠卿入了党，长期留在县级机关工作。为了世代继承父亲遗志，她生养儿子后即为其取名“继烈”。然而，“文化大革命”爆发后，齐元省的特殊经历竟然遭到种种诬蔑，齐家顿时面临不公正对待。在上海县邮电局机关工作的齐惠卿，受牵连被发配到食堂洗菜，要求其“彻底交代父亲的反历史罪行”，不然开除党籍。齐惠卿有口难辩，走投无路，甚至想到自尽。

此时，有人赶到瞿家圈，希望村民证明齐元省的历史事实。

1967 年 3 月 6 日，瞿家圈的瞿锡根、瞿衡汀等认真做了陈述笔录，以翔实的历史细节为烈士作证，大队长曹福祥特意为其盖了知新大队的公章。

齐惠卿至今清晰地记得，那天有一个陌生人将这份《陈述录》塞在她手里，悄悄说了一句“在大字报旁边揭下来的”，转身便匆匆离去。齐惠卿偷偷看了这份《陈述录》，方知父亲牺牲的地方有如此仗义的村民，心中顿时升起希望和力量。

时代风云变幻,齐元省的英烈事迹终于重新得到确认,齐家就此幸免于蒙冤。然而令人惊奇的是,齐惠卿至今没弄清楚那个陌生人是谁。这份不仅见证了齐元省在瞿家圈突围战中英勇牺牲的史实,揭露了日伪军在瞿家圈的暴行,更表达了瞿家圈村民崇尚正义情怀的《陈述录》,究竟是谁去采录的?究竟为何能转送至齐家?这个谜团,也许另有故事。

2021 年 6 月 9 日,齐元省子女将这份《陈述录》捐赠给闵行区档案馆永久收藏。

齐元省烈士与瞿家圈村民的生死情义,令人难忘。

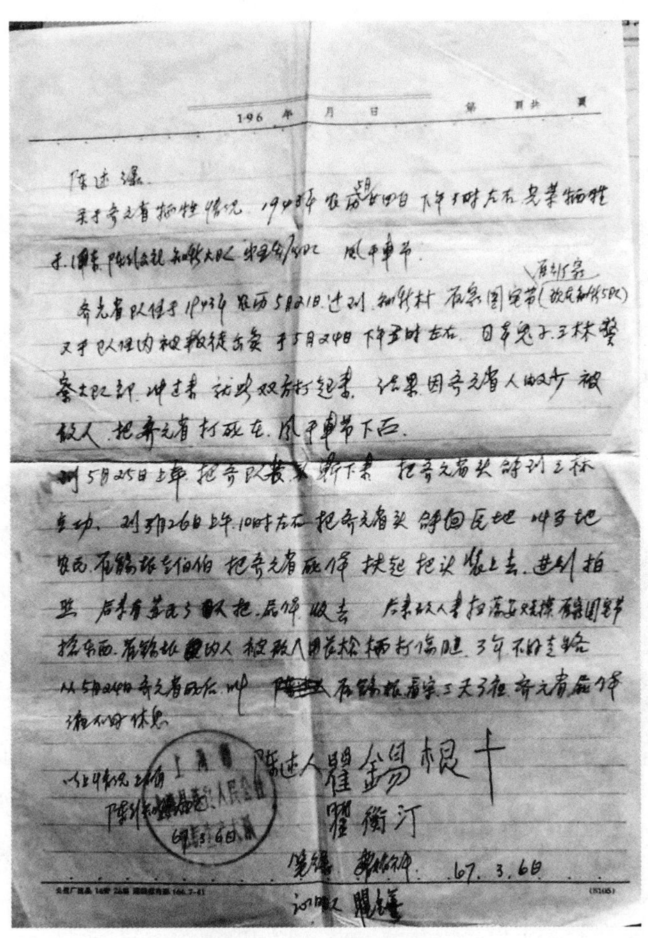
196　年　月　日　　　第　页共　页

陈述录

关于齐元省牺牲情况 1945年农历5月24日下午5时左右 光荣牺牲于 [illegible] 风中草带

齐元省队住于1943年农历5月21日进到和平村 瞿家圈宅前(现在和平5队)

又于队住内被叛徒出卖 于5月24日下午5时左右 日本鬼子 [illegible] 大队部 冲进来 就此双方打起来 结果因齐元省人数少 被敌人 把齐元省打死在 风中草带下面。

到5月25日上午 把齐队长头割下来 把齐元省头 [illegible]

到5月26日上午10时左右 把齐元省头 [illegible] 回原地 [illegible] 瞿锡根与 [illegible] 把齐元省尸体 扶起 把头装上去 [illegible]

[illegible] 尸体 收去 后来敌人来 [illegible] 瞿家圈宅 [illegible]

[illegible] 瞿锡根 [illegible] 的人 被敌人 [illegible] 打伤腿 3年不能走路

从5月24日齐元省死后 [illegible] 瞿锡根看守三天3夜 齐元省尸体

[illegible] 休息

以上情况正确

[illegible] 人民公社 [illegible] 67.3.6日

陈述人 瞿锡根 十

瞿衡汀

笔录 [illegible] 67.3.6日

[illegible]

瞿锡根、瞿衡汀陈述笔录

顾关涛与陈行护丁大队

放下泥刀拿起枪

顾关涛

顾关涛(1904—1947),上海县陈行镇顾家宅(今浦江镇东风村十一组)人,生于1904年2月9日(农历十二月二十四日)。父亲顾梦生,世代务农,祖上传下12亩耕地、3间平房。他是独生子,乳名“阿妹”,因父母早亡,少年时读了几年私塾,即跟随寄父顾金华学手艺外出谋生。

在新顾家宅,向来独多泥水木匠,尤以泥工花作出名,所砌清水墙壁灰缝如线,所绘禽兽花卉形象逼真,人称“花作师傅”。当时,以顾金山为首的一帮师傅手艺出众,常年应邀到各处去承接工程。顾金华跟随他们在外造房建楼,在实践中学得一番好手艺,逐步也成为远近闻名的“花作师傅”。后来,顾金华先后带出了16个徒弟,顾关涛即是其中之一。他为人忠厚,聪明好

学，走南闯北造房子的同时坚持读书，积累知识，还勤于动手，学会了手工编结，自己结了毛衣、手套，自制布鞋，深受长辈们赞扬。

顾关涛乐意接受新思想，曾自配零件安装了矿石收音机，以便工余时收听新闻，好与友人评议天下大事。他崇拜民族英烈，对“鉴湖女侠”秋瑾充满敬意，成婚后生养了女儿，即为其取名“顾秋瑾”。

1937 年抗日战争爆发后，社会持续动荡，造房建楼工程少了，一向受人看重的花作师傅们连谋生也日趋艰难了。1938 年春，顾关涛听说顾金华之子顾振和顾忠组织起抗日自卫武装队伍，便毅然拿起枪杆投入战斗。由于缺乏斗争经验，社会环境复杂，自卫武装队伍几经磨难，时起时伏，顾关涛只得“有仗打就赶来，打好仗就走人”，游走四方。

1940 年 12 月 16 日，顾关涛响应顾振的召唤，匆匆赶到召稼楼参加“召楼事变”战斗。随后，他跟随顾振转入南汇民众抗日自卫团第一大队一中队，后又转入淞沪游击第五支队第一大队特务区队，先后担任班长、司务长。在周浦镇东北的野壶子桥，参加了抗击日伪军的激战。

白皮红心“伪乡长”

1942 年 2 月，自从顾振离开家乡失去联系后，同村自幼相伴、随其投身抗战的好友们一时难以作为，大多守候在家。

顾关涛闲居在家中，闻说乡亲们希望就地办所小学校，解决孩子们读书问题，便勇于担当，空手筹办“大锵小学”（当地时属大锵乡）。他在计家宅租借了两间民房，四处奔波，搬来桌子长凳，自己担任不拿薪水的教师，吃饭时轮流到学生家中“溜一转有啥吃啥”。

当时，日伪军在“清乡”扫荡之后，着手健全各地伪组织，加强统治。苏民乡（今浦江镇苏民村）的伪乡长死了，急需有人接替。可是，拖了一个月，苏民乡还是没有适当人选。有心想出山掌权的人，生怕遭到抗日游击队袭击，不敢出头。而乡人生怕再有地痞流氓跳出来为虎作伥，主张趁机寻个好人当乡长，“与其让坏人作恶，不如寻一个好人掌权行善”。大家发现，顾关涛虽然只读过几年私塾，但是谈吐不俗，能言善辩，常年在外凭手艺谋生，见过世面，为人真诚，乡人均称其为“乡里大好人”。乡亲们就将顾关涛推了上去。

顾关涛家的收音机

顾关涛也不推辞。他感到，若是自己不出山，这“伪乡长”位子就有可能被恶人霸占，而自己出山也许可利用这个身份做一些好事。于是，经组织批准，他担任了“白皮红心”的苏民乡“伪乡长”。随之，他将刚筹建的大锵小学交给了顾振的妻子秦之佩。

就此，顾关涛以伪乡长的身份，与日伪政权周旋，或硬磨，或软抗，为乡亲消解风险，又为新四军游击队筹集粮饷。他特意买来一台收音机，密切关注着时局的变幻。还以乡公所的名义，组织了上百人参加的读书会，团结进步青年创办了《培育》月刊，举办了摆事实讲道理的辩论会。

常年与虎狼打交道，难免遭遇凶险时刻。一天，顾关涛到周浦日军宪兵队，参加伪乡长会议。日军队长大肆宣传汪伪政权，顾关涛听不下去，冲撞了几句。日队长一把揪住顾关涛，吓坏了众人。而顾关涛只是笑笑，面不改色。日队长无奈，拍拍他的胸脯，说了句：“有种的！”

这样的日子，顾关涛熬了 3 年，直到抗日战争胜利才丢掉“伪乡长”的帽子。顾关涛重新干起了花作师傅，带领顾家宅的泥水木匠承接造屋砌墙的工程。

然而，尽管抗日战争胜利了，老百姓的日子依然难熬。顾关涛思考着如何扫除邪恶势力，为乡亲们办点实事。

组建“陈行护丁大队”

1946 年 12 月，陈行镇公所奉命征收名目繁多的苛捐杂税，同时强抽壮丁，

凡家有18岁至45岁的适龄壮丁,或从军而去,或交纳15石白米充壮丁费。乡民们奋起对抗,当局动用警力强势执行,眼看一场腥风血雨即将袭来。

为此,顾关涛召集吴庚民、宋生荣、吴景然等十多人相聚到题桥镇上,合谋对策。

吴庚民(1914—1947),又名景白,题桥镇北街人。家境贫寒,以贩卖私盐为生。28岁时在奉贤柘林地区投身中共组织所领导的"弟兄会",结识中共党员徐苗根等,参加抗日武装斗争。

宋生荣(1921—1947),原名郑生荣,奉贤县陆家码头人。1943年春,入赘到题桥镇宋家改姓。1944年春,参加新寺地区"弟兄会"。7月,在柘林盐区大沙村加入中国共产党。1946年6月,受党指派在奉贤新寺一带建立"奉贤西乡武装小组"。9月5日,"西乡武装小组"斗争受挫,吴庚明和宋生荣一起转移到题桥。不久,奉贤县中共大沙支部书记徐苗根送来1支手枪,希望他们就地开展武装斗争。

于是,吴庚民和宋生荣联络顾关涛和刚担任第五区(题桥乡)区长的吴景然,要求筹建武装组织。

1947年年初,徐苗根又送来了食盐百余担,供作活动经费。顾关涛、吴庚民通过徐苗根与中共淞沪工委张荣增、赵铎心以及中共浦南特派员黄竞之取得联系,决定以反对抽壮丁为号召,建立起武装自卫组织,取名"陈行护丁大队",由顾关涛出任大队长,吴庚民任大队副兼浦江办事处主任,吴景然为参谋。

就此,"陈行护丁大队"操起刀枪,出没于陈行、塘口、关港、闵行等地,在黄浦江两岸开展武装活动,持续获得战果。他们在浦西曹行处决了国民党上海县刑警队长王笠人等3人,缴获手枪2支,子弹数十发。在杜行北首处决了海上检问所主任顾成益等。3月,在关港镇上缴获上海县自卫团的枪支弹药。4月,又先后缴获鹤和乡乡公所手枪1支和步枪2支,关港乡自卫队手枪1支,荻山乡自卫队驳壳枪1支。

在战斗中,吴庚民机智勇敢,奋不顾身,右肩被大刀砍伤,依然力克顽敌。

英勇就义

“陈行护丁大队”日益壮大,成为“浦东人民护丁总队一大队”。江苏省第三区行政督察专员兼保安司令谢承炳为此甚为惊恐,密令“上海县保安队及刑警队,急速侦破”。

1947 年 4 月 20 日,在上海县县长俞月秋等阴谋策划下,上海县警察局刑警队队长丁生贵率刑警孙敬南、康隆兴、金福泉等对“陈行护丁大队”下毒手了。

孙敬南以前曾参加游击队,熟悉顾关涛。4 月 20 日下午,他来找吴庚民、宋生荣,诈称上级安排至长安公墓的亭子内取枪,将护丁大队部分队员骗到塘口镇附近,结果遭到上海县刑警队、保安队 60 余人的围困。护丁大队队员张广成、刘顺海在激战中牺牲,吴庚民、宋生荣、金小其、赵德标等突围未成,受伤被俘。

这天,顾关涛齐巧有事在外而幸免于难。保安队冲到顾关涛家中,翻箱倒柜,搜查了三天,威逼其家人交出枪支弹药,闹得整个村宅无法安宁,其女儿受惊得病。

顾关涛已无法返乡,便装扮成牛贩子,到南汇县城东寻找护丁总队领导人。5 月 3 日,他在牛肚子桥遭遇岗警查问时,因随身有 1 支钢笔和 1 支五角星的牙刷,当即被押送到南汇自卫总队。

乡亲们得知信息,当即多方奔走,设法营救。不久,顾关涛被引渡到上海县关押,后被送进关押重犯的松江“军纪监牢”。他在那里受尽酷刑,大腿骨被打断。他深知生命将止,便用香烟壳纸给家人和好友写了三封简信,劝家人不要为了营救而变卖家产,告诫子女要忍受生活煎熬代其供养母亲,鼓励好友不畏牺牲继续战斗。

1947 年,闵行镇北的普安公墓成了枪毙“人犯”的刑场,闵行镇居民看到他们双手反绑,背插“斩标”,上面白纸黑字写的是“匪犯”,6 月 27 日被杀的叫宋生荣,时年 26 岁;7 月 10 日被杀的叫吴庚民,时年 33 岁;11 月 28 日被杀的叫顾关涛,时年43岁。

烈士遗体由家属送回家乡安葬,激起了乡人更强烈的反抗情绪。

不久,“浦东人民护丁总队”更名为“浦东人民解放总队”,亮出解放军旗帜,向新中国大步迈进。

1950年7月,集土匪、汉奸、特务于一身的丁生贵、孙敬南、康隆兴、金福泉等被捕归案。11月18日,上海县人民政府在塘口镇召开公审大会,依法枪决四犯。

1952年7月,顾关涛由苏南行政公署和上海县人民政府追认为革命烈士。1979年1月19日,吴庚民被追认为革命烈士。1985年1月22日,宋生荣被追认为革命烈士。顾关涛安葬在闵行区烈士陵园。

日军三烧闸港镇

1937年10月20日,3架日军飞机飞至闸港地区上空,投下炸弹。

1938年1月15日至20日,日军在浦东地区扫荡,几番闯入闸港镇,一路奸淫、掳掠、烧杀。当地被杀者计有瞿根生、张连江、夏阿荣、汪金根、顾连桥、胡妙根、谈金炎、姚桂荣等8人。

1月21日(农历十二月二十日),日军纵火将镇上158间瓦房烧毁。乡民们无家可归,只能搭起草屋栖身。

5月18日(农历四月十九日),日军再次大肆火烧民房,将上次烧剩的街面房以及之后搭建的草房全部烧了个精光。

7月间,奉贤县伪"南桥治安维持会"会长李天民(小名炳照,化名李培)随同日军代表小川,到浦东企图以旧情诱降浦东游击队负责人丁锡山。丁锡山大义凛然,怒杀小川,并指派八支队范根才部在闸港镇设下埋伏,一举将李天民捕获,枪决于鲁汇镇。

为此,日军头目恼羞成怒,决意报复。8月初,再一次派出日伪军赶到闸港纵火焚烧民房,将全镇上200多间草屋全部化为灰烬。

1939年1月23日,有汉奸引领日军200余人冲到闸港地区,依靠犀利

军器，围攻当地游击队徐新舟部，水陆交通顿时断绝。当时，徐部只有35人，为突围与日军做殊死决战。激战3个多小时，徐部32人壮烈牺牲，日军死伤50余人。徐新舟率最后2名队员，在弹尽援绝之际奋勇冲出重围。

3月22日，日本海军陆战队六七十人自闸港口登陆前往鲁汇镇搜索，被游击队击退。转而再次焚烧闸港镇，重建的草房毁于大火，闸港镇再度被毁，夷为平地。

杜行酱园遭遇战

伪上海特别市警察局1938年6月30日、8月4日的呈文记载：浦东游击总队马柏生部下，以十余人组成一组便衣队，常在召稼楼、杜家行镇等处游巡。

1938年6月28日，有8个日本兵由闵行镇来到浦东杜家行镇上巡查，当晚寄宿在镇上。次日上午10时，其中6人外出游玩，2人在镇上茶馆里吃茶。下午一时许，2个吃茶的在镇上逛街，逛到南街万源兴酱园，走了进去。忽然，从酱园后门冲进来几名便衣游击队员，开枪将2个日兵击倒在地。便衣队员误以为日兵已被击毙，即招呼14名队员到酱园集中。

谁料，2个日兵受伤未死，突然开枪，4名游击队员牺牲。便衣队急忙退出酱园四散。日兵不敢久留，愤而放一把火将万源兴酱园全部焚烧，然后向塘口方面而去，乘船逃回闵行镇。

野壶子桥之战

1940年8月间，奉命赴“江南抗日义勇军”学习的浦东游击队中共领导者连柏生（1908—1992，南汇县祝桥镇凉亭乡人），回到了浦东。为了贯彻“灰色隐蔽”的战略方针，连柏生打通国民党第三战区淞沪游击指挥部的关系，获得了淞沪游击纵队第五支队的番号，于是立即将“南汇抗日自卫团第二大队”扩编为“淞沪游击纵队第五支队”，由连柏生亲任支队长。第五支队组建的第一大队,由张席珍(1913—1948)任大队长,时任中共浦东工委军事委员的朱亚民(1916—2012,江苏省武进县人,原名朱复,化名诸亚名)兼任指导员,顾振任第一大队副大队长。随顾振同来的张厚生、李金根、顾炳根、王宝道、顾关涛等编入特务区队,由谭正兴任队长,王秋福任司务长。

不久,顾振担任第五支队第一大队大队长,陆益畲负责军需工作。第一大队下设三个中队,顾忠为第一中队队长,王秋福任副队长,顾关涛任司务长,队员以顾振的老战友为主。

顾忠带领的第一大队第一中队主要在浦东唐墓桥、横沔、六灶湾、苏家角、野壶子桥、龚家宅一带开展游击活动。

“召楼事变”发生后,日伪军在浦东地区加强进行“清乡”大扫荡。1941年年初,连柏生根据中共江南区党委指示,带领第五支队分期分批由浦东向浙东转移。

这时,顾振发觉第一中队人多,目标过大,流动不便,于是决定让一部分人员先分散回家隐蔽、待命。而这一批人员留下的枪支,需要暂时隐藏起来,以备后用。

这一天,顾振亲自带领28名游击队员趁着夜色,将需要隐藏的枪支搬运回召稼楼。但是,运到周浦镇东北的野壶子桥时,天色已亮,不能再走,只得就地寻村宅休息。

上午九时许,突然从周浦方面传来信息,日军已调动伪军,正从周浦镇和北蔡镇两路夹袭而来。顾振立即分析情况,做出部署,准备就地打一仗。下午三时许,周浦方向的日伪军出现了,顾振命令队员出屋埋伏。想不到,来敌竟有200多人,伪军在前,日兵押后。面对游击队,伪军士兵不敢再冲了,日兵用刺刀威逼他们匍匐前进。顾振向他们大声喊话:“中国人不打中国人,你们不要为东洋人卖命,做炮灰!”

日伪兵开枪了。顾振果断下令还击,顿时枪声大作。这时,顾振发现西面的敌人最薄弱,立即命令部下前后掩护,边打边冲,向西突围。眼看天色渐暗,日伪军不敢恋战,撤出了阵地。

顾振率部撤退时,只失踪1人。当晚,他们将所有武器运到了顾振妹夫

火志欣的家中（今浦江镇知新村）。这里是顾忠经常前来联络的地方，妹妹、妹夫绝对可靠。他们连夜将武器藏在为老太太准备的“寿材”（生前准备的棺木）内，就地分手隐蔽。

这一仗，28 名游击队员打退了 200 多个日伪军的围捕，令游击队员极为兴奋，在浦东抗战史上再次谱写了一曲雄壮的战歌。

范根才沉浮在抗战中

1938 年秋季，丁锡山领导的“苏浙行动委员会第三支队（浦东游击总队）”改编为“忠义救国军第八支队”，任命范根才为第八支队三大队大队长。

范根才（1909—1940），鲁汇乡范家塘（今浦江镇汇中村五组）人。少年时学木匠，后到上海城区谋生，投身“青帮”门下，结拜“九兄弟”，排行“老七”。因犯抢劫案被判罪关押上海监狱，抗日战争全面爆发后获假释从军，编入陆军独立第 54 旅当兵，参加淞沪抗战，以战功担任中士班长。

上海沦陷后，范根才逃回浦东，投靠盐匪马柏生（奉贤县三官堂镇北马家塘人），拉起武装队伍。1938 年，投靠丁锡山，出任第三大队大队长，拥有 11 个中队，600 余人。大队部先后设在范家塘、水月庵、鲁汇镇河南、塘口镇等地。他曾率部袭击肖塘、白莲湾等地日军据点，阻击闸港河中日军汽艇，刺杀汉奸。1939 年 5 月，率部进攻沈庄，守护陈行，重创入侵日军，从而在民间拥有名望。但同时，他自行设立关卡，征收“田亩税”，甚至私自印发地方“货币”在当地“通用”，也激起民怨。

1939 年 10 月，范根才随丁锡山投靠汪伪和平建国军，公开与人民为敌。1940 年，在十三师师长丁锡山手下充当第三团团长，仍吸毒成瘾，生活腐化，到处设卡收税，抢劫杀人，民愤越积越大。当年冬季，被丁锡山枪决于北桥镇。

鲁汇大江中学红色记忆

1947年夏秋时节，鲁汇地区爆出重大新闻，人们奔走相告：在鲁汇集镇中街的典当房子里，新建了本地区第一所中学，取名“大江中学”。创办人王文彦时年32岁，文质彬彬，是上海滩知名民主人士，连国民党县党部也对他十分敬重。当时在鲁汇几乎无人知晓，他其实是中共地下党员。

王文彦（1915—1998），又名王郁夫，浦东赵桥村（今属大团镇）人。1935年，就读于上海市立中国中学高中部，在中共地下党组织的引导下，加入共青团组织。1938年加入中国共产党。抗日战争全面爆发后，与好友相约奔赴延安，可惜道路受阻，四处辗转。抗日战争胜利后，他毅然回到上海浦东。1946年，被选为民盟上海市委委员，在上海主编《文艺知识》杂志。因为奉命要在家乡筹办一支武装队伍“杜北自卫队”，他以大江中学校长的公开身份广泛开展革命活动。

在王文彦的主持下，大江中学开设1个初中班，1个高中班，时有学生100多人，聘用教职工11人，其中有中共地下党安排的掩护对象，如刚从重庆逃到上海的中国左翼作家联盟成员艾芜（1904—1992，原名汤道耕，四川新繁人，中共党员）、赶到上海来治心病的左翼作家联盟组织部部长何家槐（笔名永修，浙江义乌人，中共党员）以及秦其寿（王文彦在浙江萧山工作时结交的中共党员）、陈志达、余双人等。艾芜在这里创作了长篇小说《山野》

和中篇小说《乡愁》。

王文彦等中共党员将大江中学作为开展革命活动的主阵地，时常组织学生学唱《你是灯塔》《团结就是力量》等进步歌曲，并组织演出。组织青年骨干加入中共党组织领导的"浦东民主青年协进会"，联合周浦中学、滨浦中学、仁民中学、惠民中学、江东中学、惠南中学等学校学生开展"反饥饿反迫害"游行，还印发中国人民解放军的胜利捷报，举行家长恳谈会，宣传"打倒蒋家王朝"。

由于校内特殊的掩护对象不便公开露面，王文彦又招聘多名革命意志坚定的青年教职工，充实斗争力量。1948 年 8 月，季重远(1915—1998，又名季仲远，字千里，号渔樵，江苏省泰兴人)，到大江中学担任副教导主任，公开出面组织学生活动。此时，何家槐等特殊人物悄悄离开大江中学，取道香港经武汉进入江汉解放区。

大江中学鲜明的进步倾向，引起了反动当局的注意。1948 年 10 月，伪国民党上海警备区司令部派兵前来抓捕王文彦，由于内线及时通报，王文彦做好布防，得免于难。国民党南汇县党部也曾多次派人到鲁汇进行追查。王文彦等中共党员在校董事会人员的帮助下，及时借故外出避难，才免遭不幸。

上海解放后，大江中学并入"南汇县简易师范学校"，王文彦担任南汇县教育局副局长。

附录

历史大事记（1165—1949）

宋乾道年间（1165—1173）

游僧如行、如飞在周浦塘与鹤坡塘交会处南岸结芦为庵，为长寿寺前身。

元至元二十九年（1292）

上海县建立，本地属长人乡。

大德年间（1297—1307）

秦裕伯父亲秦良颢南下，出任浙西道榷鹾使。后徙居在长寿寺附近。

至治年间（1321—1323）

名士赵孟頫为长寿寺书额。

泰定年间（1324—1328）

秦良颢出任上海县长人乡里正。

至顺二年（1331）

秦良颢任鹤沙盐运使监税官。

至正四年（1344）

秦裕伯考中进士。

至正十四年（1354）

秦裕伯弃官返回故里。

至正年间(1341—1368)

长寿寺重修。

中书左丞相脱脱娶百花公主。顺帝盐铁塘庄园陪嫁“脂粉田”，人称“拨赐庄”。

明洪武六年(1373)

七月二十日，秦裕伯病逝，葬长寿寺西。

洪武十九年(1386)

高僧在黄浦江边始建愍渡庵。

永乐元年(1403)

户部尚书夏原吉赴苏松地区治水，采纳叶宗行和张宾旸的建议，实施“江浦合流”。

永乐年间(1403—1424)

杜恒与儿子杜禧迁居王家浜沿岸，兴建宅院。

成化十四年(1478)

湾周里周洪中进士。

弘治年间(1488—1505)

王家浜北岸杜氏宅院连片，形成杜家行。

嘉靖二年(1523)

工部尚书李充嗣主持疏浚周浦塘、盐铁塘。

隆庆三年(1569)

应天府巡抚海瑞在东江口修筑水闸。

万历九年(1581)

秦氏族人在长寿寺西侧建造秦公墓园。

万历十三年(1585)

秋，杜氏家族“父子、祖孙、兄弟、叔侄同上南宫”，为松江府盛事。

万历二十三年(1595)

杜士全中进士。

万历四十四年(1616)

相传徐光启裔孙徐昆迁居闸港向观桥。

天启四年(1624)

崇福禅院立《义田免役碑》。

崇祯九年(1636)

鲁道昆中举人,在十九保四十五图建造新宅定居。

清顺治六年(1649)

湾周周茂源中进士。

顺治九年(1652)

施家行施维翰中进士。

顺治十一年(1654)

里人顾君陶等发起,浚周浦塘,创私人集资浚河之先例。

康熙二十三年(1684)

四月初二,福建总督施维翰因病在任上逝世。次年,归葬故乡。

是年,长寿寺重修。

康熙三十一年(1692)

七月,长寿寺内四朵并头莲花盛开,为鼎盛时期。

康熙三十九年(1700)

施维翰从孙施惟讷中进士。

雍正四年(1726)

析上海县之长人乡分建南汇县。

是年,首任南汇知县钦连主持疏浚周浦塘,自汇龙桥西至题桥止。

乾隆三十一年(1766)

杜行东城隍庙重建后殿。西城隍庙始建。

乾隆三十七年(1772)

施润中进士。

乾隆四十年(1775)

南汇知县成汝舟主持疏浚闸港。

乾隆四十二年(1777)

景仰止桥易石桥。

乾隆四十五年(1780)

闸港河木桥重建,人称“浦东第一桥”。

乾隆五十七年(1792)

闸港口设“天灯”作为航标。

乾隆五十八年(1793)

召稼楼奚氏建礼耕堂。

嘉庆九年(1804)

杜行杜昌意纂修《西霞杜氏世谱》。

嘉庆十九年(1814)

召稼楼建奚氏宗祠。

嘉庆二十五年(1820)

徐氏第十代孙建“徐氏向观桥奉思堂”(徐氏宗祠)。

道光二年(1822)

疏浚周浦港、闸港。

同治五年(1866)

陈行镇与南汇县之间爆发疏通周浦塘劳役之争。

同治六年(1867)

鲁汇东街上建观涛书院。

同治九年(1870)

南汇知县叶廷眷主持疏浚闸港。

同治十二年(1873)

秋,秦公墓侧的秦公祠落成。

光绪十六年(1890)

疏浚周浦塘、盐铁塘。上海和南汇两县间延续20余年未解决的疏浚周浦塘纠纷案获得初步解决。

光绪十九年(1893)

九月十九日,秦锡田、秦锡圭"兄弟同榜"考中举人。

光绪二十一年(1895)

秦锡圭中进士。

光绪二十二年(1896)

秦荣光创办三林书院。

光绪二十四年(1898)

徐嘉树重修《向观桥徐氏世谱》。

是年,疏浚王家浜(今姚家浜)。

光绪二十六年(1900)

胡祖德编印《松江俗语》。

光绪二十八年(1902)

二月,秦始基倡议将观涛书院改建为观涛小学堂。

光绪二十九年(1903)

2 月 17 日(正月二十),秦荣光创办的三林学堂正式开学。

光绪三十年(1904)

闵行敏航轮船局辟内河客运航线,途经闸港,建造接客码头。

光绪三十二年(1906)

年底,秦锡田创建课勤院在题桥镇开业。

冬,秦锡田重立谈氏废园"朋寿峰"。

是年,鲁家汇创办南州女校。

光绪三十三年(1907)

正月,杜行东城隍庙内开办竞斌小学堂。

光绪三十四年(1908)

徐氏第八代孙建徐氏家祠。

宣统三年(1911)

倪清泉、徐大章等创建"鲁汇国乐会"。

民国三年(1914)

冬季,胡祖德《沪谚》首次出版发行。

民国七年(1918)

疏浚周浦塘。

民国十一年(1922)

12 月,胡祖德编定《沪谚外编》,书中“新词典”收录“洋泾浜英语”。

民国十七年(1928)

鲁汇、杜行、召稼楼等地设邮政代办所,隶南汇县周浦局。

民国二十年(1931)

杜家行西街王家浜边建造天主教堂。

民国二十一年(1932)

上海教区浦东牧区在鲁汇镇创办“卫理公会明道堂”。

民国二十二年(1933)

10 月 27 日(九月初九),题桥秦公祠举行建祠六十周年祭祀活动。

民国二十三年(1934)

赵元昌商号在召稼楼道南街翻建宅院。

民国二十六年(1937)

10 月 20 日,三架日军飞机飞至鲁家汇镇上空,投下炸弹五枚。

民国二十七年(1938)

4 月,顾振以塘口镇为基地,结集 20 余名好友,自行组建抗日武装队伍。

5 月 18 日,日军再次火烧闸港镇,街面房及草房全部烧毁。

7 月,忠义救国军八支队在闸港镇捕获奉贤汉奸头目李天民,枪决于鲁汇镇。

民国二十八年(1939)

3 月 22 日,日本海军陆战队前往鲁汇镇搜索,被游击队击退。转而焚烧闸港镇,重建的草房尽毁。

5 月 14 日起,日军飞机翱翔于鲁家汇、召稼楼、陈家行、金汇桥等地,每处约投 3 弹,仅鲁家汇死伤就达 40 余人。

民国二十九年(1940)

12月16日夜,中共党员林钧和陈行中心小学校长顾振率当地抗日志士,与驻召稼楼汪伪13师51团团部爱国士兵内应外合,夜袭该团团部,缴获全部武器。

民国三十年(1941)

秋,忠义救国军浦东政治特派员兼奉贤县地下县长马柏生率第四支队活动于鲁汇、杜行一带。

民国三十一年(1942)

9月1日,北桥、三林、陈行等地划在日伪"清乡"区内。在浦东沿三林塘港,浦西沿横沥港、沪杭铁路、茜浦泾、女儿泾等建竹篱笆作为"清乡"封锁线。

民国三十二年(1943)

6月,新四军浦东支队南汇县五、六区区中队在杜行、鲁汇地区开展反"清乡"武装斗争。6月26日,支队长齐元省等在陈行乡瞿家圈遭日伪军围困,不幸牺牲。

民国三十四年(1945)

春,中共杜行地区地下党组织在浦东、浦西之间建立黄浦江秘密交通线,中共淞沪地委机关新四军淞沪支队主力通过该线从浦东转移青浦。

民国三十六年(1947)

杜行镇创办私立滨浦中学。

鲁汇镇创办私立大江中学。

民国三十八年(1949)

5月15日下午,人民解放军占领本地区。

5月27日,上海市宣告全市解放,避难的居民陆续返回。

历代进士名录

秦裕伯(1296—1373),字惟镜、蓉卿,号景容,上海县长寿里人。元至正四年(1344)进士。历官福建省郎中、行台侍御史、延平路总管。

谈伦(1429—1504),字本彝,鹤坡里人。明天顺元年(1457)进士。官至工部右侍郎。

周洪,字廷诰,湾周里人。明成化十四年(1478)进士。官至京畿道监察御史。

谈诏,字朝宣,鹤坡里人,谈伦堂弟。明成化十七年(1481)进士。官至山东按察使副使。

杜士全,字完山,杜行人,杜时腾之孙。明万历二十三年(1595)进士。官至南京工部尚书。

周茂源(1613—1672),字宿来,号釜山,湾周里人。清顺治六年(1649)进士。刑部主事、郎中。

施维翰(1622—1684),字及甫,号研山,施家行人。清顺治九年(1652)进士。山东巡抚、浙江总督。

施惟讷,字予宪,号愚亭,施家行人,施维翰之侄。清康熙三十九年(1700)进士。大同府知府。

施润,字泽寰,号秋水,施家行人,施惟讷之孙。清乾隆三十七年(1772)进士。安徽凤阳府教授。

烈士英名录

蔡钧徒(1904—1938),本名蔡安福,字履之,陈行镇西街(今陈行村七组)人。上海《社会晚报》主编。1938 年 2 月 3 日,遭日伪特务暗杀。1952 年,被追认为革命烈士。安葬在陈行村七组。

顾振(1913—1942),原名增福,字真火,陈行镇顾家宅(今浦江镇东风村十一组)人。1938 年春在家乡自建"抗日游击队"。1939 年,任淞沪游击纵队第五支队第一大队副大队长。因病回乡,1940 年任陈行小学校长,秘密发展"淞沪抗日青年团"。12 月 16 日,成功策动召楼起义。1942 年 2 月,在青东办事处遭挟持,被杀害于北竿山附近。1952 年 7 月,被追认为革命烈士。安葬在闵行区烈士陵园。

齐元省(1912—1943),山东省蓬莱县人。1940 年参加革命。1943 年任新四军淞沪游击纵队第五支队中队长。6 月 26 日,率部跟踪伪军,途经陈行乡西绞圈(又名"翟家圈",今浦江镇知新村五组)做休整时,突遭日伪军的围困,在反击突围时牺牲。1952 年 8 月,被追认为革命烈士。安葬在龙华烈士陵园。

张崇逸(1923—1945),又名同煦,南汇县周浦人,家住上海县鲁家汇镇(今浦江镇鲁汇社区)。1942 年夏,投奔淞沪游击纵队第五支队第五大队。1943 年,到新四军浙东游击纵队第三支队第一大队任文化教员,加入中国共产党。1944年12月，调任一大队二中队指导员。1945年8月17日，在余姚城北与日寇展开的激战中牺牲。1955年12月30日，被追认为革命烈士。安葬在浙江余姚芝山村烈士墓。

顾关涛（1904—1947），陈行镇顾家宅（今浦江镇东风村十一组）人。1940年12月16日，参加“召楼事变”战斗，转入南汇民众抗日自卫团第一大队一中队，后转入淞沪游击第五支队第一大队特务区队，先后担任班长、司务长。1946年，任“浦东人民护丁总队一大队”大队长。1947年5月3日，在南汇城东不幸被捕。11月28日，在闵行普安公墓就义。1952年7月，被追认为革命烈士。1984年，葬于上海县烈士陵园。今安葬在闵行区烈士陵园。

吴庚民（1914—1947），又名景白，题桥镇人。28岁参加抗日武装斗争。1946年，任“浦东人民护丁总队一大队”副大队长兼浦江办事处主任。1947年4月20日在战斗中被俘，7月10日在闵行普安公墓就义。1979年1月19日，被追认为革命烈士。

宋生荣（1921—1947）原名郑生荣，奉贤县陆家码头人。1943年春，入赘到题桥镇宋家。1944年7月，加入中国共产党。1946年，加入“浦东人民护丁总队一大队”。1947年4月20日在战斗中被俘，6月27日在闵行普安公墓就义。1985年1月22日，被追认为革命烈士。

赵铎心（1919—1947），曾化名孙平心、沈炳欣、赵万年，杜行乡北赵家桥（今浦锦街道勤俭村四组）人。1942年3月，加入中国共产党。1944年春，赴南汇参加新四军淞沪支队。后任中共南汇县路北区委委员。1946年1月，调任青浦地区中共特派员，以萧王庙小学教员的身份领导青东中共地下组织。11月29日意外被捕。1947年1月18日，在朱家角英勇就义。安葬在闵行区烈士陵园。

吴彬佳（1925—1946），杜行乡勤俭村二组人。1944年参加新四军，任班长。1946年10月，在山东鲁南战役中牺牲，安葬在山东鲁南。

康福其（1921—1947），后改名康煦东，杜行乡康桥村人。1944年参加革命。1947年4月25日在解放山东峄县战斗中牺牲，安葬在胶南行署烈士墓。

范金棋(1923—1947),杜行乡丰收村二组人,1944年冬参加新四军浙东纵队淞沪支队,后为华东三野某部战士。1947年5月中旬,在山东孟良崮战役中失踪。

诸永兴(1925—1949),陈行乡北诸桥(今勤劳村三组)人。1945年4月参加新四军,苏南军区某部战士。1949年4月16日,在解放南汇县航头镇战斗中牺牲。安葬在北诸桥。1952年8月,被追认为革命烈士。

邢根福(1919—1950),杜行乡勤俭村邢家堰人。1931年进上海董家渡一竹器工场当学徒。1935年去山东泰安参加革命,并入党。1945年参加中国人民解放军,历任0080部队二支队二营四连班长、排长等职。参加过鲁南战役、淮海战役、渡江战役、解放上海等。1950年参加中国人民志愿军,参加第一、二次反击战。是年12月,在朝鲜干司开反击战中牺牲。

李伯仁(1932—1951),陈行乡李巷宅(今李巷村八组)人。1951年1月应征入伍,9月参加中国人民志愿军,为67军201师602团二营四连战士。1951年10月16日,在朝鲜金化阻击战中牺牲。安葬于朝鲜金化。

张森祥(1926—1951),陈行乡吴家宅(今友建村五组)人。1950年11月应征入伍,1951年9月参加中国人民志愿军,为67军201师602团一营三连战士。1951年10月17日,在朝鲜金化远东75高地阻击战中牺牲。1952年7月,被追认为革命烈士。初葬朝鲜江源道金化郡远东区,归葬闵行区烈士陵园。

张龙根(1927—1951),陈行乡槿树园(今苏民村八组)人。1951年1月应征入伍,9月参加中国人民志愿军,为67军201师602团三营七连战士。1951年10月20日,在朝鲜金化918高地阻击战中牺牲。1951年11月8日,被追认为革命烈士。初葬朝鲜江源道金化郡远东区,归葬闵行区烈士陵园。

闵福根(1934—1951,又名义根、富根),陈行乡人。1950年11月应征入伍,1951年9月参加中国人民志愿军,为67军201师602团一营二连战士。10月24日,在朝鲜金化5823高地阻击战中牺牲。同年11月8日,被追认为革命烈士。安葬于朝鲜江源道金化郡远东区。

顾关桥(1929—1951),陈行乡顾家堰(今东风村十五组)人。1951 年 1 月应征入伍,9 月参加中国人民志愿军,为 67 军 201 师 602 团战士。1951 年 10 月 28 日,在朝鲜金化 5823 高地阻击战中牺牲。同年 11 月 8 日,被追认为革命烈士。初葬朝鲜江源道金化郡远东区,归葬闵行区烈士陵园。

曹保生(1930—1951),陈行乡曹家村(今东风村十组)人。1951 年 1 月应征入伍,9 月参加中国人民志愿军,为 67 军 201 师 602 团机炮连战士。1951 年 10 月 20 日,在朝鲜金化乔沿山 923 高地阻击战中牺牲。安葬于朝鲜金化。

王月汀(1931—1951),杜行乡建东村人,1950 年 12 月入伍,为中国人民志愿军 67 军 201 师 602 团二营四连战士,1951 年 10 月 16 日,在朝鲜金化牺牲。同年 12 月 8 日,被追认为革命烈士。

沈福弟(1933—1951),杜行乡胜利村人。1951 年 1 月入伍,为中国人民志愿军 67 军 201 师 602 团三营八连战士,10 月 17 日,在朝鲜金化牺牲,安葬于朝鲜江源道金化郡。

张文祥(1930—1951),杜行乡镇北村人。1951 年 1 月入伍,为中国人民志愿军某部战士。9 月,在抗美援朝战争中失踪。1962 年 12 月 24 日追认为烈士。

毛福泉(1931—1951),杜行乡万里村人。1951 年 1 月入伍,为中国人民志愿军某部战士。同年在抗美援朝战争中失踪。1962 年 1 月 24 日追认为烈士。

徐友才(1927—1951),杜行乡革新村人,1951 年 4 月入伍,为中国人民志愿军某部战士。同年在抗美援朝战争中失踪。1962 年 2 月 25 日,被追认为革命烈士。

谭生才(1927—1951),杜行乡革新村人。1950 年入伍,为中国人民志愿军某部战士,1951 年在抗美援朝战争中牺牲。

孙德福(1923—1951),杜行乡康桥村人。1951 年入伍,为中国人民志愿军某部战士,同年在抗美援朝战争中失踪。1962 年 1 月 9 日,被追认为革命烈士。

康根法(1928—1951),杜行乡康桥村人。1951 年入伍,为中国人民志愿军某部战士。同年 11 月,在抗美援朝战争中失踪。1962 年 1 月 9 日,被追认为革命烈士。安葬在闵行区烈士陵园。

翁金荣(1928—1951),杜行乡丰收村人。1950 年 2 月入伍,为中国人民志愿军 67 军 201 师 602 团二营四连战士。1951 年 10 月 16 日,在朝鲜金化牺牲。1952 年 8 月,被追认为革命烈士。初葬地在朝鲜,归葬闵行区烈士陵园。

张国弟(1927—1951),杜行乡亭子村人。1950 年入伍,为中国人民志愿军 67 军 201 师 602 团二营四连战士,1951 年 10 月 16 日,在朝鲜金化牺牲。同年 11 月 8 日,被追认为革命烈士。

秦金祥(1931—1951),杜行乡建岗村十二组人,1950 年 12 月入伍,为中国人民志愿军某部战士,l951 年 6 月,在江苏常州牺牲。

姚才根(1912—1952),杜行乡建东村人。1949 年 5 月入伍,为中国人民志愿军 48 军 142 师战士。于 1952 年 3 月,在抗美援朝中失踪。1962 年 1 月 24 日,被追认为革命烈士。

杜生余(1930—1951),杜行乡丰收村人。1950 年 2 月入伍,为中国人民志愿军某部战士,1951 年 10 月,在抗美援朝战争中失踪。1962 年 1 月 9 日,被追认为革命烈士。

赵引官(1931—1953),鲁汇乡计家堂(今新风村六组)人。1953 年 2 月参加中国人民志愿军,为 24 军 72 师 215 团一营二连战士。7 月 13 日,在朝鲜牺牲。1954 年 2 月 1 日,被追认为革命烈士。初葬地在朝鲜,归葬闵行区烈士陵园。

陈祥林(1933—1953),鲁汇乡陈家塘(今永胜村三组)人。为中国人民志愿军 24 军 72 师 215 团战士。1953 年 7 月 13 日,在朝鲜牺牲。同年 8 月被追认为革命烈士。初葬朝鲜汇源昌道郡上所里区,归葬闵行区烈士陵园。

朱全福(1928—1953),鲁汇乡浜头宅(今汇红村三组)人。1953 年 2 月参加中国人民志愿军,为 24 军 72 师 215 团三营八连战士。1953 年 6 月 2 日,在朝鲜牺牲。1954 年 5 月 3 日,被追认为革命烈士。安葬在闵行区烈士陵园。

方桂弟(1925—1953),鲁汇乡人。1951 年 1 月参加工作,9 月参加中国人民志愿军,为 67 军 201 师 601 团三营八连战士。1953 年 5 月 27 日,在朝鲜战场牺牲。同年 10 月 28 日,被追认为革命烈士。初葬朝鲜江原道昌道郡金城面水芳洞,归葬闵行区烈士陵园。

陈鹤鸣(1931—1953),鲁汇乡西陈家宅(今汇南村十二组)人。1950 年 12 月参加工作。1952 年 3 月参加中国人民志愿军,为 9357 部队八支队二中队战士。1953 年 3 月,在朝鲜牺牲。

杨林兴(1927—1953),陈行乡塘口西街(今塘口村八组)人。1951 年 1 月参加革命,9 月参加中国人民志愿军,为 67 军 201 师 602 团三营八连战士。1953 年 5 月 13 日,在朝鲜牺牲。

王海林(1934—1953),陈行乡王家宅(今跃农村四组)人,居塘口西街外婆家。1951 年 1 月与杨林兴一起参加革命,9 月参加中国人民志愿军,为 67 军 201 师 602 团三营八连战士。1953 年 10 月 24 日,在朝鲜金化龙虎洞阻击战中牺牲。安葬于朝鲜金化。

胡敬轩(1924—1953),杜行乡联合村人。1951 年入伍,为中国人民解放军公安四十三团一营一连战士,曾荣立三等功二次。1953 年 2 月 19 日,在朝鲜牺牲。同年 2 月 27 日,被追认为革命烈士。初葬朝鲜黄海道平山郡物克里,归葬闵行区烈士陵园。

陶新元(1925—1951),杜行乡康桥村人。1951 年入伍,为中国人民志愿军 67 军 201 师 602 团三营七连战士,1953 年 6 月 30 日,在朝鲜牺牲。

杜瑞春(1927—1953),杜行乡跃进村人。1951 年入伍,为中国人民志愿军 67 军 201 师 602 团六连战士。1953 年 7 月 10 日,在朝鲜牺牲。同年 12 月 1 日被追认为革命烈士。初葬在朝鲜江源省昌道县任南区,归葬闵行区烈士陵园。

王金才(1931—1953),杜行乡跃进村人。1951 年入伍,任中国人民志愿军67军201师602团九连副班长。1953年7月3日,在朝鲜牺牲。葬于朝鲜江源省昌道县任南区。

陈进元(1925—1950),陈行西街顾家宅(今陈行村七组)人。1947年参加中国人民解放军,在第三野战军特种部队高炮营任驾驶员。1950年7月18日,在福建青阳前线炮战中牺牲,安葬于福建青阳。

吴旗兴(1927—1950),杜行乡万里村人。1948年参加中国人民解放军。1950年在山东省滕县牺牲。安葬于滕县党家村。

顾金兴(1940—1962),陈行乡顾家宅(今勤劳村七组)人。1961年7月参加中国人民解放军,为6337部队直属侦察连战士。1962年7月14日,在安徽省嘉山县石椒村执行任务,为抢救落水群众而牺牲。同年7月17日,被追认为革命烈士。安葬在安徽省嘉山县。

顾明兴(1943—1963),杜行乡胜利村人。1961年2月应征入伍,为南京军区6342部队战士。同年12月29日病故。1963年3月2日,被追认为革命烈士。安葬在安徽省合肥市。

李生才(1943—1966),鲁汇乡李家宅(今永丰村六组)人。1962年8月应征入伍,1965年9月入党,任解放军6537部队二分队四小队班长。1966年8月3日,在江苏省南京市浦口地区国防施工中牺牲。同年8月5日,被追认为革命烈士。安葬在浦江区永丰公社赵庄烈士墓。

卫超冠(1947—1972),杜行乡联民村六组人。1966年2月加入中国共产党,1968年应征入伍,任海军4141部队通讯连副排长。1972年12月25日,在北海舰队山东胶县备战训练中牺牲。1973年1月10日,被追认为革命烈士。安葬于龙华烈士陵园。

孙福才(1941—1974),陈行乡塘口染坊宅(今塘口村五组)人。1959年8月应征入伍。1966年2月入党,在解放军空军7111部队任飞行员。1974年7月17日,在内蒙古赤峰机场战备训练时牺牲。同年7月30日,被追认为革命烈士。安葬在龙华烈士陵园。

赵春龙(1962—1984),杜行乡万里村二组人。1982年1月应征入伍,编入南京军区陆军三师,任41师2团4连3班副班长。1984年7月17日,主动要求调到陆一师参加对越自卫反击战。1984 年 12 月,在担任军工任务的 5 天里,先后向 7 个阵地运送弹药、物资 11 次,计重 350 多千克。27 日晨,全班战士奉令运送物品,在战斗中牺牲。安葬在龙华烈士陵园和闵行区烈士陵园。

浦江镇文物保护单位

区级文物保护单位

1	梅园	革新村 13 组 1 号—48 号
2	奚氏宁俭堂宅院	革新村 12 组 2 号
3	赵家宅院	跃进村 4 组 61—64 号
4	众兴桥	先进村 8 组境
5	同福桥	联星村 3 组境
6	赵元昌商号宅院	召稼楼保南街 34、36、38,50、52、54、56、58 号
7	华家桥	浦星公路西约 200 米、先新路北侧绿地
8	水月庵桥	浦星公路东约 400 米、浦放路北侧

区级文物保护点

1	奚家恭寿堂住宅	召稼楼保南街 44、46、48 号
2	礼耕堂	革新村 8 组 3 号

（续表）

3	杜行张家住宅	杜行北街24、26、28、30、32、34、36号
4	向观桥徐氏宗祠旧址	正义村7组18号西侧
5	万有桥	先进村8组
6	道南桥	召稼楼保南街中段东侧
7	恒星桥	恒星村2组
8	蒋家桥	联胜村2组与3组交界的河道上
9	益民桥	革新村5组
10	永福桥	友建村与浦东三林交界的老中心河上，东距三鲁公路约300米
11	太平桥	召楼路盐铁塘桥北堍东侧
12	延寿桥	正义村1组南缘
13	酬恩桥	镇北村2组与浦东新区沈西村梅林的界河上
14	乐善桥	鲁陈路西约40米的联跃西路北侧
15	寿龙桥	联胜村5组
16	奚世瑜住宅	召稼楼道南街26号
17	赵家聪训堂住宅	联星村4组5、7号
18	赵家听彝堂住宅	联星村6组22号
19	联星村谈家住宅	联星村4组38、39、42号
20	杜行陈家住宅	杜行中街51、53、55号
21	杜行李家住宅	杜行西街31、33、35、37号
22	杜行朱家住宅	杜行西街39号
23	火家耕余堂住宅	苏民村14组
24	汇南村顾家住宅	汇南村2组40、41号
25	东兴桥	光继村2组45号前
26	梁家善庆堂住宅	镇北村5组28号

（续表）

27	梁家住宅	镇北村 9 组 13 号
28	梁家三凤堂住宅	镇北村 7 组 36 号
29	杜行天主堂旧址	杜行西街浦江高级中学内
30	滨浦乡公署旧址	杜行西街 45 号
31	长寿桥	正义村 12 组 8 号西南约 10 米的三叉河口
32	东宅河桥	汇中村 3 组 9 号西北侧约 15 米处
33	农民桥	汇东村光森鸡场西南约 100 米处

碑刻资料选辑

施维翰墓志铭

[宋德宜撰，清康熙二十四年(1685)]

文华殿大学士宋德宜撰墓志铭

康熙甲子四月，福建总督施公以疾卒于官。上闻报震悼，命部臣议谥、议恤。褒忠之典有加。于是其子是彝以状缄寄乞铭于予。予与公同举于乡，而比肩共事，执交谊三十余年。公之讣也，不能为寝门之哭，今得志公之墓，论撰其生平，以明著后世，庶稍解夫宿草之悲也，其何敢辞。谨按故通议大夫、福建总督、兵部右侍郎兼都察院右副都御史，谥清惠。施公讳维翰，字及甫，一字研山，生而颖异，读书数行俱下，倜傥不群，具经济大略。戊子与予同举于乡，壬辰登进士，初任临江府推官，举卓异，升兵部督捕主事，擢山东道监察御史。长身玉立，突兀班行中。世祖皇帝目而伟之，正色敢言，克举其职。皇上御极，加器重公。公益自发摅，无所鲠避，前后章奏数十上。于国家大体则请耕耤田以劝穑，请太后勿谒山陵以节劳；于东南赋役则请减苏松重额，禁漕米耗赠，除塘长旷工名色，缓开征，定编审；于文武吏治则请惩监司之贪，严大帅之纵官吏，勿得侵牟商利，盗案不许营弁罗织，特纠督抚之纵兵为盗，及曲庇贪吏者，咸正厥罚。以至简投诚之兵，伸言路之气，专鼓厅一官，以省推诿。免旗下妇女有罪墩门以别嫌疑。诸条奏皆关大体，多奉谕旨。计公在台班十有七年，中一按陕西，一视河东盐政，所至，厘剔奸蠹，整摄纪纲，年资最深，蹇谔最著，海内相望风采，皆以为当代伟人。而上亦如公廉直可大用也，内升鸿胪少卿转光禄大理丞，升太仆卿、宗人府府丞，寻晋都察院左副都御史。公首陈督抚有荐举非人者，照定例降调，不得以加级抵销，中外为之悚息。值地震示异，朝廷斥封疆大吏之渎职者而选贤往代之，廷臣推毂以请。上乃命公巡抚山东，陛辞日，上召见便殿，慰勉再四，余遇之于朝，语及吏治惰窳，民生凋瘵，谓公此行，必能挽回波靡，救济元元，以副眷注。公亦慨然自任，有古人登车揽辔，澄清宇内之思。余既心壮之，且喜朝廷简畀得人，不觉为之额手，而不知即与公为长诀也。公莅东省，则黜贪墨，辑悍兵，劝垦僻，禁耗羡。时连岁灾侵，亲行所属，设法赈济，疏请截留漕米五万石，所全活饥民无算。又以青莱距临仓远，输挽艰难，请永行改折，以苏运解之苦。又以岁荒谷贵，凡兵马供应米豆草料，请照时价估办，以免官民赔累。至苞苴馈遗，严行谢绝。一切案牍皆亲自裁决，不假他手。菜羹粝饭，厨舍萧然。以故百吏洗心，豪右屏气，萑苻窜息，狱讼简清。于夙昔所期，果见诸实事，朝野喁诵，声望蔚然。天子闻而嘉之。会浙江总督缺，遂特简用公。公之至任，惟务镇静，与民休息，洁己率属，一如在山左。会有驻防满兵，每夜出缉盗，公虑有生事扰民者，疏请满兵夜必收营，缉盗之事专责汉绿旗兵，上善其言，命通行各省，著为定例。又以衢州地接江闽，控温台，为濒海重地，时逆孽初平，疏请如前任督臣移驻衢州，就近弹压，得旨报，可。公至衢，公署倾圮，营房久归民间，戍卒即次不宁，苦心筹画，稍得安堵。公亦自此积劳成疾矣。复奉新命调闽，适巡海使至，公与之遍历海隅，劳瘁备至，疾渐剧。力赴新任，度仙霞岭，至浦城，犹强起视文书，延见属吏，越宿而卒。呜呼，斯可谓鞠躬尽瘁，以死勤事者矣！公生于前壬戌七月二十四日，卒于康熙甲子四月初二日，年六十有三。先人居汴梁，靖康末，南渡居松江，遂为上海人。祖大谊，父绍著，嗣父绍夔，皆积学砥行，代称隐德。后皆以公贵，诰赠如其官，配沈氏，贤明有妇德，综理家政，能佐公所不逮，始封孺人，继封淑人，先公卒。侧室尹氏、唐氏。子三人，长是彝，候选知县；次昌奕，殇；次是程，尚幼。孙二人。公通敏精强，老成干练，论事剀切，如陆敬舆；应机专断，如姚元之；坐堂皇决词讼，耳听目览，手披口答，如刘道和；至其不通暮夜，不受请托，所至兴利除弊，救灾赈乏，则赵清献之持己富，郑公之恤民，不能过也。故易名定谥曰清曰惠，天下皆以为允。公与予交久，继有婚媾之约，而两家子女俱殇，然相好无间，犹姻戚也。予自附于知公，公亦谬以予为知我者。今日月有时，镌遗烈而掩诸幽也。呜呼！其忍不铭。铭曰：

于廓灵海，百川所宗。是生人杰，魁磊施公。入推殿虎，出拥车熊。皂囊论事，白简摅忠。帝简重臣，保厘于东。我哺我乳，活此疲癃。山川越绝，初掩燧烽。资公坐镇，衅甲櫜弓。豪帅悍卒，袜首趋风。移驻闽疆，劳心惙忡。毕力王事，不有其躬。清勤廉直，一节始终。恩纶加悯，褒恤是崇。丰碑赑屃，高城巃嵸。启佑后人，步武芳踪。后千百年，垂裕无穷。

（录自光绪《南汇县志》）

杜氏墓田清理记碑

［杜昌意撰，清嘉庆九年(1804)］

余年十四五时，随仲父虚斋公洒扫曾祖父母、祖父母之茔。甫悉始迁西霞祖大理公至玉箫公八代均葬杜村，正甫公、畴隐公葬周浦，自然公葬杜行镇，竹壮公葬上海闵行镇西夹沟。惟自然公之茔，各房子孙寒食尚能会同祭扫，余皆荒迷莫考，心窃痛之。迨乾隆丁丑始，同族兄含山展省自然公暨高祖以上至十世祖茔，顺至西夹沟寻访竹壮公之茔，虽仅存一抔而碑石犹在。维时力不能为，徒深悼叹，不谓糊口四方三十余年，长房经管之祭产化为乌有，白庙港六代祖茔亦为族中不肖盗卖。每一念及如坐针毡，只以作客日多，无从清厘，嗣见韩魏公《重修五代祖茔域记》，亦系荒迷百余年而访得之，不胜钦慕亦不胜惭愧。姻好王秉乾闻之，谓从弟原之曰：兹事可托顾次愚先生。从弟即登门力恳。复有姻好朱策芳为顾君高足，既知吾家各祖茔坐落，又悉私相买卖之人，两君热肠视同己事。自壬子至甲寅，三年间六代祖茔次第赎回，且将五世叔祖筱城公、祉元公，暨高伯祖子才公坟田，一一清出，而正甫公、畴隐公、竹壮公茔地亦赖祖宗之灵均得复。业整理立石以垂不朽。王君指引之功，顾朱二君维持调护之力，没存衔感。各茔均有田地自三四亩至二十余不等，统用足钱八百五十三千零。每年租息除两赋外，足资祭扫舟楫之需，即于世谱内逐一注明区图号数亩数，吾子孙其各敬承勿替。杜村八世先茔，余虽景迫桑榆，仍当竭力访查，倘有志未逮，亦望子孙善继吾志，以慰吾心。夫谨家牒而守先茔，子孙之责也，惟坟墓祭祀之有托，故以子孙不绝为重。吾家自三十二代祖邠国公以上至安平公九世之大茔，在陕西咸宁县少陵原司马村，自安平公以上至御史大夫建平敬侯十五代先茔，均在长安咸宁界内，惟御史大夫长孺公葬茂陵，幽州刺史务伯公葬章武，即今顺天大城县，当阳城侯葬河南堰师县，祁国公先葬应天府宋城县仁孝原，即今河南归德府商丘县，祁公五世祖校书公葬苏州，高祖史馆修撰正夫公、曾祖太师公、祖吴国公、考韩国公均葬浙江山阴县永昌乡苦竹村。南宋绍兴辛酉，中原沦陷，祁公元孙思昱潜往宋城，奉迁公与晋国夫人之灵归葬山阴祖茔。而二十五代祖太常致和公，二十四代祖大理菊隐公附葬宋城。茔地屡经黄水漫淹，淤沙深厚，无迹可寻矣。因记清厘墓田之由而追叙之，亦冀吾子孙及同族弟侄辈共悉祖宗葬所，他日仕宦经商得至其地，留心访求而封植之也。

嘉庆甲子四月。

（录自嘉庆《松江府志·名迹·冢墓》）

秦始基清德碑

［秦锡田撰，民国26年（1937）］

秦端毅先生辞世十六载，南汇士民谋胪陈其事实，勒之贞珉，以资矜式。古者纪事有碑，纪功有碑，纪德有碑。唐瓌、陶渭南二令之碑，皆题清德。近秀水朱彝尊氏亦撰颜君清德碑，盖以一行该众长也。先生清操拔俗，清名久而益彰，则碑名“清德”适合古制。按，先生讳始基，字亮臣，晚号闲汉。宋淮海学士之裔，家世儒素，年十八补县学博士弟子员，以能文名。秋闱屡试不利。逐弃儒从贾。制造砖瓦，陈列南洋劝业会，得膺特奖。光绪二十四年浚王家浜，工长费巨，议全县粮田每亩征钱一百三十文，先生复丈，核减逾半，而岸阔槽深为阖邑干河冠。当道知先生明习水利，每遇工役壹以垂诿。先生亦力任不辞，干河若周浦塘、盐塘、闸港、都台浦，支塘若川心河、庙泾、大凫泾、车路港、马路港、肇沥港，先生咸尽力经营，不辞劳瘁。而督浚周浦塘尤为艰苦，与时天气奇寒，朔风砭骨，先生日驻河干，登降跋涉，手足俱僵，冰缀鬘髯，累累如贯珠，迨至春回工竣，先生之精力已大惫矣。地方公产久不清理，先生请设总善公所，调齐案牍，次第勘丈，依据旧案收回侵地，给还租户垦本，革除董佃中饱。于是弊窦一清，利归农民，而公款收益大增。里有观涛书院，院章日久废弛，先生整理款产以裕经费，改设学校以尊功令，增建校舍以宏造就，又创设里秦、长安、凫泾各校，平民咸知向学，弦诵之声达于四境。先生精考核勤审察，邑有兴作如习艺所、自新所等，皆推先生主持，故料省而工坚。近地桥梁一一集款兴工，经年累月，仅底于成。鼎革之际，先生谢绝尘事，退老林泉，而公私敦促，义不容辞。民国二年，任县公署第二科科长。四年，任教育款产处总董。七年，任劝学所所长。越二载，以疾终于里第，非所谓鞠躬尽瘁者欤！性刚正，严于律己而宽于待人，啬于己奉而丰于公益，猛于除恶而勤于嘉善，乐于容众，乡曲争论必力为排解，评判曲直必当事理。有以财物酬谢者，先生坚却之曰："吾之直汝，汝理直也，非市汝惠也。直者德我，曲者将怨我。我不任受怨，又奚任受德哉。"有置金而去者，先生必追而与之曰："若遗金于我室，若何健忘也。"辄掷其金于道，故人皆不敢干以私。居恒曾诏诸子曰："吾经理公事，银钱出入详载簿册，随时可以揭示。吾自省平生未曾受暮夜之金及一切非法弋取之财。吾岂不念子孙哉，盖欲以清白贻子孙耳。汝曹其谨识之。"当先生之整理荡产也，锡田徇戚好之请，为董佃缓颊，先生不答，而相与纵谈时事，既而曰："吾与子以名节相砥砺者二十余年，子何信贪夫之言，而欲隳余晚节耶。"呜呼！先生之严气正性慨可见矣。昔孟子以伯夷为清圣、伊尹为任圣、柳下惠为和圣。然尹则非道义不取与任亦清也，惠则不以三公易其介和亦清也。先生以毅力视事，以虚心接物，而性耽风雅，邑中诗酒之会，若比玉堂之淡社，香光楼之馂余欢宴，先生即席赋诗，阖座叹服。农妇被匪诱鬻，先生摄回团聚，邑人为作后还珠曲，先生亦有和章。此虽一节之微，而温柔敦厚之风已堪想见。盖先生清如伯夷，而任如伊尹，和如柳惠。爱憎以善恶为衡，故清而不刻；取舍以义理为辨，故清而不激。亮节高风，千秋不朽。爰系之以颂曰：

无欲斯刚，不贪为宝。事求实在，弊杜中饱。宁朴毋华，宁拙毋巧。俗改浇漓，灾弥旱潦。民生熙熙，川流浩浩。利可百年，恩同再造。星斗罗胸，冰霜在抱。社会完人，乡邦师表。

（录自秦锡田《享帚续集》）

上海闵行地方文史丛书

（闵行区文化发展专项资金资助项目）

第二辑

《浦江史话》
《吴泾史话》
《马桥史话》
《颛桥、莘庄工业区史话》
《梅陇、古美史话》
《莘庄史话》
《七宝史话》
《虹桥史话》
《华漕、新虹史话》
《江川史话》
《浦锦史话》

第一辑

《闵行秀·老屋大观》
《闵行秀·古迹寻踪》
《闵行秀·乡土墨客》
《上海闵行英烈》
《上海闵行红色地图》
《百年沪闵路》（修订本）
《海派乡土文化》（修订本）
《20世纪上海乡土图像》
《上海闵行历代著姓望族》
《上海闵行地方古籍提要》